Daniela Konefke

Einmal im Leben mutig sein

Bibliografische Informationen der Deutschen Bibliothek:
Die Deutsche Bibliothek verzeichnet diese Publikation in der Deutschen Nationalbibliografie; detaillierte Dateien sind im Internet über:
http://dnb.ddb.de abrufbar

Impressum:

3. Auflage, Dezember 2010
Herstellung: Verlag Kern, www.verlag-kern.de
Umschlagdesign und Satz: www.winkler-layout.de
Druck: Ellwanger, Bayreuth,

ISBN 978-3-939478-15-7

Daniela Konefke

Einmal im Leben mutig sein

Der ultimative Ratgeber für Rucksack-Touristen

VERLAG KERN

Danksagung

Ich danke allen, die mich bei der Arbeit an diesem Buch unterstützt haben. Davon im Besonderen:

Tobias von Heymann, für die hilfreichen Tipps und seine Geduld bei der Beantwortung meiner unzähligen Fragen sowie nicht zuletzt die Idee zum Titel dieses Buches.

Meiner Schwester Jenny, die mir besonders in der Anfangsphase mit wertvollen Tipps geholfen und in mühevoller Kleinarbeit sämtliche "ae", "oe" und "ue" in meinem Manuskript durch Umlaute ersetzt hat, da diese auf der Tastatur meines englischen Laptops fehlen.

Meiner Mutter Karin, Christin Schneider, Michaela Watzlaw und Miriam Nabinger, für die Korrekturarbeiten und zahlreichen Verbesserungsvorschläge.

Den Mitarbeitern des Verlag Kern für ihr Vertrauen und die gute Zusammenarbeit.

Inhaltsverzeichnis

I. Vom Kleinstadtmenschen zum Weltenbummler

Safari im Krügerpark, Camping im australischen Outback, Dschungeltour durch Südamerika und Sonnenbaden an den weißen Stränden von Thailand: Reisen und etwas von der großen weiten Welt sehen – wer wünscht sich das nicht? Auch ich träumte jahrelang davon, mir unbekannte Orte anzuschauen, konnte mich jedoch lange nicht dazu aufraffen.

Bis zu meinem 18. Lebensjahr lebte ich mit meinen Eltern, meiner vier Jahre jüngeren Schwester Jenny und dem Familienhund wohlbehütet in einer Kleinstadt im ländlichen Mecklenburg Vorpommern. Als ich mich im letzten Schuljahr entscheiden musste, an welcher Universität ich künftig studieren wollte, schwankte ich lange Zeit zwischen Greifswald und Rostock. Mit meinem Abitur hätte man mich zwar fast überall in Deutschland zum Studium der Rechtswissenschaften zugelassen, für mich kamen jedoch nur diese beiden Städte in Frage. Und zwar aus dem einfachen Grund, weil ich nicht so weit von zu Hause weg wollte. Meine Entscheidung fiel letztlich auf Greifswald, denn das war noch ein bisschen dichter an meinem Heimatort und meine langjährige Freundin Stefanie hatte ebenfalls vor, dort mit dem Jura-Studium zu beginnen. Spontan entschieden wir, gemeinsam eine Wohnung zu beziehen und das Zusammenleben funktionierte super. Zudem fuhr Stefanie wie ich jedes Wochenende nach Hause, so dass wir uns mit dem Fahren abwechseln konnten und damit Benzinkosten sparten. Stefanie und ich machten die Woche über fast alles gemeinsam: morgens frühstücken, dann ab zur Uni, mittags in die Mensa, Bibliothek und Fitness-Studio am Nachmittag und wenn wir abends weggingen, dann ebenfalls im Doppelpack. Nur die Wochenenden verbrachten wir getrennt. Allerdings nicht, weil wir wirklich eine Pause voneinander brauchten, sondern weil ich Freitag- und Samstagnacht in einer Diskothek arbeitete und tagsüber schlief. Fünf Semester lang waren Stefanie und ich unzertrennlich, doch dann beschloss meine Freundin plötzlich, das Studium abzubrechen. Das Ganze kam für mich völlig überraschend. Klar waren Stefanies Klausuren-Ergebnisse nicht die besten, aber das waren meine auch nicht. Doch deswegen gleich abbrechen? Das konnte sie mir doch nicht wirklich antun. Ich war zutiefst geschockt. Am liebsten hätte ich auch alles hingeschmissen und wäre Stefanie einfach nach Hamburg gefolgt, um dort auch eine Ausbildung anzufangen. Als ich in Gegenwart meiner Mutter dahingehende Andeutungen machte, zeigte diese mir jedoch einen Vogel. Nach zweieinhalb Jahren des Studierens alles hinschmeißen? Nein, so etwas kam gar nicht in Frage! Nun ist es so, dass ich die Einzige in unserem Familienkreis bin, die überhaupt je eine Uni besucht hat. Der Großteil meiner Familie konnte sich deshalb nicht wirklich vorstellen, was für ein Stress ein Studium bedeutete. Nichtsdestotrotz musste ich mir eingestehen, dass meine Mutter schon irgendwie Recht hatte. Nun hatte ich es bereits soweit gebracht, dann sollte ich es auch bis zum Ende durchziehen. Eigentlich bin ich ja doch recht ehrgeizig und einfach so aufgeben, das war nicht wirklich ich. Ich besuchte also auch weiterhin fleißig die Vorlesungen und stellte zu meinem Erstaunen fest, dass es an meiner Uni viele weitere Studenten gab, mit denen ich mich richtig gut verstand. Als ich noch mit Stefanie zusammen studierte, hatten wir zwar auch ein paar Bekanntschaften geschlossen, über den üblichen Small-Talk gingen diese jedoch kaum hinaus. Warum hätten wir auch neue Freundschaften schließen sollen? Wir hatten doch schließlich uns!

Ich setzte das Studium also fort. Jetzt, da ich weniger Ablenkung durch eine Mitbewohnerin hatte, fand ich plötzlich auch mehr Zeit zum Lernen. Meinen Bar-Job am Wochenende kündigte ich ebenfalls, um mich noch intensiver auf das Examen vorbereiten zu können und siehe da, nach dem neunten Semester hatte ich das sechstbeste Examen meiner Uni in der Tasche.

Während der Prüfungsvorbereitungen warf ich auch öfter mal einen Blick in die Stellenanzeigen für Juristen. Neben hervorragenden Examensnoten wurde fast überall auch Auslandserfahrung gefordert. An dieser fehlte es mir bisher jedoch vollkommen. Klar, ich hatte immer noch die Möglichkeit, meine Wahlstation während des Referendariats in ein anderes Land zu verlegen. Allerdings bot diese Station auch die Chance, Kontakte mit zukünftigen Arbeitgebern zu knüpfen, so dass es vielleicht geschickter war, sie doch in Deutschland zu absolvieren. Zufällig las ich dann in einer Zeitschrift einen Artikel über ein Masterstudium in Südafrika. Ein Jahr im Ausland, neue Leute kennen lernen, eine völlig neue Kultur erfahren – das hörte sich toll an. Zudem würde ich innerhalb eines Jahres auch noch einen juristischen Titel erwerben und bei der derzeitigen Lage auf dem juristischen Arbeitsmarkt konnte dies in keinem Fall schaden. Studiengebühren und Lebenshaltungskosten hielten sich in Südafrika ebenfalls in Grenzen. Ich rechnete mal durch und stellte fest, dass meine Ersparnisse für den Auslandsaufenthalt ausreichen würden. Ich hatte jahrelang Nachhilfe gegeben und Getränke ausgeschenkt und musste mir so zumindest um das Finanzielle keine Sorgen machen.

Als ich meine Pläne in Gegenwart meiner Mutter zur Sprache brachte, war diese sofort begeistert. Sie plante bereits ihren Urlaub bei mir und erzählte eifrig in unserem gesamten Bekanntenkreis von meinem (ja noch theoretischen) Vorhaben. Ich selbst war mir mittlerweile nämlich gar nicht mehr so sicher, ob ich wirklich ins Ausland gehen wollte. Ein Jahr war schließlich eine lange Zeit und Südafrika lag

auch nicht gleich um die nächste Ecke, sondern einen 12-Stunden-Flug von Deutschland entfernt. Einfach mal auf einen Besuch zu Hause vorbeischauen, war da nicht drin. Wenn es darum ging, irgendwelche Probleme aus der Welt zu schaffen, wäre ich vollkommen auf mich gestellt. Zudem würde ich allein in einem fremden Land ankommen, ohne auch nur eine einzige Person zu kennen. War das wirklich das, was ich wollte? Scheinbar ja, denn schon bald schienen alle außer mir zu wissen, dass ich ins große Abenteuer starten würde. Hatte ich da noch eine andere Wahl? Wollte ich wirklich Familie und Freunden, vor allem aber mir selbst, eingestehen, dass ich zu viel Angst hatte? Und eigentlich wollte ich doch auch gehen, oder?
Zum Teil von meinem Umfeld unter Druck gesetzt, hauptsächlich jedoch aus eigenem Willen, reichte ich schließlich die Bewerbungsunterlagen ein, buchte meinen Flug, setzte mich mit anderen Studenten in Verbindung, die bereits vor mir an dem Programm teilgenommen hatten und zog mein Vorhaben am Ende durch. Eine Entscheidung, die ich nie bereut habe.
Südafrika war einfach fantastisch. Ich schloss viele neue Freundschaften, die Vorlesungen waren interessant und neben der Uni blieb genug Zeit zu reisen und das Land zu erkunden. Mein erster Gedanke, wenn ich morgens aufwachte: „Ich habe das tollste Leben der Welt und ich liebe jede einzelne Sekunde davon!"
Leider verging das Jahr wie im Flug. Es war etwa drei Monate vor meiner Heimreise, als mir bewusst wurde, dass dies noch nicht alles gewesen sein konnte. Zurück nach Deutschland, Referendariat machen und mit dem Arbeiten anfangen? 60 Stunden pro Woche in einer Anwaltskanzlei, wahrscheinlich für den Rest meines Lebens? Ich war gerade mal 24 und da draußen gab es noch so viel zu sehen. Ich erinnerte mich an die Geschichten, die mir meine

Kommilitonin Miriam erzählt hatte: ein Roadtrip quer durch Kanada, Mandarin-Studium in China, Tauchen auf Borneo (was und wo ist Borneo überhaupt?). Zugegeben, manchmal konnte Miriam uns Anderen mit ihrer Art schon ziemlich auf die Nerven gehen. Keines unserer Erlebnisse in Südafrika schien mit ihren Abenteuern mithalten zu können. Ständig durften wir uns Kommentare anhören wie „Was? Das findet ihr aufregend? Na da hättet ihr mal damals in ... dabei sein sollen, als ..." Nichtsdestotrotz! Miriam war in der Welt herumgekommen. Sie hatte Orte besucht, die unsereins allenfalls aus dem Fernsehen kannte. Sie hatte Geschichten zu erzählen, denen wir Anderen fasziniert, ja manchmal sogar ungläubig, zuhörten. Und ich? Gut, ich war in London, Paris, Rom und auf Malle gewesen und Europa war ja irgendwie auch schön. Aber Kanada, China und Borneo waren da schon etwas anderes!

Eines Nachmittags hörten meine Freundin Petra und ich dann auch noch den alten Udo Jürgens Song, in welchem er bereut, noch niemals in New York, San Francisco oder auf Hawaii gewesen zu sein. Meine fünf Jahre ältere Freundin meinte plötzlich, dass dieses Lied sie immer wieder über ihr eigenes Leben nachdenken lässt. Könnte sie die Zeit noch mal um ein paar Jährchen zurück drehen, würde sie vieles anders machen. Keine Sekunde würde sie zögern und die Welt bereisen. Karriere, Beziehung und Familie? All das könne doch auch noch einige Jahre warten. Aber in die große weite Welt hinaus ziehen, um etwas zu erleben? Das müsse man machen, so lange man jung sei.

Okay, Botschaft angekommen! Ich würde die Dinge anders machen! Ich würde die Welt, in der wir leben, kennen lernen, bevor ich mich entschied, irgendwo sesshaft zu werden!

In meinem Kopf fing es also an zu arbeiten. Wie konnte ich reisen, obwohl meine Ersparnisse nach dem Jahr in Südafrika nahezu erschöpft waren? Es dauerte nicht lange und mir kam eine Idee. Durch Zufall traf ich in Kapstadt zwei Deutsche, die als Flugbegleiterinnen tätig waren. Sie erzählten mir, wie toll der Job war: Flugziele über den gesamten Globus verteilt – mit mehrtägigen Zwischenstopps in den Metropolen unserer Welt. Genug Zeit also, um die Orte kennen zu lernen. Zudem Ermäßigungen von bis zu 80% auf private Flüge. Die schönsten Flecken auf Erden erkunden und dafür auch noch bezahlt werden? Es schien, als hätte ich meinen Traumjob gefunden! Es bedurfte auch keiner jahrelangen Ausbildung: Ein sechswöchiges Training und man konnte durchstarten. Nach eingehender Internet-Recherche stand für mich fest: Ich würde mich bei Lufthansa, British Airways und anderen Fluggesellschaften, deren Streckennetz sich mit meinen Reiseplänen deckte, bewerben.

Meine Bewerbungsunterlagen waren bereits vollständig, als mich meine Mutter auf eine noch viel bessere Idee brachte. Sie erzählte mir nämlich, dass die Tochter ihrer Arbeitskollegin für ein Jahr „Working Holiday" nach Australien ging. Ein Jahr durch Down Under reisen? Arbeiten wann, wo und soviel ich wollte? Dies hörte sich ja nach noch mehr Spaß und Freiheit an als der Job als Stewardess. Und Vorstellungsgespräche konnte ich mir ebenfalls sparen. Ich musste mich lediglich online für das Visum bewerben und schon konnte es losgehen. Wer weiß, vielleicht fand ich in Australien ja sogar einen Job, der für meine spätere juristische Karriere nützlich sein würde. Die Tätigkeit einer Flugbegleiterin fiel wohl eher nicht in diese Kategorie, denn mit dem Argument, hin und wieder zwischen streitenden Passagieren vermittelt zu haben, würde ich den Personalchef einer Großkanzlei wohl kaum beeindrucken können. Okay, mit dem Bar-Job, den ich letztlich in Sydney annahm, sah es da kaum anders aus, aber ich liebte einfach jede Sekunde. Ich machte mir nicht einmal die Mühe, mich nach einem „anständigen" Job umzusehen. Tagsüber langweiliger Büroarbeit nachgehen,

statt die Nächte in einer Bar – wenn auch hinter dem Tresen – zu verbringen? Nein danke!
Der Bar-Job hatte einen positiven Nebeneffekt: Ich arbeitete nachts, schlief tagsüber und gab somit relativ wenig Geld aus. Schnell realisierte ich, dass ich mit genügend Fleiß bereits für meine nächste Reise sparen konnte. Ich beschloss, nicht der typische Backpacker zu werden, der jede Nacht durchfeiert und nur dann arbeiten geht, wenn Ebbe in der Kasse herrscht. Natürlich nahm ich mir die Zeit, den Kontinent zu bereisen, allerdings nur für drei Monate. Die restlichen neun Monate arbeitete ich fleißig weiter. Vielleicht hatte ich damit in dem einen Jahr in Australien weniger Spaß und Partys als meine Freunde. Aber: Als diese nach zwölf Monaten die Heimreise antraten, brach ich zu einer Weltreise auf und fieberte neuen Abenteuern entgegen.
Ich habe es also getan: Ich habe mir meinen Traum, mir die Welt anzuschauen, erfüllt. Wenn ich anderen Leuten erzähle, was ich in den letzten Jahren getan habe, reagieren diese unterschiedlich. Die meisten finden es toll, bewundern mich für meinen Mut und wünschten, sie könnten dasselbe tun. Einige wenige sagen, dass ich an meine Zukunft denken sollte. Die 20er seien die Jahre, in denen man sich auf die Karriere konzentrieren sollte, so dass man in den 30ern Zeit für Kinder und Familie hat. Und ein junger Mann machte mich richtig wütend. Er versuchte mir weis zu machen, dass niemand zwei Jahre lang durch die Gegend reisen sollte. Jede Nacht ein anderes Hostel, das sei kein Leben! Zudem wäre es nicht gut, so lange von zu Hause fort zu sein, da ich so vieles versäumen würde, was daheim geschieht. So würde ich es zum Beispiel verpassen, meine kleine Schwester heranwachsen zu sehen. Ich erklärte ihm, dass „meine kleine Schwester" bereits erwachsen ist. Er ließ sich jedoch nicht davon abbringen und erklärte mir, dass es an der Zeit wäre, ein richtiges Leben zu führen. Ein Leben, das

aus mehr besteht, als mit dem Bus von A nach B zu reisen und von einem Ort zum nächsten zu ziehen.
Wie bitte? Was war das eigentlich für ein Idiot?! Ich ärgerte mich schon ziemlich über das, was er mir da sagte. Noch mehr ärgerte ich mich jedoch darüber, dass ich mir seinen Unsinn überhaupt so lange angehört hatte und dann auch noch tagelang darüber nachdachte. Eines wurde mir jedoch bewusst: Jeder Backpacker wird wohl früher oder später auf Unverständnis treffen. Denn: Wer nie selbst gereist ist, wird uns nie verstehen!
Mein Leben besteht sehr wohl aus mehr als Busfahrten und Hotelaufenthalten! Ich renne auch nicht mit Scheuklappen vor den Augen durch die Gegend, um Fotos von den Sehenswürdigkeiten zu machen und dann zum nächsten Ort zu hetzen. Mein derzeitiges Leben beinhaltet das Kennenlernen fremder Kulturen. Gespräche mit Menschen aus aller Welt – über ihr Leben, ihre Hoffnungen und Probleme. Gespräche, die mich zum Nachdenken anregen und aus denen ich für mein eigenes Leben lerne. Dank meines Reisens spreche ich mehrere Sprachen fließend. Ich habe gelernt, Verantwortung zu übernehmen, offen auf andere zuzugehen und Wesentliches von Unwesentlichem zu unterscheiden. Reisen hat mich gelehrt, Menschen auf Grund ihrer Persönlichkeit zu beurteilen und nicht etwa ihrer Herkunft wegen. Reisen hat mich insgesamt überlebensfähiger gemacht. Unterwegs ist jeder Tag anders: Man wacht morgens auf und hat keine Ahnung, was der Tag bringen wird. Eines steht jedoch fest: Langweilig wird es dabei nie!

II. Backpacking – was ist das eigentlich?

Was ist eigentlich Backpacking? Beginnen wir erst einmal mit dem Gegenteil vom Backpacking: dem Pauschaltourismus. Bei einer Pauschalreise organisiert der Veranstalter Unterkunft, Verpflegung, Transport und Ausflugsprogramm. Sämtliche Leistungen werden im Paket zu einem einheitlichen Gesamtpreis angeboten. Für den Reisenden ist es natürlich bequem, sich um nichts kümmern zu müssen. Allerdings bleibt auf solchen Touren in der Regel nicht viel Raum für individuelle Interessen und Vorlieben, sondern man ist weitgehend vom Wohlwollen seines Reiseleiters abhängig. Die Erfahrung, dass das nicht immer lustig ist, machten meine Mutter und ich auf unserer Reise in die Türkei.

Ich hatte gerade mein Erstes Staatsexamen geschrieben und erholte mich von den Strapazen der letzten Monate, als meine Mutter auf die Idee kam, mit mir gemeinsam für ein paar Tage in den Urlaub zu fahren. Begeistert stimmte ich zu und wir fanden schnell ein Angebot, dass unseren Vorstellungen entsprach. Es sollte für acht Tage in die Türkei gehen: drei Nächte davon in Kemer, gefolgt von einem zweitägigen Ausflug nach Pamukkale in den Bergen und anschließend noch mal drei Nächte an der Küste.

Als wir ein paar Wochen später in Antalya landeten, wurden wir gleich am Flughafen von unserer Reiseleiterin Tuelei in Empfang genommen. Es dauerte nicht lange und wir lernten weitere Reiseteilnehmer kennen. Als unsere Gruppe vollzählig war, ging es mit dem Bus nach Kemer. Auf der Fahrt stellte Tuelei sich noch einmal richtig vor. Sie wurde in Deutschland geboren und lebte dort bis zu ihrem 18. Lebensjahr, war nun aber schon seit geraumer Zeit in der Türkei als Reiseleiterin tätig. Dann teilte sie uns das Programm für die nächsten Tage mit. Die meiste Zeit wäre wohl mit Ganztagesausflügen verplant. Zwei Nachmittage blieben zur freien Verfügung, allerdings würden auch für diese Ausflüge angeboten. Die zusätzlichen Touren waren kostenpflichtig, angeblich aber ihr Geld wert. Weiterhin machte uns Tuelei darauf aufmerksam, dass unser Reisepaket nur Halbpension umfasste, wir mittags jedoch regelmäßig in irgendwelchen Restaurants einkehren würden. Es bestand die Möglichkeit, ein Mittagessen dazuzukaufen, das Ganze musste allerdings schon im Vorfeld reserviert werden. Bei Interesse an der zusätzlichen Mahlzeit sollten wir uns deshalb nach dem Begrüßungscocktail, den es gleich im Hotel geben sollte, an Tuelei wenden. Gleiches galt für die beiden zusätzlichen Ausflüge.

Meine Mutter und ich waren uns einig, dass die Reise bereits genug Unternehmungen umfasste. Die beiden freien Nachmittage wollten wir deshalb nicht auch noch mit Gruppenausflügen füllen, sondern stattdessen endlich mal an den Strand gehen, denn dafür schien sonst ja keine Zeit zu bleiben. Was das Mittagessen anbelangte, waren wir ebenfalls der Auffassung, dass dieses unnötig war. Schließlich fiel das Hotel-Frühstück auf Reisen in der Regel großzügig aus und falls wir doch Hunger bekamen, ließ sich ja bestimmt auch unterwegs etwas auftreiben. Da wir also keine zusätzlichen Leistungen hinzukaufen wollten, nahmen wir an, dass wir uns nicht bei Tuelei zu melden brauchten und widmeten uns stattdessen anderen Dingen.

Für den Nachmittag war ein Ausflug zu einer Ruine geplant. Wir saßen im Bus und warteten auf die Abfahrt. Tuelei zählte zum bereits dritten Mal die Reiseteilnehmer und verglich das Ergebnis dann mit ihrer Liste. Irgendetwas schien nicht zu stimmen. Schließlich nahm sie das Mikrofon und teilte uns mit, dass im Bus zwei Personen waren, die sich nicht auf der Liste befanden. Meine Mutter und ich schenkten dem nicht wirklich Beachtung und setzten unser Gespräch fort. Einige Minuten später wandte sich Tuelei nochmals an uns und fragte, ob vielleicht zwei Personen im Bus saßen, die nach dem Empfang nicht zu ihr gekommen waren. Nun wurde ich hellhörig. Meine Mutter und ich hatten uns nicht ausdrücklich bei ihr gemeldet, allerdings konnte es ja wohl kaum sein, dass wir deshalb nicht auf der Liste standen. Schließlich hatte Tuelei uns bei der Ankunft am Flughafen persönlich begrüßt und auf ihrem Zettel vermerkt. Ich sah zu meiner Mutter hinüber und fragte, ob wir beiden vielleicht diejenigen seien, die hier für Verwirrung sorgten. Wir meldeten uns und offenbarten Tuelei, das wir uns zuvor nicht ausdrücklich bei ihr gemeldet hatten, woraufhin sie entrüstet wissen wollte, warum nicht. Meine Mutter erklärte ihr, dass wir halt weder Ausflüge noch Mittagessen dazukaufen wollten und deshalb angenommen hatten, dass die Sache damit erledigt sei. Nun, offenbar war das nicht so, denn Tuelei fuhr uns wütend an, dass wir ja wenigstens mal Hallo hätten sagen können. Gut, das hätten wir wohl, aber dafür war es ja nun zu spät. Wir sagten, dass wir das halt nicht wussten und entschuldigten uns. Dann konnte die Fahrt endlich beginnen.

Bei der Ruine angekommen, wandte Tuelei sich nochmals an uns und fragte nach unseren Namen, um diese nun auch in die Liste einzutragen. Zudem vergewisserte sie sich nochmals, dass wir wirklich nicht an den anderen beiden Ausflügen teilnehmen wollten. Zwei Nachmittage waren eine lange Zeit, da würde uns mit Sicherheit langweilig. Wir erklärten ihr, dass wir uns schon zu beschäftigen wüssten und lehnten auch ihr Angebot, uns noch im Nachhinein für das Mittagessen anzumelden, dankend ab. Besonders glücklich schien sie hierüber nicht. Genervt drehte sie sich um und widmete sich dem übrigen Teil der Gruppe.

Als wir den Vorfall auf der Rückfahrt mit den anderen Reiseteilnehmern diskutierten, erklärten uns diese, dass

die Reiseleiter auf Provision arbeiteten. Je mehr Leute zusätzliche Leistungen buchten, umso mehr verdiente Tuelei anscheinend. Ein älterer Herr, der die Reise bereits zum dritten Mal machte, versicherte uns, dass die weiteren Ausflüge und das Mittagessen wohl tatsächlich unnötig waren. Allerdings hatten er und seine Frau sich letztlich doch von Tuelei überreden lassen. In jedem Falle bestätigte er uns in unserer Auffassung, dass für uns nach dem Cocktail kein Anlass bestanden hatte, auf einen Plausch bei Tuelei vorbeizuschauen.
Na ja, meine Mutter und ich beschlossen, den Vorfall einfach zu vergessen. Wir waren uns jedoch einig, dass Tuelei uns mittlerweile nicht mehr so sympathisch war, wie es bei unserer Ankunft schien.
Am nächsten Morgen trafen wir uns alle zum Frühstück. Mit unserer Vermutung, dass dieses üppig ausfallen würde, lagen meine Mutter und ich goldrichtig. Es gab wirklich alles: Brötchen, Käse, Wurst, Eier, Müsli, Obst und Gemüse. Serviert wurde reichlich und wir konnten uns wirklich rundum satt essen. Nichtsdestotrotz verlangte ein Ehepaar wenig später nach weiteren Brötchen, schmierte diese und ließ sie in Servietten verpackt in der Tasche verschwinden. Zwei übrig gebliebene Eier, die sich noch immer im Körbchen auf dem Tisch befanden, wanderten hinterher. Das Hotelpersonal, dem das natürlich nicht entgangen war, schien wenig begeistert, es sagte jedoch niemand etwas. Auch wir anderen Reiseteilnehmer taten so, als hätten wir von dem Vorfall nichts mitbekommen. Ich schämte mich jedoch ziemlich für das Verhalten meiner Landsleute, zumal Frau Schmidt nun auch noch lautstark erklärte, dass sie und ihr Mann in Hotels immer etwas vom Frühstück mitnahmen und so das Geld fürs Mittag sparten.
Wenig später ging es nach Antalya und Tuelei erzählte uns allerhand über das Land: Deutschland! Statt uns über die

Türkei zu informieren, erzählte sie uns doch tatsächlich in allen Einzelheiten, wie ihre Jugend in Deutschland so gewesen ist. Ihre Eltern waren wohl bekennende Moslems, in punkto Glauben aber dennoch ziemlich locker drauf. Tuelei konnte selbst entscheiden, welche muslimischen Rituale sie praktizierte. Die Entscheidung, ob sie ein Kopftuch tragen wollte oder nicht, oblag ganz allein ihr. Tuelei hatte sich vor Jahren genau wie ihre Mutter dagegen entschieden. Auch fünfmal täglich beten oder fasten zum Ramadan tat in ihrer Familie niemand. Das handhabten sie, zurück in der Türkei, genauso wie in Deutschland eben auch. Die meiste Zeit hatte Tuelei wohl in Berlin gelebt und vermisste die Stadt ziemlich. Mit ihren deutschen Freunden stand sie noch immer in Kontakt, leider war das Gehalt als Reiseleiterin aber zu gering, um öfter mal auf Besuche vorbeizuschauen. In der Türkei hatte sie sich zwar relativ schnell eingelebt, aber die deutsche Mentalität war eben doch eine andere. Alles in allem fehlte ihr das Land schon sehr und sie war am Überlegen, ob sie nicht doch wieder nach Berlin zurückgehen sollte.
Nun gut, hierbei handelte es sich wahrscheinlich um Themen, die Tuelei auf der Seele brannten und über die sie reden wollte, allerdings interessierte mich das alles überhaupt nicht. Ich war in die Türkei gereist, um etwas über das Land zu erfahren und nicht, um mir einen Bericht über das Leben einer Türkin in meiner eigenen Heimat anzuhören. Wie wäre es stattdessen mit ein paar Infos zu Bevölkerungsstruktur, dem Islam oder den Sehenswürdigkeiten, an denen wir immer mal wieder vorbeifuhren? Den anderen Reiseteilnehmern war Tueleis Lebensgeschichte mittlerweile ebenfalls über und eine ältere Dame versuchte, das Gespräch auf ein anderes Thema zu lenken. Ihre Frage, wie hoch der Anteil der muslimischen Bevölkerung war, „beantwortete" Tuelei jedoch nur mit der Bemerkung, dass sie das bereits erwähnt hatte und wir ihr wohl nicht richtig zuhörten. Dann ging sie dazu über, uns

von ihrer deutschen Jugendliebe zu berichten. Ich schaute zu meiner Mutter hinüber und sah an ihrem Gesichtsausdruck, dass sie genau dasselbe dachte wie ich.
Glücklicherweise erreichten wir schon bald Antalya, wo wir shoppen und uns von den langweiligen Erzählungen unserer Reiseleiterin erholen konnten. Zurück im Bus tauschten wir mit den anderen Reiseteilnehmern Geschichten über unsere Einkaufserlebnisse aus. Ehepaar Schmidt erzählte uns ganz stolz, wie sie den Preis für ein T-Shirt von „fast nichts" auf „überhaupt nichts" heruntergehandelt hatten. Zwar waren wohl bis zum Abschluss des Geschäftes volle 45 Minuten vergangen und der Verkäufer war am Ende auch ziemlich maulig, aber immerhin. Ich rechnete in Gedanken mal durch und stellte dabei fest, dass es sich bei dem Ersparnis der beiden letztlich um wenige Cent handelte. Meine bissige Bemerkung, ob sie sich dabei nicht selbst ein wenig doof vorkamen, verkniff ich mir dann allerdings. Von dem Spruch „Leben und leben lassen!" hatten die zwei aber offensichtlich noch nichts gehört.
Am nächsten Tag stand ein Besuch in einer Moschee an. Bevor es losging, verteilte Tuelei ein Prospekt mit Informationen zu unserem Ausflugsziel. Allerdings reichte ihr Stapel nicht für die gesamte Gruppe, meine Mutter und ich bekamen nämlich keinen Zettel ausgehändigt. Als wir Tuelei daraufhin erwartungsvoll anschauten, meinte sie nur, dass das Hotelpersonal sich beim Abzählen der Prospekte wohl an der Liste vom ersten Tag orientiert hatte und da standen wir ja nicht drauf. Gut, da hatten wir halt Pech gehabt. Freundlicherweise ließ mich mein Sitznachbar jedoch später einen Blick in seinen Prospekt werfen, so dass auch meine Mutter und ich ein bisschen was über die Moschee erfuhren.
Auch Familie Schmidt sorgte mal wieder für Unterhaltung. Diesmal war es der fragwürdige Kleidungsstil der beiden,

der dem Rest der Gruppe Gesprächsstoff bot. Herr Schmidt trug ein knallgelbes Hawaii-Shirt, welches über seinem Bierbauch spannte, dazu Shorts und Socken in den Sandalen. Eben genau, wie man es von den Mallorca-Urlaubern aus dem Fernsehen kannte. Seine Frau trug einen Rock, der so kurz war, dass er wohl eher in die Kategorie „breiter Gürtel" fiel. Angesichts der Cellulitis, die sich an Po und Oberschenkeln der wohl mittlerweile 60-jährigen abzeichnete, erschien mir dieses Outfit nicht ganz vorteilhaft. In Anbetracht der Tatsache, dass wir in einem streng muslimischen Land und noch dazu auf dem Weg in eine Moschee waren, fand ich ihren Aufzug völlig unangemessen. Aber gut, ich war ja nicht die Reiseleiterin. Dem Rest der Gruppe zu erklären, wie man sich im fremden Land angemessen verhielt, war damit also nicht meine Aufgabe. Tuelei sah das aber offensichtlich auch nicht als die ihre. Stattdessen erfuhren wir mal wieder viel über ihr Leben und wenig über die Türkei. Sämtliche Fragen unsererseits wurden mit einem bloßen „Das-habe-ich-aber-schon-erwähnt" abgehakt, Informationen erhielten wir dagegen kaum. Das führte schließlich sogar so weit, dass wir Reisenden uns gar nicht mehr trauten, ihr weitere Fragen zu stellen. Stattdessen wandten wir uns mit diesen an den Rest der Gruppe. Der Spruch „Das hab ich aber vorhin schon erwähnt. Ihr hört mir wohl nicht zu." entwickelte sich dabei unter uns schnell zu einem Insider-Witz.
Am Nachmittag besuchten wir eine Teppichfabrik. Zwei Stunden lang führte man uns verschiedene Modelle vor und versuchte uns zu erklären, dass es sich hierbei um genau das Teil handelte, dass in unserer Wohnung in Deutschland noch fehlte. Meine Mutter und ich blieben natürlich eisern und kauften nichts. Ausgaben von mehreren Tausend Euro für neue Einrichtungsgegenstände ließ unser Urlaubsbudget nämlich nicht zu. Zu unserem Erstaunen erwarb Ehepaar Schmidt gleich zwei Stücke. Offenbar rechnete es sich auf

Dauer doch, wenn man sich öfter mal ein Mittagessen sparte und auch sonst bis auf den letzten Cent feilschte. Im Anschluss daran ging es in die Lederfabrik. Auch hier kauften meine Mutter und ich nichts, hofften jedoch inständig, dass unsere Reiseleiterin hier nicht ebenfalls eine Provision erhielt.

Am vierten Tag ging es in die Berge. Auch an diesem Morgen hatte Tuelei etwas für uns mitgebracht. Diesmal verteilte sie kleine Anstecknadeln mit dem „Blauen Auge", einem für muslimische Länder typischen Glücksbringer. Während ich meinem Vordermann neugierig über die Schulter schaute, um das besagte Objekt genauer unter die Lupe zu nehmen, meinte meine Mutter nur beiläufig: „Wir beide kriegen eh keinen!" und behielt damit Recht. Dann machten wir uns auf den Weg nach Pamukkale. Dort gab es durch Thermalquellen entstandene Kalkterrassen, die wir am Nachmittag besichtigen wollten. Statt uns über Tuelei zu ärgern, schauten meine Mutter und ich aus dem Fenster und bestaunten die Natur. Der plötzliche Wechsel von Landschaft und Klima war schon ziemlich unglaublich. Noch am Vortag lagen wir in Kemer bei Sonnenschein am Strand und badeten im Meer und einige hundert Kilometer weiter lag so hoch Schnee, dass wir die Bergpässe kaum passieren konnten. Letztlich musste unser Busfahrer sogar Schneeketten aufziehen. In Pamukkale angekommen, hatten wir Zeit, die Attraktion zu besichtigen. Es war verdammt kalt draußen. Wie gut tat es da, mit den eisigen Füßen durch die heißen Thermalquellen zu laufen. Leider hatte es unsere Reiseleiterin versäumt, uns darauf hinzuweisen, ein Handtuch mitzunehmen. Wie schön wäre es doch gewesen, unsere aufgewärmten Füße nach dem Besuch der Quellen abzutrocknen und schnell wieder in Socken und Schuhen zu verpacken, bevor die Kälte erneut Oberhand gewann. Stattdessen ließen wir sie nun jedoch an der kalten Luft trocknen und froren am Ende noch mehr als vorher.

Wie gut, dass es nicht mehr weit bis zu dem Hotel war, in dem wir die Nacht verbringen sollten. Dort angekommen, machte sich Tuelei daran, die Zimmer zu verteilen. Alle Reiseteilnehmer erhielten ihre Schlüssel. Alle, außer meiner Mutter und mir. Klar, wir hatten uns ja am ersten Tag nicht persönlich bei Tuelei gemeldet und standen somit nicht auf der Liste! Unsere Reiseleiterin ließ es sich natürlich nicht entgehen, unseren Fehler von damals nochmals zur Sprache zu bringen. Schließlich besorgte sie jedoch auch für uns ein Zimmer und meinte, dass wir uns in einer halben Stunde an der Rezeption treffen und dann gemeinsam zum Dinner gehen würden. Als wir dort wenig später erschienen, wartete bereits der Rest der Gruppe, von Tuelei war jedoch weit und breit nichts zu sehen. Eine viertel Stunde später fehlte noch immer jede Spur von ihr. Ein Teil der Gruppe hatte inzwischen beschlossen, schon mal allein in den Speisesaal zu gehen. Da meine Mutter und ich aber eh schon mit unserem Verhalten angeeckt waren, entschieden wir, vorerst das zu tun, was man uns gesagt hatte. Es verstrichen weitere zehn Minuten des Wartens, bis Tuelei schließlich auftauchte. Statt jedoch zu uns zu kommen und uns nunmehr in den Speisesaal zu geleiten, ging diese schnurstracks an uns vorbei. Sie schaute uns dabei zwar an, wandte den Blick dann jedoch wieder geradeaus und schenkte uns keinerlei weitere Beachtung. Wir warteten noch eine Weile darauf, dass sie zurückkommen würde, da aber nichts dergleichen geschah, begaben meine Mutter und ich uns ebenfalls zum Dinner. Am Buffet angekommen, empfing uns Tuelei mit der Frage, wo wir denn so lange gewesen wären. Angeblich habe sie schon eine halbe Ewigkeit auf uns gewartet. Ich hätte diese dreiste Bemerkung wahrscheinlich einfach ignoriert. Meine Mutter dagegen nicht. Dieser platzte jetzt nämlich der Kragen. Sie fauchte Tuelei an, dass sie uns ja wohl vor ein paar Minuten an der Rezeption hatte stehen sehen. Aber

statt zu uns zu kommen, hatte sie uns nur frech ins Gesicht geschaut und dann einfach ignoriert. Meine Mutter erklärte Tuelei, dass sie es ziemlich dreist fand, wie sie uns in den letzten Tagen behandelt hatte und sie es ein für alle mal satt hatte, den ganzen Urlaub lang „der Arsch" zu sein. Sie entschuldigte sich nochmals dafür, am ersten Tag nicht zum persönlichen Kennenlernen vorbeigekommen zu sein, bat jedoch darum, nicht bei jeder Gelegenheit nochmals darauf aufmerksam gemacht zu werden.
Ja, das ist meine Mutter, wenn sie wütend wird! Ich gebe zu, dies waren die Momente, in denen meine Schwester und ich ernsthaft Angst vor ihr hatten. Ähnlich ging es wohl auch Tuelei. Die nuschelte nämlich ein paar entschuldigende Worte und geleitete uns dann lammfromm zu unserem Tisch.
Die letzten Tage verliefen relativ ereignislos. Wir nahmen weiterhin am umfangreichen Ausflugsprogramm teil und ließen Tueleis Geschichten aus ihrem Privatleben über uns ergehen. Über das Land selbst erfuhren wir auch weiterhin nicht viel. Ich hatte mir inzwischen jedoch einen Reiseführer besorgt, so dass ich selbst einige Informationen nachlesen konnte. Zumindest blieben uns für den Rest des Urlaubs weitere Dreistigkeiten seitens unserer Reiseleiterin erspart. Offenbar hatte der Ausraster meiner Mutter etwas bewirkt.
Als es am Ende der Reise daran ging, die Leistung des Personals mit einem angemessenem Trinkgeld zu würdigen, sammelte die Gruppe übrigens ausschließlich für den Busfahrer. Tuelei ging dagegen leer aus. Meine Mutter ließ es sich zudem nicht nehmen, dem Fahrer in Tueleis Gegenwart noch einen Extra-Zehner zuzustecken. Am Ende der Woche waren meine Mutter und ich jedenfalls nicht allzu traurig über den Abschied von unserer Reiseleiterin und dem Rest der Gruppe. Wir waren uns nämlich mal wieder in einem einig: „Alle doof – außer uns!"

Das war also ein Ausflug in die Welt der Pauschalreisenden. Und nun ein typischer Tag in meinem Leben als Backpacker.

Gegen acht Uhr in der Früh werde ich geweckt. Offenbar haben einige meiner Zimmerkollegen die Nacht zum Tag gemacht und kommen erst jetzt angetrunken nach Hause. Ja, ich teile mein Zimmer mit anderen Leuten. Ich übernachte nämlich nicht wie ein Pauschaltourist im Hotel, sondern in einem Hostel. Bei einem solchen handelt es sich um eine Art Jugendherberge, die speziell auf Individualreisende zugeschnittenen ist. Hier bucht man kein Zimmer, sondern nur ein Bett in einem Schlafsaal. Diesen Schlafsaal nennt man Dorm und teilt ihn mit anderen Reisenden. Auch die sanitären Einrichtungen benutzt man im Hostel gemeinsam mit den übrigen Gästen. Darüber hinaus gibt es oft eine Küche zur Selbstversorgung, Fernsehraum, Computer mit Internetzugang, Waschmaschinen etc. Hier im Hostel habe ich zwar weniger Privatsphäre, als es in einem Hotel der Fall wäre, dafür spare ich jedoch Geld und treffe stets auf Gleichgesinnte.

Da die Heimgekehrten noch immer lautstark die Erlebnisse der letzten Nacht auswerten und an Weiterschlafen nicht mehr zu denken ist, beschließe ich, aufzustehen. Aus meinem Plan, den Tag mit einer Dusche zu beginnen, wird allerdings nichts, denn das Bad ist bereits belegt. Ich gehe also in die Küche, um mein Frühstück zuzubereiten. Allerdings muss ich heute auch auf mein morgendliches Müsli verzichten, da offenbar ein anderer Hostelbewohner den Rest meiner Milch aufgebraucht hat. Stattdessen gehe ich auf den lokalen Markt, wo ich mir von der Verkäuferin Milchshakes und Reis mit Bohnen servieren lasse. Es ist zwar noch nicht mal 9 Uhr, aber ich befinde mich in Südamerika und Reisgerichte am frühen Morgen sind hier keine Besonderheit. Zurück im Hostel springe ich fix unter die Dusche und packe dann meine sieben Sachen zusammen. Es ist mal wieder an der Zeit weiterzureisen. Ich verabschiede mich von den Leuten, die ich in den letzten Tagen kennen gelernt habe und wir versprechen, über „Facebook“ in Kontakt zu bleiben, um weiterhin nützliche Reisehinweise auszutauschen. Dann geht es für mich ab zur Busstation. Kaum habe ich das Hostel verlassen, hält auch schon der erste Taxifahrer. Sein Angebot, mich zum Busbahnhof zu bringen, lehne ich jedoch ab und nehme stattdessen den lokalen Bus. Schließlich befinde ich mich auf einer Budget-Reise und Kostenbewusstsein geht vor Bequemlichkeit.

Auf dem Weg zur Busstation studiere ich nochmals meinen „Lonely Planet“, denn so richtig weiß ich noch immer nicht, wohin mich meine heutige Reise führen wird. Zumindest konnte ich die Auswahl mittlerweile auf zwei Ziele beschränken. Als ich am Ticketschalter ankomme, bin ich zwar immer noch unentschlossen, man erleichtert mir meine Entscheidung jedoch: Während ich noch volle drei Stunden auf die Verbindung an mein eines potentielles Ziel warten müsste, fährt der Bus zu meinem zweiten Favoriten bereits in wenigen Minuten ab. Ich kaufe also ein Ticket und fünf Minuten später geht es los. Die mehrstündige Fahrt vergeht wie im Flug, da ich mich angeregt mit meinem Sitznachbarn unterhalte. Er erzählt mir allerhand Interessantes über das Alltagsleben in seiner Heimat und macht mich auf die Sehenswürdigkeiten aufmerksam, an denen wir im Laufe der Reise vorbeikommen. Auf der Karte in meinem Reiseführer zeigt er mir weitere Orte in der Umgebung, die in jedem Fall einen Besuch wert sind. Als wir schließlich unser Ziel erreichen, erklärt mein neuer Freund mir, mit welchem Bus ich vom Bahnhof ins Stadtzentrum gelange. Beim Abschied überreicht er mir noch einen Zettel mit seiner Telefonnummer und bietet mir an, mich bei ihm zu melden, wenn mir langweilig ist oder

ich Hilfe jeglicher Art brauche. Dann verabschieden wir uns voneinander.
Offenbar hat es außer mir noch weitere Backpacker in diesen Ort verschlagen. Während ich auf den Bus ins Zentrum warte, mache ich Bekanntschaft mit zwei Engländerinnen. Die beiden wollen genau wie ich in das einzige Hostel im Ort und wir beschließen, uns gemeinsam dorthin durchzufragen. Schließlich erreichen wir die Unterkunft, müssen dort jedoch erfahren, dass bereits alle Betten belegt sind. Die beiden Engländerinnen meinen, dass sie ein Zelt dabei haben. Angeblich gibt es wohl ganz in der Nähe einen Campingplatz und die zwei laden mich ein, die Nacht mit ihnen zu verbringen. Begeistert stimme ich zu. Wir fahren also zu dem drei Kilometer entfernten Zeltplatz. Mit dem Taxi – dieser Luxus muss jetzt sein – schließlich sind wir ja zu dritt und teilen die Kosten. Nachdem wir unser Nachtquartier aufgeschlagen haben, schauen wir mal nach, was die von uns mitgebrachten Essensvorräte so hergeben. Brot, Käse, Marmelade und natürlich die Backpacker-Mahlzeit schlechthin: Instant-Nudeln. Wir beschließen, das Brot fürs Frühstück zu lassen und bereiten die Nudeln innerhalb kürzester Zeit über dem offenen Feuer zu. Den Rest des Abends sitzen wir gemütlich zusammen und tauschen unsere bisherigen Reiseerlebnisse aus.
Ich bin mal wieder überrascht, wie einfach und unkompliziert alles gelaufen ist. Am Morgen hatte ich noch nicht die geringste Ahnung, was in den nächsten Stunden passieren würde und jetzt saß ich mit zwei neuen Freunden gemeinsam am Lagerfeuer. Ein weiterer aufregender Tag in meinem Leben als Backpacker.
Backpacking und Pauschaltourismus – zwei Möglichkeiten zu reisen, die wohl unterschiedlicher nicht sein könnten. Als Backpacker ist man vollkommen auf sich gestellt, was die Organisation der Reise anbelangt. Bei einer Pauschalreise

nimmt einem der Veranstalter diese Arbeit ab. Das Backpacken ist also mit mehr eigenem Aufwand verbunden, bringt aber zahlreiche Vorteile gegenüber dem organisierten Reisen.

Wer backpackt, kann tun und lassen, was er will. Als Individualtourist entscheide ich jeden Morgen von Neuem, wie ich den Rest des Tages verbringen werde. Ich kann einmal geschmiedete Pläne nach Herzenslust wieder verwerfen und spontan neue machen. Als Backpacker organisiere ich Transport, Unterkunft und Ausflugsprogramm täglich selbstständig. Wenn es mir an einem Ort gut gefällt, kann ich auch mal länger bleiben, als ursprünglich geplant. Bin ich mit dem Service in einem Hostel unzufrieden, kann ich dieses jederzeit verlassen und mir etwas Neues suchen. Wie ich meinen Tag verbringe, steht mir als Backpacker ebenfalls frei. Möchte ich zum Beispiel einen nahe gelegenen Nationalpark besuchen, so kann ich diesen Ausflug selbst organisieren. Im Hostel finde ich fast immer Interessierte, die mich auf etwaige Wanderungen begleiten. Bevor es losgeht, halten wir noch schnell im Supermarkt an der Ecke, um Lebensmittel für ein Picknick zu besorgen und dann geht es mit öffentlichen Verkehrsmitteln in den Park. Wer es gern bequemer mag und bereit ist, für das Mehr an Bequemlichkeit mehr zu zahlen, kann natürlich auch eine Tagestour in den besagten Park buchen und überlässt die Organisation einfach einer Reiseagentur.

Als Pauschaltourist entscheidet mein Reiseveranstalter, wie und wo ich meinen Urlaub verbringe. Entspricht das Programm meinen Vorstellungen, habe ich Glück. Es kann aber auch mal vorkommen, dass die Leistungen nicht mit den Vorankündigungen des Organisators übereinstimmen. Dann heißt es halt „Pech gehabt" und das Beste aus den nächsten Tagen machen, denn ändern lässt sich an der Situation in der Regel nichts.

Als Backpacker kann ich selbst entscheiden, mit wem ich meine Zeit verbringen möchte und lerne im Hostel täglich neue Leute aus aller Welt kennen. Als Pauschaltourist bin ich gezwungen, für die gesamte Dauer der Reise mit meinem Reiseleiter und dem Rest der Gruppe zusammenzubleiben. Ich verbringe meinen Urlaub dabei zumeist unter Deutschen, die an allem etwas auszusetzen haben und muss mir stundenlanges Rumgenörgel anhören.
Als Backpacker pflege ich intensiven Kontakt zu der lokalen Bevölkerung. Da ich mich weitestgehend so verhalte, wie eben diese auch, lerne ich das Alltagsleben in meinem Reiseland relativ unverfälscht kennen. Als Pauschalreisender verbringe ich die meiste Zeit in meiner Hotelanlage. In welchem Land ich mich aufhalte, spielt dabei so gut wie keine Rolle. Wenn überhaupt, reise ich im eigens für die Tour bereitgestellten Bus statt in öffentlichen Verkehrsmitteln und mein Kontakt zu den Einheimischen erschöpft sich höchstwahrscheinlich in knappen Gesprächen mit dem Hotelpersonal.
Backpacking bedeutet also mehr Flexibilität, geringere Kosten und mehr Abenteuer. Zwar bedeutet Individualtourismus mehr Arbeit, wir Backpacker sind jedoch gern bereit, dieses Opfer zu bringen. Letztendlich macht das eigenständige Organisieren der Reise ja auch den Reiz des Ganzen aus.

Dieses Buch soll junge bzw. jung gebliebene Menschen ermutigen, mal nicht ins Reisebüro zu gehen und zwei Wochen Hotelurlaub am Strand zu buchen, sondern stattdessen selbst aktiv zu werden. Einfach mal die Tasche packen und sich in die Welt hinauswagen – dazu gehört vielleicht etwas mehr Mut, Tapferkeit zahlt sich jedoch aus. Auf den folgenden Seiten findest du nützliche Tipps, wie du am besten vorgehst und was du vor der Abreise und unterwegs unbedingt beachten solltest. Zudem erhältst du einen Einblick in das, was im Laufe der Reise so alles passieren kann.

III. Warum soll ich überhaupt reisen?

Es gibt viele gute Gründe zu reisen. Wer reist, der lernt fürs Leben. Drei Jahre im Ausland haben mich zu einem anderen, weltoffeneren Menschen gemacht. Vor meinem Jahr in Südafrika war ich relativ schüchtern und zurückhaltend. Als ich damals zurück nach Deutschland kam, erkannten mich Freunde und Bekannte kaum wieder. In dem Jahr in der Fremde hatte ich gelernt, auf eigenen Beinen zu stehen, kleine und manchmal auch größere Probleme allein aus der Welt zu schaffen und offen auf andere Menschen zuzugehen. Das alles hatte mich insgesamt selbstbewusster gemacht. Das scheue Mädchen von damals existierte nicht mehr.

Als ich dann auch noch von meinen Plänen erzählte, für ein weiteres Jahr ins Ausland zu gehen, waren die meisten meiner Freunde vollkommen überrascht. Allein nach Australien? Und vorher auch noch ein Zwischenstopp in Taiwan? Ob ich denn da keine Angst hätte? Ehrlich gesagt: Nein! Klar war ich aufgeregt, denn ich hatte ja keine Ahnung, was auf mich zukam. Aber egal welche Herausforderungen sich mir stellten, irgendwie würde ich diese schon zu meistern wissen. Und falls es ganz hart kam, blieb ja auch immer noch die Möglichkeit, mich ins nächste Flugzeug zurück nach Deutschland zu setzen. Bei Letzterem wusste ich jedoch, dass ich es nicht so weit kommen lassen würde. Aufgeben? Mir eingestehen, an den sich mir gestellten Aufgaben gescheitert zu sein? Mich für den Rest meines Lebens wie ein Versager fühlen? Niemals! Das vergangene Jahr hatte mich auch gelehrt, für meine Träume zu kämpfen.

Ich kann wohl sagen, dass ich während meiner Zeit im Ausland mehr gelernt habe, als mich Schule oder Uni je hätten lehren können – sowohl über mich selbst als auch über andere. Reisen hat mir die Augen für das Wesentliche im Leben geöffnet. Eine nett eingerichtete Wohnung, ein protziges Auto oder ein Kleiderschrank voll mit teuren Klamotten machen nicht glücklich. Oder wie erklärt es sich sonst, dass die Menschen in den ärmsten Ländern oft die stärkste Lebensfreude ausstrahlen? Wie meinte ein Ecuadorianer beim sonntäglichen Bier in seiner Kneipe mal so schön: „Ich hab zwar nicht viel, aber ich habe ein Herz!"

Geld allein macht nicht glücklich. Bei meinem Ausflug auf die Fidschi-Inseln, stellte ich einmal mehr fest, dass an dieser Aussage viel Wahres dran ist. Ich hatte das unsagbare Glück, Land und Leute von einer ganz anderen, untouristischen Seite kennen zu lernen und war überrascht, wie einfach und unbeschwert das Leben hier war.
Zwischen den einzelnen Inseln reist man auf den Fidschis mit einem großen Boot. Dieses hält unterwegs und verschiedene kleine Boote bringen einen dann an Land. Als ich damals auf der Insel Naviti als Einzige von Bord ging, dachte ich mir nichts dabei. Stutzig wurde ich erstmals, als man mir im Camp auf Verlangen eines Dorm-Bettes bereitwillig ein Doppelzimmer gab – ganz für mich allein und zum selben Preis. Aber gut, warum nicht auch mal Glück haben. Als ich wenig später zum Mittagessen erschien, kam mir das Ganze dann aber doch reichlich komisch vor. Im Speisesaal war nämlich lediglich für eine Person gedeckt. Konnte es sein, dass ich der einzige Gast auf dieser Insel war? Auf mein Nachfragen hin erklärte man mir, dass die Saison noch nicht begonnen hatte und momentan nicht viel auf der Insel los war. Vielleicht würden jedoch am Nachmittag weitere Gäste ankommen.
Im ersten Moment wusste ich nicht so richtig, ob ich mich freuen oder in Tränen ausbrechen sollte. Bei längerem Nachdenken wurde mir jedoch klar, dass dies das Beste war, was mir hatte passieren können. Ein ganzes Camp für mich allein, das gesamte Personal zu meiner alleinigen

Verfügung. Abends mit den Angestellten zusammensitzen und Karten spielen, gespannt ihren Berichten vom gewiss nicht immer einfachen Leben auf einer traumhaften Insel zuhören und endlich mal alle meine Fragen loswerden. Und tagsüber ungestört in der Hängematte liegen und ein Buch lesen. Perfekt!

Als ich am Nachmittag einen Strandspaziergang machte, stellte ich fest, dass es nur wenige Hundert Meter weiter noch ein zweites Camp gab. Auch dieses war nicht wirklich stark von Besuchern frequentiert, immerhin wohnten hier jedoch ein paar weitere Touristen. Falls ich mich also nach Gesellschaft sehnen sollte, blieb mir immer die Möglichkeit, hierherzugehen. Aber eigentlich gefiel mir mein Camp viel besser.

Beim Abendessen setzte sich das Küchenmädchen Kuini zu mir und wir begannen, uns zu unterhalten. Sie erzählte mir, dass sie aus einem Dorf auf der anderen Seite der Insel kam. Am folgenden Tag wollte sie ihrer Familie einen Besuch abstatten und bot mir an, sie auf diesen Ausflug zu begleiten. Das ließ ich mir natürlich nicht zweimal sagen. Ein Besuch in einem richtigen Dorf, das würde bestimmt interessant. Ich hatte zwar schon auf der letzten Insel eine Tour in ein Dorf gemacht, allerdings in einer Gruppe von etwa dreißig Touristen. Das Ganze glich auch eher einer Verkaufsveranstaltung. Man hatte extra für uns einen kleinen Markt mit Souvenirs aufgebaut und der Sinn unseres Besuches bestand offenbar hauptsächlich darin, uns zum Kauf irgendwelcher Dinge zu animieren. Ein Ausflug zu Kuinis Familie war da schon etwas Anderes.

Am nächsten Tag machten wir uns also in aller Frühe auf den Weg. Wir wanderten ganze drei Stunden, ehe wir das Dorf erreichten. Hier war ich natürlich die Attraktion schlechthin. Einen Menschen mit blonden Haaren hatten die meisten hier wohl noch nie gesehen. Neugierig kamen die

Dorfbewohner aus ihren Hütten und begrüßten mich mit einem freundlichen „Bula!" Wenn auch unerwartet, mein Besuch war in jedem Falle willkommen.
Wir besuchten zunächst einmal Kuinis Familie. Mutter, Schwester und eine Reihe weiterer Frauen hatten es sich vor ihrer Hütte im Palmenschatten gemütlich gemacht. Hier saßen sie nun auf einer Decke und erzählten von Gott und der Welt. Das nahm ich jedenfalls an, verstehen konnte ich sie ja nicht. Um die Frauen herum spielten acht kleine Kinder – eins davon niedlicher als das andere. Kuini stellte uns einander vor und wir begrüßten uns herzlich.
Nachdem wir uns von unserem Marsch ins Dorf ausgeruht hatten, brachte Kuini mich zum Stammesältesten des Dorfes. Dieser versicherte mir, dass er und der Rest der Bewohner sich sehr über meinen ungewöhnlichen Besuch freuten. Als Zeichen meines Dankes kaufte ich Kava, das zu Zeremonien und besonderen Anlässen konsumierte Nationalgetränk und mein Name wurde ganz offiziell in die Dorfchronik eingetragen. Dann führte mich das Stammesoberhaupt durchs Dorf. Er zeigte mir die Schule, Kirche und andere Gemeinschaftseinrichtungen und erklärte mir in nahezu perfektem Englisch, wie der Alltag auf der Insel aussah. Im Großen und Ganzen verlief das Leben hier wohl relativ entspannt. Die meiste Zeit des Tages saß man einfach nur im Schatten und ruhte sich aus. Auch Krieg, Streit und Neid schien es im Dorf nicht zu geben. Im Gegenteil: Erkrankte jemand und konnte nicht mehr für seinen eigenen Lebensunterhalt aufkommen, so konnte er auf die Hilfe der Dorfgemeinschaft zählen. Es galt das Prinzip: einer für alle, alle für einen.
Später begab ich mich zurück zu Kuinis Familie. Es war Zeit für das Mittagessen. Serviert wurden Nudeln mit Gemüse, Fleisch sowie Bread-Fruit, eine Baumfrucht, die praktisch unsere Kartoffel ersetzt und zudem sehr viel besser

schmeckt. Gespannt beobachteten mich die Anderen beim Essen. Auf den Fidschis ist es nämlich üblich, dass der Gast zuerst isst. Die Gastgeber speisen erst, wenn dieser fertig und vollständig gesättigt ist. Nachdem ich mit dem Essen fertig war, begab ich mich schon mal allein zur Mittagsruhe an den Strand. Kuini blieb bei ihrer Familie, um nunmehr ebenfalls ihr Mittagsmahl einzunehmen.
Der Strand war einfach traumhaft, noch viel schöner als auf der anderen Seite der Insel, wo sich unser Camp befand. Palmen, weißer Sand und türkisfarbenes Meer. Ein Paradies auf Erden! Irgendwann gesellte sich auch Kuini zu mir. Wir faulenzten gemeinsam eine Stunde unter Palmen und machten uns dann auf den Weg zurück zu den Frauen, die sich noch immer nicht vom Fleck gerührt hatten. Hier verbrachten nun auch Kuini und ich die nächsten sechs (!) Stunden und taten einfach mal rein gar nichts. Ab und zu machte jemand eine Bemerkung und wir lachten über die Kommunikationsschwierigkeiten. Hätte ich doch bloß ein paar mehr Fidschi-Ausdrücke aus meinem Reiseführer gelernt. Zu spät! Aber gut, wir verständigten uns mit Händen und Füßen oder Kuini übersetzte für uns.
Interessant war es auch, den Kindern beim Spielen zuzusehen. Ein Dreijähriger beschäftigte sich schon seit Stunden mit einem Säckchen voll kleiner Steine. Diese schüttete er immer mal wieder aus, um sie dann wieder einzusortieren. Ein anderer spielte schon seit einer Ewigkeit mit einem kaputten Spielzeugauto. Es war einfach unglaublich, wie die Kleinen sich selbst beschäftigen konnten, und das mit so einfachen Dingen. Wenn ich das so mit den Kids zu Hause verglich: Die hatten ihre Kinderzimmer bis oben hin mit den neuesten Spielsachen bepackt und wussten trotzdem nichts mit sich anzufangen. Ebenso unglaublich war es, dass die Leute hier auf der Insel tatsächlich den ganzen Tag lang nichts zu machen schienen. Klar, es war unglaublich heiß und jeder

Handgriff erforderte enorme Anstrengung, aber das ganze Leben mit Nichtstun verbringen? Wird einem das nicht irgendwann über? Also bei mir setzte die Langeweile nach etwa vier Stunden ein. Hätte ich den Leuten hier erzählt, dass in diesem Moment gerade überall auf der Welt Geschäftsleute unglaublichem Stress ausgeliefert waren und unter enormen Zeitdruck arbeiteten, hätte man mich wahrscheinlich für verrückt erklärt. Der Höhepunkt des Tages war die Ankunft eines Schiffes. Ein Teil der Dorfbewohner war nämlich drei Tage zuvor in Richtung Festland aufgebrochen, um neue Vorräte an Lebensmitteln wie Reis, Nudeln, Zucker etc. einzukaufen. Beim Entladen des Schiffes wurde einmal mehr klar, dass das Dorf eine geschlossene Gemeinschaft war. Ausnahmslos jeder half mit.
Irgendwann gegen Abend hieß es dann Abschied nehmen. Für Kuini und mich ging es zurück auf die andere Seite der Insel, und zwar im Boot. Vor der Abreise schossen wir noch unzählige Erinnerungsfotos, tauschten Adressen und ich versprach, Abzüge von den Bildern zu schicken. Nur ein Tag im Dorf und ich hatte viele neue Freunde gewonnen.

Das Erlebnis auf den Fidschis beschäftigte mich noch lange. Zu sehen, wie Menschen auch ohne viel Geld glücklich – vielleicht sogar glücklicher – leben. Zu beobachten, wie Menschen füreinander da sind und sich gegenseitig helfen, ohne dafür eine Gegenleistung zu erwarten. Zu sehen, wie Menschen friedlich nebeneinander her leben, ohne neidvoll auf das zu starren, was der Nachbar nebenan besitzt. Zu sehen, wie die Menschen ein Leben frei von Stress führen, in dem einzig und allein zählt, dass alle gesund sind und täglich genug zu essen auf den Tisch kommt. Ein Leben, in dem Probleme wie „Was ziehe ich heute an?“, „Mein Haar liegt nicht”, oder „Ich habe einen Pickel am Kinn” nicht existieren. Aber auch ein Leben, in dem jeder Tag mehr oder weniger gleich aussieht. Klar, die Menschen hier leben auf einer paradiesischen Insel. Wahrscheinlich werden die meisten von ihnen diese aber nie verlassen. Sie werden ihr Leben lang keinen anderen Ort als diesen zu Gesicht bekommen. Ihre Reisen werden sie allenfalls bis zum Festland führen, jedoch nicht zum Vergnügen, sondern um die Nahrungsmittelvorräte aufzustocken. Nie werden sie dagegen Orte wie die chinesische Mauer, den südamerikanischen Dschungel oder eine Metropole wie New York besuchen.

Das Leben auf den Fidschis mochte mir im ersten Moment vielleicht beneidenswert erscheinen, mit den Leuten tauschen wollte ich jedoch nicht. Ich war auf der Insel, weil ich es mir ausgesucht hatte, während die Menschen hier keine andere Wahl hatten. Einmal mehr lernte ich zu schätzen, welch Glück es bedeutete, in einem Land wie Deutschland geboren zu sein, die Möglichkeit zu haben zu reisen und mir die Welt anzuschauen, die Chance zu haben, Menschen verschiedener Länder kennen zu lernen, ihre Kultur zu studieren und für mein eigenes Leben zu lernen.

Ein prägendes Erlebnis in dieser Hinsicht war auch die Nacht, die meine Freundin Petra und ich bei einer südafrikanischen Familie verbrachten. Während unseres Südafrika-Trips verbrachten wir einige Tage in Coffee Bay. In unserem Hostel entdeckte ich einen Aushang, auf dem für einen sogenannten „Hut-Sleepover" geworben wurde. Hinter diesem Begriff verbarg sich angeblich ein traditioneller Abend mit Essen, Tanz und Gesang bei den Einheimischen im Dorf. Als ich Petra davon erzählte, platzte diese nicht gerade vor Begeisterung, ließ sich aber schließlich von mir überreden.

Es ging also los. Oder auch nicht. Jedenfalls nicht zu der abgemachten Zeit. Auch zwei Stunden später warteten

Petra und ich noch immer vergeblich darauf, von jemandem abgeholt und ins Dorf gebracht zu werden. Inzwischen war uns jedoch die Lust auf den Ausflug vergangen. Wir begaben uns an die Rezeption unseres Hostels und erklärten der Angestellten, dass wir unser Geld zurück haben wollten, da wir nunmehr andere Pläne hätten. Die hatten wir tatsächlich. Wir freuten uns nämlich insgeheim schon auf eine weitere Nacht mit Rum und Trinkspielen in der Bar nebenan. Man teilte uns allerdings mit, dass es unmöglich wäre, den Trip jetzt noch abzusagen, da wir fest für das Abendessen eingeplant waren. Angeblich sollte uns wohl der Sohn der Familie, bei der wir die Nacht verbringen würden, abholen. Wo dieser steckte, wusste man im Hostel jedoch auch nicht. Man versicherte uns aber, dass in den nächsten 20 Minuten jemand auftauchen würde, um uns ins Dorf zu geleiten. So war es dann auch. Ein junger Mann, der nur wenige Brocken Englisch sprach, wies uns den Weg.

Die Wanderung durch die Berge und Dörfer mit all den winzigen Rundhütten ließ uns unseren Ärger schnell vergessen. Das, was wir in den letzten Tagen lediglich im Vorbeifahren hatten beobachten können, erlebten wir nun aus nächster Nähe. Allein hätten wir uns natürlich nie so nah an die Dörfer heran getraut. Schließlich waren wir in Südafrika und von Ausflügen jenseits der Touristenroute wurde strengstens abgeraten.

Kurz nach Sonnenuntergang erreichten wir unsere Hütte. Eine ältere Frau – offenbar die Mutter – war damit beschäftigt, das Haus auf Vordermann zu bringen. Dabei half ihr ein junges Mädchen – vermutlich ihre Tochter. Draußen kochte bereits unser Dinner auf dem offenen Feuer in zwei rostigen Töpfen. Ein dritter Topf diente vorübergehend einer abgemagerten Ziege als Schlafquartier.

Unser Begleiter erklärte uns, dass außer dem Sohn niemand Englisch sprach und verabschiedete sich dann. Wenig

später erschien dann auch der Sohn. Und zwar betrunken und bekifft. Na ja, wenigstens einer von uns hatte Spaß. Er grüßte kurz und knapp und war dann auch schon wieder verschwunden.
Petra und ich standen noch immer vor der Hütte. Wir beschlossen, uns erst einmal zu setzen und abzuwarten. Wenig später gab die Mutter uns zu verstehen, dass es Zeit für das Abendessen war. Wir begaben uns in die Hütte und hatten nun endlich Gelegenheit, diese genauer unter die Lupe zu nehmen. Sie bestand aus lediglich einem Raum, was uns kaum überraschte, war doch das gesamte Häuschen kleiner als mein Zimmer zu Hause. In einer „Ecke" stand ein sorgfältig aufgeräumter Schrank mit einigen wenigen Lebensmittelvorräten, daneben ein Kleiderständer mit ein paar Gewändern. Außerdem gab es ein Bett und auf dem Fußboden lagen zwei Matratzen, offensichtlich für Petra und mich. Nicht ganz ins Geschehen passte das Radio, das im Hintergrund spielte. Strom gab es hier nicht, es musste also mit Batterien betrieben werden. Wahrscheinlich hatte man diese extra für unseren Besuch angeschafft. Und dann dieser Geruch! Es stank ganz erbärmlich nach Verräuchertem, so, als hätte man im Inneren der Hütte ein Feuer gezündet. Petra und mir tränten regelrecht die Augen.
Wir setzten uns also auf unsere Matratzen und schauten zu, wie die Mutter das Essen servierte. Sie stellte Teller und Gläser vor uns und holte dann den ersten Topf vom Feuer. Bevor die Frau mit dem Auffüllen begann, schob sie sich den Löffel noch mal selbst in den Mund und trug mir dann mit eben diesem die erste Portion auf. Es handelte sich um einen Mix aus Bohnen, Reis und noch etwas anderem Undefinierbaren. Mittlerweile war auch der Sohn wieder da. Zum Essen hatten sich außerdem zwei kleine Kinder eingefunden. Diese waren scheinbar aus dem Nichts aufgetaucht und löffelten nun lammfromm ihren Brei. Auch

für uns war es an der Zeit, das Essen zu probieren. Ich unternahm einen vorsichtigen Versuch und stellte zu meiner Erleichterung fest, dass das, was sich da auf unseren Tellern befand, nicht so übel schmeckte, wie es aussah. Ich blickte zu Petra herüber und sah ihr sofort an, dass sie meine Meinung diesbezüglich nicht teilte. Bestätigend flüsterte sie mir zu: „Ich spuck gleich!" Nun gut, es gab ja noch einen zweiten Gang. Als ich von diesem probierte, wurde jedoch auch mir schlecht! Glücklicherweise waren die Portionen so groß bemessen, dass es selbst bei einem köstlichen Mahl nicht möglich gewesen wäre, alles aufzuessen. Für die nächsten Minuten schoben wir die kneteartige Masse also auf dem Teller herum und gaben sie letztlich fast vollständig zurück. Böse schien man uns darüber nicht, die Reste wanderten halt einfach wieder zurück in die Kochtöpfe. Die Mutter spülte das Geschirr und fegte dann die Hütte aus. Dabei halfen ihr weder Tochter noch Sohn. Auch Petra und ich beobachteten sie nur stumm bei der Arbeit und fühlten uns dabei wirklich mehr als unbehaglich. Gern wären wir der Frau zur Hand gegangen. Wir wussten allerdings, dass sie unser Angebot nie akzeptiert hätte. Stattdessen versuchten wir, ein Gespräch mit dem Sohn anzufangen. Gut, so wirklich Englisch sprach der auch nicht. Immerhin reichten seine Sprachkenntnisse jedoch aus, um uns die Namen der einzelnen Familienmitglieder mitzuteilen. Unsere Vermutung, dass es sich bei den beiden Frauen um seine Mutter und Schwester handelte, bestätigte sich ebenfalls. Dann verstummte die Konversation aber auch schon wieder.
Petra und ich hatten natürlich Tausende von Fragen. Wie alt war die Mutter? Sie schien alt, war es aber vermutlich nicht. Das Leben auf dem Land war hart und ging nicht spurlos an den Menschen vorbei. Wo war der Familienvater? Zu wem gehörten die Kinder, die zum Essen erschienen und danach wieder spurlos im Dunkel der Nacht verschwunden waren?

Warum ließ sich der Sohn hier von seiner Mutter bedienen, ohne auch nur den geringsten Handgriff im Haushalt zu tätigen? Und: Können wir die Tür über Nacht auflassen, denn der Geruch in der Hütte war schon bei offener Tür kaum auszuhalten?!
Nun, zumindest die letzte Frage blieb nicht unbeantwortet. Mit einem kräftigen Schlag wurde die Tür zugestoßen. Offenbar war es nun Zeit für die Nachtruhe. Es vergingen keine fünf Minuten und schon war die gesamte Familie auf dem Bett eingeschlafen. Petra und ich staunten nicht schlecht. Nicht, dass es einen Unterschied gemacht hätte, ob die drei nun wach waren oder lauthals neben uns schnarchten. Unterhalten konnten wir uns ja eh nicht miteinander. Gemessen an europäischen Maßstäben war dies jedoch schon ziemlich unglaublich: Einfach so ins Bett gehen, wenn einem der Besuch über ist.
Da lagen Petra und ich nun also nebeneinander auf unseren Matratzen. Ich hatte schon ein verdammt schlechtes Gewissen, dass ich sie zu diesem Abenteuer überredet hatte. Petra wiederum schien überhaupt nicht böse zu sein. Sie bezeichnete das Ganze sogar als „Erlebnis, das man mit Geld gar nicht bezahlen kann". In genau diesem Augenblick wusste ich, dass es wohl niemanden sonst gab, mit dem ich diese Erfahrung hätte teilen wollen.
Petra und ich unterhielten uns in dieser Nacht noch lange, über die Armut der Menschen in diesem Land und darüber, wie gut wir es doch hatten. Das Geld, das wir mitunter an einem Abend in einer Bar ausgaben, war wahrscheinlich genug, um eine ganze Familie einen Monat lang zu ernähren. Wir redeten über die Einfachheit des Lebens dieser Menschen: kein Strom, kein fließend Wasser, es gab ja nicht einmal eine Toilette. Wir schienen dagegen kaum ohne Dinge wie Fernsehen, iPod, Kosmetikpads und teure Body Lotion auszukommen. Uns wurde bewusst, welch

Glück es bedeutete, in einem Erste-Welt-Land geboren und aufgewachsen zu sein, die Möglichkeit zu haben zu reisen und Abenteuer wie eben dieses zu erleben. Während unseres Trips durch Südafrika hatten wir uns oft gefragt, wie die Menschen in den Dörfern wohl leben würden. Nun, wir hatten das Glück, es herauszufinden, und zwar auf die beste Art und Weise, die man sich nur vorstellen kann. Wir hatten die Möglichkeit, eine Familie einen Abend lang zu beobachten, ohne selbst wirklich wahrgenommen zu werden.

Natürlich versackten wir auch nach dieser Nacht immer mal wieder in irgendwelchen Bars und gaben zu viel Geld für Getränke aus. Letztlich ist ja auch das ein Teil des Backpackerlebens. In den folgenden Nächten war jedoch weder Petra noch mir nach Feiern zumute. Die Nacht in der Hütte hatte etwas in uns verändert, ja, sie hatte uns die Augen geöffnet. Statt wieder einmal durch die Clubs zu ziehen, spendeten wir das Geld, was wir normalerweise für Drinks ausgaben, für ein regionales Projekt. Das Gefühl, zumindest ein bisschen geholfen zu haben, war doch um so vieles besser als der Kater am nächsten Morgen.

Eine weitere Sache, die mich das Reisen gelehrt hat, ist, einfach mal für den Moment zu leben. Stress und ständig nur aufs Karrieremachen hinarbeiten kann nicht wirklich alles im Leben sein. Ich erinnere mich noch gut an ein Gespräch, das ich mit einem meiner Professoren kurz nach Abschluss des Ersten Staatsexamens führte. Wir unterhielten uns über meinen anstehenden Südafrika-Aufenthalt und er wollte nunmehr von mir wissen, wie ich denn die zwei dazwischenliegenden Monate füllen wollte. Ob ich etwa vorhatte, ein Praktikum zu machen oder vielleicht in einer Anwaltskanzlei nebenberuflich tätig würde. Künftige

Arbeitgeber würden sich nämlich mit Sicherheit erkundigen, was ich zwischen Examen und Masterstudium gemacht habe, da zwei volle Monate schon eine gehörige Lücke in meinen Lebenslauf rissen. Ich sollte deshalb bloß sicherstellen, dass ich diese Zeit sinnvoll nutzte.
Die Zeit sinnvoll nutzen? Nun, das wollte ich tatsächlich. Ich hatte nämlich vor, einfach mal ein paar Wochen lang gar nichts zu machen. Meiner Meinung nach hatte ich mir diese Auszeit wirklich verdient, denn die letzten Wochen und Monate waren schon verdammt anstrengend gewesen. Ich hatte 1½ Jahre fürs Examen gebüffelt, 8 bis 10 Stunden täglich, 7 Tage die Woche! Ich hatte mich jedes Mal schlecht gefühlt, wenn ich den Fernseher anschaltete oder die Mittagspause mal eine halbe Stunde länger als nötig dauerte. Ich hatte zwei ganze Sommer in der Bibliothek statt am Strand verbracht. Jetzt, wo das Examen endlich hinter mir lag, verdiente ich da nicht auch einmal eine Pause? Einfach mal Zeit haben, in Ruhe ein Buch zu lesen. Endlich mal wieder etwas mit meinen Freunden unternehmen, ohne dabei ein schlechtes Gewissen zu haben, weil ich nicht am Lernen war. Zudem gab es vor meiner Abreise nach Südafrika ja auch noch einige Dinge zu organisieren.
Ich dachte natürlich über den Rat meines Professors nach, tat dann letztlich aber genau das, was ich mir sowieso vorgenommen hatte. Ich kümmerte mich endlich mal wieder um meine sozialen Kontakte, jobbte hier und da ein wenig, um die Reisekasse aufzubessern und ließ meinen Südafrika-Trip ganz in Ruhe angehen. Um die dadurch entstandene Lücke in meinem Lebenslauf kümmerte ich mich nicht.
Auf Reisen wird mir immer wieder bewusst, wie sehr sich die deutsche Mentalität doch von der anderer Völker unterscheidet. Stress und Hektik scheinen in Deutschland an der Tagesordnung. Das beginnt schon morgens in der Frühe: aufstehen, duschen und dann ab ins Büro. Für das

Frühstück bleibt da natürlich keine Zeit. Stattdessen gibt es auf dem Weg zur Arbeit nur schnell eine Tasse Kaffee zum Mitnehmen. Nach Feierabend dann dasselbe Spiel: Man kommt erschöpft nach Hause, erledigt schnell noch ein paar Arbeiten im Haushalt und nach einigen Stunden vor dem Fernseher geht es ab ins Bett, bevor sich der gleiche Ablauf am nächsten Tag wiederholt. Zeit für zwischenmenschliche Beziehungen bleibt da scheinbar kaum. Gerade mit dem technischen Fortschritt scheinen sich soziale Kontakte oft in Emails und Telefonaten zu erschöpfen. Kaum jemand schafft es heute noch, Zeit für persönliche Treffen aufzubringen. Stundenlange Gespräche im Park oder im Bus, wie beispielsweise mit den Einheimischen in Südamerika – in Deutschland nahezu undenkbar. Bei meinem Ausflug nach Dresden dauerte es ja schon eine Ewigkeit, bis ich endlich jemanden fand, der sich die Zeit nahm, mir mit einer Auskunft bei der Suche nach dem richtigen Weg behilflich zu sein. Zwanzig Sekunden, um mir die richtige Richtung zu weisen? Der Großteil der Dresdener hatte es damals anscheinend so eilig, dass nicht mal Zeit dazu blieb. Ganz anders dagegen die Leute in Asien. Hier genügte es schon, wenn ich auf der Straße meinen Stadtplan studierte und schon kam jemand auf mich zu und fragte, wohin ich wollte. Oft brachte man mich dann gleich persönlich an mein Ziel. In Taiwan nahm sich mehrmals ein Einheimischer meiner an und führte mich durch verschiedene Tempel seiner Stadt. Das war für mich natürlich sehr interessant, denn allein traute ich mich ja doch nicht, diese bis in die hintersten Winkel zu inspizieren. Ein Taiwanese zeigte mir dann auch die deutsche Kirchengemeinde seiner Stadt. Er meinte, dass ich einfach dorthin kommen sollte, wenn ich ein Problem hatte. Meine Gebete in den Tempeln würde Gott ja schließlich nicht verstehen, da ich kein Chinesisch sprach. Eigentlich logisch.

Auch in Indonesien nahmen sich die Einheimischen gleich vom ersten Tag an unwahrscheinlich viel Zeit für mich. In den frühen Morgenstunden erreichte ich Bukitinggi auf der Insel Sumatra. Nach der fast vierundzwanzigstündigen Anreise hatte ich ehrlich gesagt wenig Lust, die halbe Stadt abzulaufen. Gern nahm ich deshalb das Angebot eines Ortsbewohners an, mir bei der Suche nach einer Unterkunft behilflich zu sein. Wir gingen zunächst zu einer Pension, die ich mir im Reiseführer ausgesucht hatte, mussten jedoch feststellen, dass alle Zimmer belegt waren. Mein neuer Freund meinte, dass wir mit Sicherheit etwas anderes finden würden, was meinen Preisvorstellungen entsprach und führte mich zu ganzen sechs weiteren Hotels. Allerdings waren auch diese vollständig ausgebucht. Gut, es war 7 Uhr morgens, ich hatte die Nacht über kaum geschlafen und Hunger hatte ich auch. Ich brauchte wirklich erst mal eine Pause. Zudem wollte ich auch die Gutmütigkeit des Indonesen nicht weiter strapazieren, denn mittlerweile lief der bereits über eine Stunde mit mir herum. Ich erklärte ihm, dass ich erst mal in Ruhe frühstücken wollte und es dann einfach später noch einmal versuchen würde, wenn die ersten Hotelgäste abgereist waren. Ich hatte eigentlich erwartet, dass er nunmehr Geld für seine Hilfe verlangen würde, doch nichts dergleichen geschah. Er wünschte mir viel Glück bei der weiteren Suche, ich bedankte mich freundlich bei ihm und dann verabschiedeten wir uns. Einige Stunden später versuchte ich es noch einmal in einem Hotel. Der Mitarbeiter an der Rezeption erklärte mir, dass gerade Feiertage seien und alle Hotels deshalb die Preise verdoppelt bis verdreifacht hatten. Er konnte mir zwar ein Zimmer anbieten, allerdings war dieses (für indonesische Verhältnisse) ziemlich teuer. Wenn ich wollte, könnte ich aber bestimmt bei der Familie seines Freundes wohnen. Angeblich hatten die ein Zimmer frei und vermieteten es

hin und wieder an Backpacker. Diese Chance ließ ich mir natürlich nicht entgehen. Bei Einheimischen zu wohnen war schließlich immer interessanter als eine Übernachtung in einem unpersönlichen Hotel. Zudem konnte ich bei dieser Gelegenheit auch gleich mal meine neu erworbenen Indonesischkenntnisse ausprobieren. Der Typ aus dem Hotel rief seinen Freund Rony an und keine zehn Minuten später holte der mich vom Hotel ab. Das Zimmer war echt nicht übel und die Familie schien auch supernett. Wir einigten uns auf einen Preis, der weit unter dem lag, was ich für ein Hotelzimmer bezahlt hätte und man erklärte mir, dass ich mich ganz wie zu Hause fühlen sollte.
Die Entscheidung, in der Familie zu wohnen, stellte sich als echter Glückstreffer heraus. Rony hatte ein Auto und zudem viel Zeit, da er im Moment keinem festen Job nachging. Noch am selben Nachmittag zeigte er mir die Nachbardörfer und erzählte mir viel Wissenswertes über sein Land. Auch an den darauf folgenden Tagen fuhr mich Rony durch die Gegend und zeigte mir Orte, an die ich sonst als Tourist wahrscheinlich allenfalls im Rahmen einer organisierten Tour gekommen wäre. So besuchten wir etwa Kaffeeplantagen, Reisfelder und Wasserfälle. Zu den Mahlzeiten, die die Familie entweder zu Haus zubereitete oder in kleinen Restaurants einnahm, war ich ebenfalls fest eingeplant. Ich fühlte mich einfach super wohl und blieb letztlich über eine Woche – viel länger, als ich es eigentlich geplant hatte. Ich war einfach überwältigt davon, wie viel Zeit man sich hier für mich nahm. Rony, der mich tagelang durch die Gegend fuhr, sein Vater, der mir stundenlang neue indonesische Vokabeln beibrachte und seine Mutter, die mich in die Kunst der Zubereitung indonesischer Speisen einweihte. Stress und Hektik gab es hier nicht und auch der Satz „Ich hab grad keine Zeit" schien im Wortschatz der Indonesier nicht zu existieren.

Zeit haben, zwischenmenschliche Beziehungen zu pflegen und einmal nur das zu tun, wonach einem gerade ist. Einfach mal in den Tag hinein leben, ohne bereits den nächsten Termin im Nacken sitzen zu haben. Dies ist ein Luxus, in dessen Genuss man anscheinend nur noch fernab der Heimat kommt. Nicht selten jedoch auch der einzige Luxus auf Reisen. Grundsätzlich ist Backpacken nämlich kein Erholungsurlaub, sondern harte Arbeit.
Es überrascht mich immer wieder, wie wenig ich unterwegs zum Leben brauche. Luxus? Was ist das eigentlich? Nun, mitunter fällt sogar das Duschen in diese Kategorie. Beispiel: Camping in Neuseeland. Beim Campen nimmt man es ja allgemein nicht ganz so genau mit der Körperpflege. Was meine Freundin Anne und ich in Neuseeland fabrizierten, gehört jedoch schon in die Sparte von Geschichten, bei denen man überlegt, ob man sie tatsächlich noch erzählen kann oder nicht vielleicht doch lieber den Mund halten sollte. Wir brachten es nämlich auf sage und schreibe zwölf Tage ohne Dusche. Gut, dank Feuchttüchern, Deo und der Tatsache, dass es Frühjahr und somit nicht besonders warm war, hielt sich unser Körpergeruch noch in Grenzen. Das glaubten wir zumindest. Jedenfalls wurden wir von niemandem darauf angesprochen. Vielleicht waren die Leute damals aber auch einfach nur zu höflich. Im Laufe dieser zwölf Tage durchliefen Anne und ich verschiedene Phasen, in welchen wir uns mal mehr, mal weniger nach Körperpflege sehnten.

Tag 1 bis 3: Während der ersten drei Tage des Campens kommt die Idee zu Duschen ja in der Regel eh nicht auf. Wir waren froh, einfach nur mit unserem Camper durchs Land zu fahren und genossen ein Leben frei von hygienischen Zwängen.
Tag 4: Ein Blick in den Rückspiegel eröffnet die Sicht auf immer fettiger werdendes Haar. Das Verlangen nach einer

Dusche kommt auf. Während Anne und ich in den ersten Tagen noch unzählige Fotos von uns selbst schossen, beschränkten wir uns nunmehr fast ausschließlich auf Landschaftsaufnahmen. Besonders fotogen fühlten wir uns nämlich beide nicht mehr.

Tag 5: Auch am fünften Tag ergab sich tagsüber keine Gelegenheit zum Duschen. Am Abend nahmen wir die Fähre von der Nord- zur Südinsel. Wir nutzten die dreistündige Fahrt, um uns den Kopf unter dem Wasserhahn zu waschen. Als wir damit fertig waren, entdeckten wir auf dem oberen Deck die Duschen. Allerdings war uns eh schon kalt und wir fühlten uns wieder frisch, so dass wir die Chance ungenutzt verstreichen ließen. Es würde ja bestimmt bald wieder eine Gelegenheit kommen.

Tag 6 und 7: Was so ein frisch gewaschener Kopf nicht alles bewirkte? Anne und ich verschwendeten keinen einzigen Gedanken an die Tatsache, dass wir seit Ewigkeiten nicht geduscht hatten.

Tag 8: Unser Haar fing langsam wieder zu fetten an. Anne und ich rechneten mal durch, wie viel Zeit seit unserer letzten Dusche verstrichen war. Über eine Woche! Am Abend nahmen wir vier Jungs ein Stück in unserem Wagen mit. Als diese uns zum Dank dafür auf einen Drink in ihre Stammkneipe einladen wollten, lehnten wir dankend ab. Momentan befanden wir uns nämlich in einem Stadium, in dem wir den Kontakt zu männlichen Wesen auf das Notwendigste zu beschränken versuchten.

Tag 9: Ich wachte mitten in der Nacht auf und es kam mir so vor, als würde mein gesamter Körper jucken. Während ich versuchte, wieder in den Schlaf zu finden, überlegte ich, wie wir an die mittlerweile wirklich notwendige Dusche kamen. Wir könnten vielleicht einfach so in ein Hostel hinein marschieren, so tun, als wohnten wir dort, duschen und uns wieder aus dem Staub machen. Oder einfach fragen, ob wir mal duschen dürfen. Ein Besuch im Schwimmbad. Eisbaden im Meer – okay, diese Möglichkeit war rein theoretisch, denn wir befanden uns nicht an der Küste. Eine Nacht auf dem Campingplatz. Die wohl einfachste Alternative, leider aber auch die teuerste. Irgendwann gelang es mir dann doch noch mal einzuschlafen. Am Morgen stellte ich fest, dass ich – abgesehen von der Unterwäsche – noch immer die Sachen trug, die ich vor über einer Woche in Sydney angezogen hatte. Vielleicht sollte ich einfach mit einem Wechsel meines Outfits anfangen. Gesagt, getan. Und schon fühlte ich mich besser. Im Laufe des Tages fragten wir in einem Hostel nach, wie viel es kosten würde, die Dusche zu benutzen. Die Antwort: „10 Dollar. Pro Person." Anne und ich waren uns einig, dass wir unser Vorhaben um einen weiteren Tag verschieben würden.

Tag 10: Auch heute wurde es nichts mit dem Duschen. Nur noch 5 Tage und wir würden Annes Geburtstag feiern. Ich versprach ihr, dass sie spätestens an ihrem Ehrentag in den Genuss einer Dusche kommen würde. Koste es, was es wolle.

Tag 11: Wir saßen im Internetcafé und schrieben Emails an Freunde und Familie. Ein Freund von Anne wollte wissen, ob sie an ihrem Geburtstag etwas Besonderes machen würde. Ihre Antwort: Ja! Duschen!

Tag 12: Wir besuchten unsere Freundin Linda in Christchurch und obwohl es noch nicht Annes Geburtstag war, ließ sie uns ihre Dusche benutzen. Umsonst! Es zahlt sich eben aus, Freunde in aller Welt zu haben!

Auch andere Grundbedürfnisse stellen zeitweise eher Luxusgüter dar. Was den Schlaf anbelangt, ist zwischen einer und 14 Stunden eigentlich so gut wie alles möglich. Generell gehe ich unterwegs am liebsten zeitig ins Bett, um morgens in aller Frühe zu Unternehmungen aufzubrechen.

Beim Campen ist es ja eh üblich, gegen 20 Uhr im Bett zu liegen, da es ja nach Sonnenuntergang nicht mehr viel zu tun gibt. Im Hostel wird dagegen schon mal die ein oder andere Nacht/Woche durchgemacht. Meist bin ich dann am nächsten Morgen aber trotzdem früh wieder wach und zu Ausflügen in die Umgebung bereit. Wenn ich schon mal in einem fremden Land bin, dann möchte ich schließlich auch so viel wie möglich unternehmen.
Bei meinem Besuch in Taipeh kam mir zudem auch noch der Jetlag zugute: Nach zwei Stunden Schlaf wachte ich mitten in der Nacht auf und an ein Wiedereinschlafen war nicht zu denken. Glücklicherweise litt ich als Einzige im Hostel an Schlafstörungen und hatte so Computer und Internet über Stunden für mich. Eine super Möglichkeit, mit meinen Leuten daheim Kontakt aufzunehmen. Gegen 6 Uhr ging es mit der ersten Metro zum Sightseeing, dann ein Stündchen Mittagsschlaf und abends bummelte ich stundenlang über die Nachtmärkte. 6 Tage in Taiwan fühlten sich an wie 12!
Wenn ich dann aber erst mal schlafe, dann ist es egal, was um mich herum passiert. Sex anderer Backpacker im Dorm, die Reinigungskraft mit dem Staubsauger oder das ständige Ein- und Aussteigen anderer Passagiere im Nachtbus. Von all dem bekomme ich in der Regel nichts mit. Eine Eigenschaft, die ich auf jeder Reise erneut zu schätzen lerne.

Was das Essen anbelangt, wird man mit der Zeit ebenfalls sehr flexibel. Es ist natürlich toll, in einem Land zu sein, in dem einem das Essen schmeckt und man täglich neue kulinarische Leckereien entdeckt. Leider ist das nicht immer so. In Taiwan gewöhnte ich mir neben dem Schlafen auch vorübergehend das Essen ab. Fisch und Meeresfrüchte esse ich nämlich überhaupt nicht und die Taiwanesen bereiten fast jede Speise mit Fisch zu. Wie also am besten in Erfahrung bringen, welche Nahrungsmittel keinen Fisch enthalten? Es

spricht so gut wie niemand Englisch und sämtliche Schilder sind in chinesischen Schriftzeichen verfasst. Diese zu vergleichen ist unmöglich. Während ich hungrig im Schatten saß und eine Zeitschrift durchblätterte, kam mir die Idee, einfach ein Bild von einem Fisch herauszureißen und mit an den Stand zu nehmen. Hier deutete ich nun auf das Foto und versuchte mit Händen und Füßen, den beiden Verkäufern zu erklären, dass ich etwas wollte, was keinen Fisch enthält. Fehlanzeige! Sie versuchten erst gar nicht, mich zu verstehen. Allerdings fanden die zwei meinen Auftritt wohl sehr lustig, denn sie hörten gar nicht mehr auf zu kichern. Gut, ich gab ja sicher auch ein ganz witziges Bild ab und unter anderen Umständen hätte ich wahrscheinlich auch lauthals gelacht. Aber ich hatte Hunger und der macht ja bekanntlich böse. Mein Versuch, auf gut Glück etwas Fischloses zu bestellen, scheiterte ebenfalls. Einmal mehr lernte ich die weltweite Präsenz von McDonalds zu schätzen. Hier weiß man, was man hat (weiteres Plus: Man kann in den Restaurants fast immer kostenlos die Toiletten benutzen – ich weiß gar nicht, wie oft ich hier nach Nachtfahrten mit Bus und Bahn meine Morgenwäsche vorgenommen habe). Im Übrigen beschränkte ich meine Nahrungsaufnahme damals in Taiwan auf diverse Milchshakes und Früchte. Sehnsüchtig fieberte ich damals der Mahlzeit auf dem Weiterflug nach Australien entgegen. Und ratet: Es gab Fisch!
Oder unser Roadtrip durchs australische Outback: Hier ernährten wir uns wochenlang fast ausschließlich von Instant-Nudeln. An einem Supermarkt kamen wir nämlich nur selten vorbei und andere Nahrungsmittel hätten wir bei der Hitze nicht lagern können. Dafür schmeckte die erste richtige Mahlzeit, die wir zurück in der Zivilisation zu uns nahmen, gleich doppelt so gut.
Und in Teilen Südamerikas ernährte ich mich fast ausschließlich vegetarisch. Der Appetit auf Fleisch verging

mir bei einem Bummel über den Markt nämlich ordentlich. Hier gammelt das Fleisch in der Hitze vor sich hin und die Straßenhunde wandern hungrig vor dem Verkaufstresen auf und ab – mit westlichen Hygienestandards wohl kaum vereinbar.
Normalerweise finde ich jedoch in fast jedem Land mindestens eine landestypische Besonderheit, die ich am liebsten gleich containerweise nach Deutschland verschiffen würde: Chipa (eine Art Bretzel mit Käsefüllung) in Paraguay, argentinische Steaks, mexikanische Tortillas und Pearl-Milk-Tea aus dem asiatischen Raum sind nur einige meiner Favoriten. Und trotzdem: Vor jeder Heimkehr erstelle ich in Gedanken schon Wochen im Voraus eine Liste von Gerichten, die ich unbedingt mal wieder in Deutschland essen möchte.

Nicht nur der Stellenwert von Schlaf, Nahrung und Körperpflege verlieren unterwegs schnell an Bedeutung, auch das persönliche Ekelgefühl stumpft mit jedem Tag ein bisschen mehr ab. Einige Minuten in der Hostelküche geben fast immer Aufschluss darüber, wie lange jemand schon unterwegs ist. Während Neulinge die sauberen (?) Geschirrstücke vor dem Benutzen oft erst einer erneuten Reinigung unterziehen, vertrauen eingefleischte Backpacker in die Abwaschkünste der übrigen Bewohner und entfernen allenfalls noch sichtbaren Schmutz. Am Anfang reiste ich sogar noch mit meinem eigenen Geschirrtuch und nahm dieses zu jedem Gang in die Küche mit. Heute ist es für mich unvorstellbar, kostbaren Platz in der Reisetasche an solche Nichtigkeiten zu verschwenden. Einmal ertappte ich mich sogar dabei, wie ich etwas, das mir in der Hostelküche zu Boden gefallen war, wieder aufhob und in den Mund steckte. Von mir selbst etwas erschrocken, fragte ich ein Mädel, dass gerade neben mir stand, ob ich das gerade wirklich getan hätte. Sie beruhigte mich jedoch und klärte

mich über die 10-Sekunden-Regel auf: Alles, was weniger als 10 Sekunden auf dem Boden lag, war danach wohl nach wie vor verwendbar.
Je länger man unterwegs ist, desto mehr härtet man ab. Auf meinen Reisen brauche ich wenig und bin nahezu anspruchslos. Mittlerweile weiß das auch meine Familie. Kommt die mich besuchen, um mich für ein Stück meines Trips zu begleiten, so geht es oft unter denselben Bedingungen weiter, unter denen ich auch allein reisen würde. Als mich meine Mutter und Schwester damals in den USA trafen, mussten auch die zwei im Hostel übernachten. Zu meiner Überraschung störte es meine Mutter überhaupt nicht, mit fünf weiteren Personen ein Zimmer zu teilen. Zugegeben, nach ihrem Australien-Besuch war das Übernachten im Hostel aber auch Luxus pur. Für unseren Trip durch Down Under mieteten wir damals nämlich einen Camper. Dieser war zwar für fünf Personen zugelassen, das heißt jedoch nicht, dass darin auch wirklich für so viele Personen Platz war. Mit zwei Personen plus Kind hätte man in unserem Fahrzeug wohl bequem reisen können, wir waren dagegen mit fünf Erwachsenen unterwegs. Letztlich ging aber auch das irgendwie. Meine Eltern und der zwei Meter große und 130 Kilo schwere Freund meiner Schwester teilten sich das Doppelbett unten, während wir zwei Mädels im Alkoven unter dem Dach schliefen. Der Alkoven war jedoch so schmal, dass es jedes Mal eine Herausforderung war, in diesen hinaufzugelangen. Ich ging meist als Erste ins Bett und hatte es dabei noch relativ einfach: nach oben klettern und dann mit den Füßen zuerst hinein. Für meine Schwester gestaltete sich die Angelegenheit schon etwas schwieriger. Einfach so mit rauf und Füße hinein war da nichts, denn da lag ich ja schon. Damit sie überhaupt irgendwie hinaufkam, musste ich mich auf allen Vieren bis in die hinterste Ecke zurückziehen, um Platz zu schaffen und schließlich gelang es dann auch ihr irgendwie, in ihre Schlafkoje zu krabbeln. Am

Anfang war das echt mühselig, aber nach nur wenigen Tagen waren wir ein eingespieltes Team und das Zu-Bett-Gehen bereitete uns keine Umstände mehr. Hinzu kam, dass wir in entgegengesetzte Richtung schliefen wie die anderen drei. Die Fahrer, sprich die Männer, parkten das Auto nachts natürlich stets so, dass der hintere Teil leicht erhöht stand und sie somit mit dem Kopf etwas höher schliefen. Meine Schwester und ich lagen dagegen mit dem Kopf tiefer als mit den Füßen, so dass uns im Laufe der Nacht stets das Blut aus den Beinen lief. Schwindelgefühl und eingeschlafene Füßen am Morgen waren bei uns somit an der Tagesordnung.
Wir besaßen zwar einen Gasherd, allerdings funktionierte dieser nicht. Die ersten Tage nahmen wir uns noch vor, einfach mal in einer Werkstatt vorbeizufahren und die Sache in Ordnung bringen zu lassen. Allerdings entdeckten wir schnell die Barbecues, die man überall auf australischen Rastplätzen findet. Diese eigneten sich nämlich ganz hervorragend zum Erwärmen von Wasser und statt zu kochen wurde einfach gegrillt.
Eine Dusche gab es im Camper natürlich auch nicht. Wenn sich die Gelegenheit ergab, hielten wir am Strand und duschten unter freiem Himmel. Trotz allem ließ es sich meine Mutter jedoch nicht nehmen, sich hinterher die Haare auf Lockenwickler zu drehen. Ein bisschen Luxus muss halt selbst auf der primitivsten Reise sein.

In Brasilien auf dem Amazonas musste ich dann jedoch feststellen, dass ich selbst nach monatelangem Reisen noch ziemlich verwöhnt bin. Die vier Tage auf einem Frachtschiff von Manaus nach Belem sollten eines der Highlights meines Südamerika-Abenteuers darstellen. Vier Tage in den Weiten des Amazonas. Zwischen den Einheimischen in meiner Hängematte liegen und den Dschungel an mir vorüberziehen sehen. Das hörte sich toll an.

Als ich damals in Manaus ankam, begab ich mich gleich morgens in den Hafen, um ein Boot ausfindig zu machen. Und siehe da, ich hatte Glück. Ich fand ein Schiff, das schon wenigen Stunden später ablegen sollte. Der mir genannte Preis stimmte mehr oder weniger mit dem überein, was die Fahrt laut der Berichte von anderen Backpackern kosten sollte. Zudem bot der Agent, der mir mein Ticket verkaufte, an, mich zu einem Geldautomaten und dem Kauf einer Hängematte zu begleiten. Glücklich, mich nicht weiter ohne Portugiesischkenntnisse durchfragen zu müssen, begab ich mich auf das Boot. Während ich an Bord ging, fielen mir plötzlich wieder die Hinweise für die Auswahl an Booten ein, von denen in meinem Reiseführer die Rede war: Kaufe das Fahrtticket direkt beim Kapitän und nicht bei irgendwelchen Agenten! Vergleiche Preise verschiedener Anbieter! Schau dir das Boot vorher an und inspiziere Küche und Bad sorgfältig. Scheinbar hatte ich wirklich keinen dieser Ratschläge befolgt. Aber das Vergleichen verschiedener Anbieter ist halt nicht so einfach, wenn man kein Wort Portugiesisch spricht. Vermutete ich. Zudem hatte ich nach meiner 16-stündigen Busfahrt und Außentemperaturen um die 35 Grad wenig Lust, mit all meinem Gepäck durch die Gegend zu ziehen und Reisebüros abzuklappern. Und die Toiletten? Nun, hätte ich mir diese bereits vor dem Kauf meines Tickets angesehen, wäre ich wohl nie auf dieses Boot gegangen. Die Spülung setzte zeitweise komplett aus. Das Toilettenbecken war bereits zur Hälfte voll und es stank bestialisch. Und wir hatten den Hafen noch nicht einmal verlassen. Zudem befand sich die Dusche direkt über dem WC, so dass die Klobrille ständig nass war. Man wusste dabei nie, ob es sich um Urin oder Wasser handelte. Ich redete mir jedenfalls Letzteres ein. Nachdem ich die sanitären Anlagen gesehen hatte, verzichtete ich freiwillig darauf, die Küche auf ihre Sauberkeit hin zu überprüfen.

Und auch die Tatsache, dass es am ersten Tag noch kein Essen geben sollte, rief in mir eher Erleichterung als Enttäuschung hervor. Ich wählte einen Platz für meine Hängematte. Weit weg von den Toiletten – zumindest ein Ratschlag, den ich befolgte. Und dann wartete ich auf 12 Uhr, die offizielle Abfahrtszeit.
Gegen 15 Uhr warte ich noch immer. Mittlerweile war das Boot mehr als überfüllt, es kamen jedoch immer noch weitere Passagiere an Bord. Hängematten wurden kreuz und quer aufgespannt. Nie im Leben würden wir so nachts schlafen können.
Gegen 16 Uhr – noch immer im Hafen – hielt ich es nicht mehr aus: ich musste das WC benutzen. Bemüht, möglichst keine Luft zu holen, begab ich mich in die Kabine. Nur mit Mühe konnte ich den Brechreiz unterdrücken. Eines stand jedenfalls fest: Duschen würde ich hier nicht! Es waren ja schließlich auch nur vier Tage.
Gegen 20 Uhr legten wir dann endlich ab. Angeblich hatte es Probleme im Maschinenraum gegeben. Sehr beruhigend!
Außer mir befanden sich keine weiteren Touristen auf dem Boot. Allem Anschein nach waren ausschließlich Brasilianer an Bord: Familien mit kleinen Kindern, alte Leute, Jugendliche – es waren alle Altersklassen vertreten.
Ich begab mich relativ früh an meinen Schlafplatz. Hätte ich damit länger gewartet, wäre es mir wohl auch nicht mehr möglich gewesen, diesen zu erreichen. Überall waren Hängematten gespannt. Über mir, unter mir, links, rechts – 250 Personen auf etwa 20 Quadratmetern.
Ich verbrachte die wohl längste Nacht meines Lebens. Jede Bewegung, jeder Atemzug meiner Nachbarn hielt mich wach. Ein Blick auf die Uhr verriet, dass es gerade mal 00.20 Uhr war. Ich fiel in den Schlaf, wachte wieder auf und hoffte, dass einige Zeit vergangen war. 00.25 Uhr! Und so zog es sich hin.

In dieser Nacht fragte ich mich erstmals: Warum? Warum tue ich mir das hier eigentlich an? Warum übernachte ich seit Monaten in billigen Hotels und reise in überfüllten Bussen herum? Warum nehme ich seit Monaten Nahrung zu mir, die mein Körper nicht verträgt, was dann tagelange Magenprobleme zur Folge hat? Warum lasse ich mich seit Wochen beim Bezahlen über's Ohr hauen, nur weil ich der Landessprache nicht hundertprozentig mächtig bin und mir das Touristsein förmlich auf die Stirn geschrieben steht? Warum nehme ich diese Qualen auf mich, wenn ich zu Hause im prallen Luxus leben könnte: ein sauberes Bad, in dem ich die Klobrille nicht erst vor jeder Benutzung mit Toilettenpapier auslegen muss. Zu Hause, wo ich mein eigenes Bett, einen Kleiderschrank und das Auto vor der Haustür hätte. Ja, ich befand mich mitten in der Phase, die wohl jeder Backpacker irgendwann mal durchläuft: Ich fragte mich ernsthaft, ob die Reise die ganzen Strapazen wirklich wert war. Glücklicherweise hält diese Phase in der Regel nicht lange an. All die Abenteuer, die man im Laufe des Trips erlebt, lassen einen gelegentliche Unannehmlichkeiten schnell vergessen. Nicht selten betrachtete ich einen Trip, der mit einem Desaster begann, am Ende als besten Teil meiner Reise.

An meinem zweiten Tag auf dem Amazonas hatte ich diesen Punkt allerdings noch nicht erreicht. Die Nacht neigte sich irgendwann endlich dem Ende zu und die ersten Leute verließen ihre Hängematten. Nach und nach begab sich ausnahmslos jeder unter die Dusche und tauschte die Kleidung vom Vortag gegen frische. Ich entschied, dass es Deo Spray auch tun würde. Auf den Wechsel meiner Kleider verzichtete ich ebenfalls, denn auch hierfür hätte ich die Toilette erneut betreten müssen. Ich muss jedoch zugeben, dass ich mir zwischen den ganzen gut riechenden, aufgestylten Brasilianern ziemlich schmutzig vorkam.

Zum Frühstück gab es ein trockenes Stück Brot und Milchkaffee. Dieser war so süß, dass ihn sogar die Fünfjährigen tranken. Mittags wurden Reis, Nudeln und Bohnen serviert, ebenso zum Abendessen sowie zu den Hauptmahlzeiten an den darauf folgenden Tagen.
Am Nachmittag ging ich aufs obere Deck. Hier gab es eine Sonnenterrasse mit Bar. Aber vor allem war es nicht so überfüllt. Ich setzte mich in die Sonne und genoss die Sicht auf den Amazonas. Hier war es echt schön.
Es verstrichen keine fünf Minuten und schon hatte ich Gesellschaft. Ein Brasilianer setzte sich zu mir und begann, mich mit Fragen zu bombardieren. Ich versuchte, ihm zu erklären, dass ich kein Portugiesisch sprach. Das schien ihn allerdings überhaupt nicht zu stören. Er erzählte munter weiter. Einige Leute hatten mir im Vorfeld versichert, dass meine Spanischkenntnisse ausreichen würden, um auch Portugiesisch zu verstehen. Angeblich seien beide Sprachen sehr ähnlich. Gut, dem ist nicht so! Ich verstand kein einziges Wort! Im „Gespräch" mit dem Einheimischen blieb mir also nichts anderes übrig, als dem Monolog meines Gegenübers lächelnd zu lauschen und durch Kopfnicken Interesse zu bekunden. Und von Zeit zu Zeit, wenn offensichtlich eine Frage gestellt und nunmehr eine Antwort von mir erwartet wurde, erklärte ich zum x-ten Male, dass ich nichts verstand.
Ich brauch wohl nicht zu erwähnen, dass dies nach einigen Stunden ziemlich langweilig wurde. Wie gern hätte ich einfach mein Buch aufgeschlagen und zu lesen angefangen. Aber so unhöflich wollte ich dann doch nicht sein. Hatte ich endlich eine Person abgewimmelt, stand auch schon der Nächste mit einem Getränk für mich vor mir und fragte, ob er sich einen Moment setzen durfte. Wie hätte ich da nein sagen können?

Anfangs versuchte ich noch herauszufinden, worüber „wir" da erzählten. Dies gab ich allerdings schnell auf. Nach einigen Stunden machte ich mir nicht einmal mehr die Mühe, meinen MP3-Player auszuschalten. Ich hörte einfach weiter meine Musik, während ich mein „Nicken-Lächeln-No-Entiendo" praktizierte. Ich verstand ja schließlich eh nichts.

Am Abend war wieder Duschen angesagt. Allerdings noch nicht für mich! Am Morgen des dritten Tages überwand aber auch ich meinen Ekel und stieg unter die Dusche. Die Wassermenge, die da aus der Wand kam, versetzte mich jedoch nicht wirklich in Begeisterung. Da war ich ja die letzten Male nasser geworden, als ich die Kabine nur zur Toiletten-Benutzung betreten hatte. Zu allem Überfluss stoppte der Duschstrahl dann auch noch ganz – und zwar bevor ich das Shampoo aus meinen Haaren entfernen konnte. Warum passierte das eigentlich ausgerechnet mir? Ich hatte doch wohl bis jetzt von allen Passagieren das wenigste Wasser verbraucht. Okay, mir blieb also nichts anderes übrig, als meine Haare mit Mineralwasser über der Reling auszuspülen. Eines stand jedenfalls fest: Dies war meine erste und letzte Dusche auf diesem Boot.

Als einziger Tourist an Bord wurde mir natürlich ziemlich viel Aufmerksamkeit gewidmet. Und das war auf Dauer ganz schön anstrengend. Mehrmals wurde ich von Leuten aus dem Schlaf gerissen, die nachts von Bord gingen und sich von mir verabschieden wollten. Einerseits ärgerte mich dies, denn schließlich war es schon schwer genug, nachts ein Auge zuzumachen. Auf der anderen Seite konnte ich aber auch niemandem richtig lange böse sein, zeugte diese Geste doch von der ungeheuren Wärme und Freundlichkeit der Menschen. Hier interessierte man sich für seine Mitmenschen und zeigte es ihnen.

Den Nachmittag des dritten Tages verbrachte ich wieder auf dem oberen Deck. Hier machte ich Bekanntschaft mit Thiago, einem Brasilianer, der auch Englisch sprach. Angeblich ist die Sprache wohl an allen brasilianischen Schulen Pflicht. Da die Schüler jedoch kaum Gelegenheit haben, das Gelernte anzuwenden, fand man kaum Gesprächspartner. Thiago liebte jedoch amerikanische Filme und verfügte dank dieser über ein beachtliches Vokabular. Er war mit seinem Freund und dessen Sohn unterwegs und die drei teilten sich eine Kabine. Dass ich mich als Tourist für eine Hängematte entschieden hatte, konnte er kaum glauben. Thiago und ich saßen den ganzen Nachmittag zusammen und unterhielten uns. Es war toll, mal wieder ein richtiges Gespräch zu führen. Die übrigen Brasilianer ließen mich nun auch endlich mal in Ruhe. Dazu die unbeschreiblich schöne Natur um uns herum. Alles schien perfekt. Als Thiago mir dann auch noch anbot, dass ich jederzeit die Dusche in seiner Kabine nutzen könne, hätte ich am liebsten die ganze Welt umarmt. Von nun an würde auch ich sauber und gepflegt auf dem Boot herumlaufen, eben so, wie auch die Brasilianer. Nur was den Wechsel der Kleidung betraf, musste ich passen. Man zog sich hier nämlich bis zu 5-mal täglich um. Selbst wenn ich vorgehabt hätte, an dieser Modenschau teilzunehmen, hätte ich hierfür nicht genug Klamotten dabei gehabt. Eine ältere Dame lief abends sogar im Cocktailkleid herum. Ich fragte mich so manches Mal, ob ich wirklich auf einem Frachtschiff oder nicht vielleicht doch auf einem Luxusliner gelandet sei.
Vier Tage vergingen wie im Flug. Hin und wieder gingen wir in größeren Orten vor Anker, Passagiere gingen von Bord und es kamen neue hinzu. Wir bekamen tagein tagaus dieselben Mahlzeiten serviert und ich führte zahlreiche Gespräche mit Einheimischen. Worum es in diesen ging, verstand ich noch immer nicht. Oft genügte jedoch schon ein

Lächeln meinerseits als Antwort, denn bekanntlich sagt das ja mehr als 1000 Worte. Es verging keine Nacht, in der ich nicht durch Fußtritte meiner Nachbarn geweckt wurde und trotzdem genoss ich jede Sekunde dieses Trips. Die weniger schönen Seiten der Reise gerieten bereits mit dem Verlassen des Bootes in Vergessenheit. Unvergesslich bleiben dagegen die gigantischen Weiten des Amazonas, das Bild der Süßwasser-Delfine, die neben dem Boot herschwammen, die Sonnenuntergänge im Dschungel sowie die Nächte mit Salsa und Cachaca an Deck.

Die vier Tage auf dem Amazonas waren definitiv ein Höhepunkt meiner Südamerika-Reise. Und ehe ich mich versah, befand ich mich nur wenige Monate später erneut auf einem Frachtschiff. Diesmal in Peru. Ich war verdammt gespannt, was sich an meiner Haltung im Vergleich zu der letzten Bootsfahrt geändert hatte. Ich setzte mich also 20 Stunden lang in den Bus, um von Lima nach Pucallpa zu fahren und von dort sollte es auf dem Amazonas nach Iquitos weiter gehen. Bei meiner Ankunft erfuhr ich, dass schon am nächsten Abend ein Boot ablegen würde. Man bot mir an, schon diese Nacht auf dem Schiff zu verbringen, ich zog dem jedoch ein Hotel vor. Schließlich würde ich noch genug Zeit in der Hängematte verbringen und nach der Nacht im Bus sehnte ich mich nach einem sauberen Bad und einem Bett.

Am nächsten Tag begab ich mich gegen Mittag auf das Boot. Zu meiner Überraschung stellte ich fest, dass ich die Erste war. Ich spannte meine Hängematte auf und wartete. Ein älterer Mann, der offensichtlich auf dem Boot arbeitete, gesellte sich zu mir und stellte mir allerlei Fragen. Woher ich komme, was ich in Peru mache, ob ich einen Freund hätte oder gar verheiratet sei, wie ich ihn denn so fände. Warum hatte ich eigentlich zugegeben, dass ich Spanisch

spreche? Wie schön wäre es doch gewesen, wenn ich mich jetzt einfach mit der Ausrede, kein Spanisch zu verstehen, vor einer Antwort hätte drücken können. Oder sollte ich meinem Gegenüber etwa wirklich die Wahrheit sagen? Nämlich, dass er ein schmieriger alter Sack sei und ich ihn verdammt widerlich fand. Nein, besser nicht. Lächeln und versuchen, das Gespräch auf ein anderes Thema zu lenken.
Am Nachmittag verließ ich das Boot noch mal, um ein paar Besorgungen zu machen. Als ich zurückkehrte, hing meine Hängematte noch immer mutterseelenallein an Deck. Ich begab mich an meinen Schlafplatz und begann, ein Buch zu lesen. Nach und nach kam immer mal wieder ein Angestellter vorbei, um sich mit mir zu unterhalten. Über mangelnde Aufmerksamkeit konnte ich mich also auch auf diesem Schiff nicht beschweren. Im Gegenteil: Nach nur wenigen Stunden konnte ich bereits drei Heiratsanträge sowie diverse Einladungen, die Nacht bei einem Mitglied der Crew in der Kabine zu verbringen, verbuchen. Und die Fahrt hatte noch nicht einmal begonnen.
Was man mir hier nicht alles versprach. Der Kapitän des Bootes wollte in den nächsten Monaten doppelt so hart arbeiten, so dass er mir einen Flug von Deutschland nach Peru bezahlen konnte. Er wünschte sich nichts sehnlicher, als dass ich am Ende meiner Reise hierher zurückkehrte, um mit ihm zusammenzuleben. Angeblich hatte er sich in mich verliebt. Und das, nach nur zehn Minuten des gemeinsamen Gesprächs. Ein anderer Typ wollte dagegen gleich mit nach Deutschland kommen. Nicht, dass er irgendeine Ahnung gehabt hätte, wie es dort so sei, er stellte es sich jedoch toll vor. Ganz besonders die deutsche Wüste...?!
Wie waren die Leute hier eigentlich alle drauf? Irgendwie hatten mir da die Gespräche in Brasilien besser gefallen. Da hatte ich wenigstens keine Ahnung, über was für einen Quatsch die Typen redeten. Allerdings fragte ich mich im

Nachhinein schon, zu was ich damals wohl alles zugestimmt hatte, während ich mein unwissendes Nicken-Lächeln-Hoffen-dass-mein-Gesprächspartner-die-einseitige-Konversation-bald-aufgibt praktizierte. Schon möglich, dass der ein oder andere Brasilianer noch immer vergeblich auf meine Rückkehr wartet.
Auf meine Frage, wann die Fahrt denn nun losgehen würde, erklärte man mir, dass sich die Abreise nunmehr auf den folgenden Tag verschoben hatte. Gut, ich verbrachte also die Nacht an Bord und wartete. Allerdings passierte am nächsten Tag wieder nichts. Auch zwei Tage später befand sich außer mir noch kein weiterer Passagier an Deck. Und die Fracht, die sich da noch immer vor dem Schiff auftürmte, deutete auch nicht darauf hin, dass wir den Hafen in nächster Zeit verlassen würden.
Als nach fünf Tagen noch immer keine Aufbruchstimmung herrschte, begann ich, mir Gedanken über alternative Reiserouten zu machen. So langsam drückte nämlich der Schuh der Zeit. Mir blieben nur noch knapp vier Wochen in Südamerika und ich wollte noch Ecuador und den Süden Kolumbiens bereisen. Langweilig wurde es allmählich auch. Noch ein paar weitere Tage auf die Abreise warten, dann fünf Tage auf dem Fluss und dann noch mal mindestens drei weitere Tage Bootsfahrt, um wieder in die Zivilisation zurückzukehren? So richtig Lust hatte ich darauf nicht mehr. Zudem gingen mir die ständigen Anmachen der Besatzung mittlerweile ziemlich auf die Nerven. Mir blieb wohl nichts anderes übrig, als meine Reise mit dem Bus fortzusetzen.
Am Morgen des sechsten Tages weckte mich einer der Schiffsjungen. Und zwar, indem er mir die Gebrauchsanweisung einer Kondompackung vorsang! Er wollte mir doch tatsächlich weismachen, dass es sich hierbei um ein romantisches peruanisches Liebeslied handelte. Okay, genug war genug! Ich packte meine Sachen, begab

mich zur Busstation und schon zwei Stunden später saß ich im Bus Richtung Lima. Ich hatte mein Abenteuer gehabt – wenn auch nur im Hafen!

Natürlich verläuft unterwegs nicht immer alles so, wie man es sich vielleicht vorgestellt hat. Wie gut ist es da, dass man auf Reisen alles viel lockerer sieht, als das wahrscheinlich zu Hause der Fall wäre. Man lernt schnell, sich den jeweiligen Umständen anzupassen und aus jeder Situation das Beste zu machen.
So zum Beispiel auch während meines Trips nach Mosambik. Was hatten meine Freundin Petra und ich nicht alles auf uns genommen, um nach Tofu Beach zu gelangen. 24 Stunden Busfahrt von Kapstadt nach Maputo. Eine schlaflose Nacht bei 40 Grad in einem Hostel, in dem mir an einem Abend mehr Ratten begegneten als in meinem ganzen bisherigen Leben. Weitere 10 Stunden bei strömendem Regen im lokalen Bus.
Die Aussicht auf kilometerlange weiße Strände, Palmen und kristallklares Meer ließ uns die Strapazen der Reise jedoch nahezu vergessen. Gewiss würde auch der Regen bald aufhören und unserem Urlaub stand nichts mehr im Wege.
Als wir kurz vor Sonnenuntergang endlich an unserem Ziel angelangt waren und unser Gepäck in Empfang nahmen, mussten wir feststellen, dass sich deren Gewicht etwa verdreifacht hatte. Offenbar hatte es in den Bus hineingeregnet und das Wasser lief nun regelrecht aus unseren Taschen. Aber egal! Wir waren am Ziel! In ein paar Minuten würden wir in dem paradiesischen Camp am Meer einchecken, von dem uns im Vorfeld so viele Leute vorgeschwärmt hatten. Noch ein paar Minuten und der Urlaub würde beginnen!
Unsere Freude währte allerdings nicht lange. Als wir die Rezeption erreichten, teilte man uns mit, dass leider keine Betten mehr frei wären. Offenbar war in der vergangenen

Nacht ein Orkan durch das Camp getobt und hatte sämtliche Hütten unter Wasser gesetzt. Man hatte deshalb alle Gäste in das einzig trocken gebliebene Häuschen verlegt.
Gut, Petra und ich hatten zwar ein Zelt dabei, allerdings konnten wir dieses im überschwemmten Camp nirgends aufbauen. 10 Stunden Rückfahrt schieden ebenfalls aus. Zum einen, da es nur einen Bus am Tag gab und dieser am frühen Morgen fuhr. Zum anderen, da mir schon jetzt vor der Rückfahrt grauste und ich vorhatte, diese so lange wie möglich hinauszuzögern. Wir konnten auch nicht mehr im nächstgelegenen Dorf nach einer Unterkunft suchen, denn draußen war es bereits stockdunkel.
Verzweifelt erklärten wir den Angestellten, dass wir überall schlafen würden, selbst auf dem blanken Fußboden. Wir würden notfalls sogar die Nacht durchmachen und gar nicht schlafen, sie sollten uns nur nicht wegschicken. Man versprach uns, eine Lösung zu finden und letztlich fand sich sogar noch eine Matratze an, die wir zwei uns teilten. Damit waren wir mehr als zufrieden!
Am nächsten Morgen traten die übrigen Leute ausnahmslos die Abreise an. Für uns stand jedoch fest: Für eine weitere Busfahrt war es noch zu früh. Gut, es regnete, aber immerhin war es warm und wir konnten im Bikini herumlaufen. Unsere übrigen Sachen waren ja eh nass. Die Lady von der Rezeption teilte uns mit, dass wir bleiben konnten. Allerdings gab es im Camp vorerst weder Strom noch fließend Wasser. Dieses Problem sollte jedoch bis zum Abend behoben sein.
Nun ja, Wasser gab es im Camp mehr als genug. Um zu unserer Hütte zu gelangen, mussten wir jedes Mal eine riesige knietiefe Pfütze durchqueren. Diese wurde im Laufe der Tage zwar kleiner, fing jedoch auch an, bestialisch zu stinken. Und kein fließend Wasser? Der noch immer andauernde Regen stellte selbst den besten Duschstrahl in den Schatten. Zudem lag das Meer direkt vor der Tür, so dass wir jederzeit baden

konnten. Und der uns umgebende Regenwald würde wohl vorerst die sanitären Anlagen ersetzen. Auch die Tatsache, dass es keinen Strom gab, störte uns wenig. Wir waren ja schließlich nicht zum Fernsehen gekommen.
Gut, das wir die Sache so locker sahen, denn auch Tage später gab es weder Strom noch Wasser. Unseren Plan, weiter Richtung Norden zu reisen, verwarfen wir schnell. Ohne Radio und Internet gab es ja keine Möglichkeit, in Erfahrung zu bringen, wie die Lage in den übrigen Teilen des Landes aussah. Komischerweise kamen auch keine anderen Backpacker ins Camp.
Der Regen hörte bereits am dritten Tag auf. Petra und ich blieben letztlich über eine Woche. Wir verbrachten die Tage lesend am Strand und saßen abends gemütlich mit den Angestellten am Lagerfeuer. Zurück in Südafrika berichtete man uns, dass man wegen des Chaos‘ nach dem Sturm sogar für mehrere Tage die Grenzübergänge geschlossen hatte. Nun, das erklärte wiederum, warum wir das Camp ganz für uns allein hatten. Offenbar hatte das Unwetter wohl für ziemliche Aufregung gesorgt. Petra und ich hatten von all dem nichts mitbekommen. Wir verbrachten ein paar ganz entspannte Tage in einem tropischen Paradies, fern von allen Sorgen. Am Ende dieser Reise waren wir uns einig: Der Trip war zwar nicht annähernd das, was wir uns vorgestellt hatten. Dennoch hätte unser Urlaub besser nicht sein können.

Flexibilität war auch auf meinem Segeltrip von Panama nach Kolumbien gefragt. Zwischen den beiden Ländern gibt es keine Straße, sondern nur einen schmalen Pfad durch den Regenwald (sog. „Darien Trek“). Dessen Durchquerung ist jedoch äußerst gefährlich, weil es immer mal wieder zu Gefechten zwischen kolumbianischen Paramilitärs und panamaischen Grenzeinheiten kommt. Die Überwindung dieser Strecke ist deshalb praktisch nur im Flugzeug oder auf dem Seeweg möglich. Ich entschied mich damals für die zweite Variante. Einige Bootseigentümer bieten es nämlich an, Reisende auf ihrem privaten Segelschiff zu befördern. Der fünftägige Segeltörn erfreut sich unter Backpackern großer Beliebtheit. In Panama-Stadt angekommen, begab ich mich also sogleich auf die Suche nach einem Boot. Ich hatte Glück und wurde schnell fündig: Schon zwei Tage später sollte es losgehen.

Am nächsten Tag wechselte ich in das Hostel, in dem auch die übrigen Reiseteilnehmer untergebracht waren und hatte nunmehr erstmals Gelegenheit, diese kennen zu lernen. Außer mir würden noch Sam aus Neuseeland, Matt aus den USA, Josy aus England und Kaysa aus Schweden an Bord gehen.

Es galt auch gleich, als Team die erste Aufgabe zu bewältigen: Wir mussten gemeinsam Lebensmittel für die nächsten fünf Tage einkaufen. Es war gegen 13 Uhr, als wir beschlossen, zunächst eine Einkaufsliste zu erstellen. Als wir jedoch zwei Stunden später noch immer vor einem leeren Blatt Papier saßen, beschloss ich, das Hostel vorerst für eigene Besorgungen zu verlassen. Die Mädels meinten, ich solle mir ruhig Zeit lassen, da sie planten, später ebenfalls erst mal zum Shoppen in die City zu fahren. Als ich Stunden später von meinem eigenen Einkauf zurückkehrte, hatten die beiden das Hostel immer noch nicht verlassen, waren aber nunmehr im Begriff aufzubrechen. Auf meine Frage hin, ob wir unsere Lebensmittelbesorgungen nicht lieber vorher machen sollten, erklärten sie mir, dass das nicht eile. Die Geschäfte hätten ja bis 21 Uhr auf und bis dahin wären sie allemal zurück. Aber immerhin konnten sie mittlerweile eine fast vollständige Einkaufsliste aufweisen.

Stunden des Wartens vergingen. Im Gegensatz zu mir kam bei den Jungs in der Zwischenzeit keine Langeweile auf,

wurde doch bereits die zweite Flasche Rum geöffnet. Als ich irgendwann vorschlug, die Einkäufe schon mal ohne die Mädels zu machen, waren die beiden natürlich wenig begeistert – Rum trinken war schließlich so viel lustiger. Zudem kamen sie mir mit dem Argument, dass die anderen zwei die Einkäufe ja vielleicht schon ohne uns erledigt hatten. Schließlich könne doch wohl kein Shoppingausflug so lange dauern, wie die beiden jetzt schon weg waren. In diesem Punkt stimmte ich mit den Jungs zwar grundsätzlich überein, allerdings hatten die zwei die Einkaufsliste im Hostel zurück gelassen. Zudem konnte ich mir auch nicht vorstellen, dass sie allein Nahrungsmittel für fünf Tage und fünf Personen durch die Gegend schleppen würden.
Gegen 20.30 Uhr trafen die beiden dann endlich wieder im Hostel ein und präsentierten uns stolz ihre neu erworbenen Bikinis. Lebensmittel hatten sie selbstverständlich noch nicht eingekauft. Aber gut, wir hatten noch eine halbe Stunde, noch konnten wir es zum Supermarkt schaffen. Matt und Sam waren mittlerweile aber so betrunken, dass es all unserer Überredungskünste sowie weiterer 20 Minuten bedurfte, die zwei zu überzeugen, etwas mehr anzuziehen, als ihre extra für Kolumbien erworbenen Hotpants. Als wir schließlich endlich am Supermarkt ankamen, war das gerade noch rechtzeitig, um den Angestellten das Schild von „Abierto" auf „Cerrado" drehen zu sehen. Uns blieb somit also nichts anderes übrig, als unsere Lebensmittel im 24-Stunden-Shop nebenan zum etwa dreifachen Preis zu erwerben. Das Angebot fiel hier natürlich um einiges spärlicher aus. Auf Luxus wie Obst und Gemüse, Fleisch, Käse und Milch mussten wir nunmehr verzichten. Aber immerhin hatten wir Brot, Marmelade, Unmengen von Nudeln und Reis sowie Ketchup und Mayo.
Zurück im Hostel widmeten sich die Jungs wieder ihrem Rum, Josy und Kaysa machten sich ans Packen und ich

beschloss, ins Bett zu gehen. Schließlich sollten wir um 5 Uhr in der Frühe abgeholt und an die Küste zu unserem Boot gebracht werden.
Als gegen 4.15 Uhr mein Wecker klingelte, weckte ich Matt. Sams Bett war dagegen leer. Matt versprach, Sam zu suchen und fand ihn auch bald – in eine Diskussion mit sechs mit Maschinengewehren bewaffneten Polizisten verwickelt. Von den übrigen noch nicht zu Bett gegangenen Hostelbewohnern erfuhren wir, was geschehen war. Offenbar hatte der im Laufe der Nacht konsumierte Alkohol den Übermut in Sam geweckt und er war über den Balkon in die über unserem Hostel gelegene Wohnung eingestiegen. Die in Angst und Schrecken versetzten Bewohner hatten natürlich nicht lange gezögert und die Polizei gerufen, welche nun fest entschlossen war, Sam mit aufs Revier zu nehmen. Diesem war nun wohl auch der Ernst der Lage bewusst geworden. Er beteuerte den Beamten nämlich unaufhörlich, dass er mehr als genug Geld habe und bereit wäre, nahezu jeden Preis zu zahlen, wenn sie den Vorfall doch nur vergaßen.
Wir Übrigen hofften ebenfalls, dass es Sam gelang, sich schnellstmöglich aus der misslichen Lage zu befreien. Und zwar nicht, weil uns der Gedanke verlockend erschien, ihm fünf Tage lang hilflos auf dem Boot ausgeliefert zu sein, sondern weil fünf die Mindestteilnehmerzahl für den Segeltörn war. Ohne Sam würde somit also auch unsere Reise ins Wasser fallen.
Mittlerweile war auch die 70-jährige Eigentümerin des Hostels wach geworden und aufgestanden. Dank eines glücklichen Zufalls war sie letztlich im Stande, das Problem aus der Welt zu schaffen. Bei einem der Polizeibeamten handelte es sich nämlich um ihren Neffen. Man entschied, Sam noch einmal ungeschoren davonkommen zu lassen. Einzige Bedingung: Er musste versprechen, Panama noch am selben Tag zu verlassen und so schnell nicht wiederzukommen.

Im Eiltempo packten nun auch die Jungs ihre Sachen zusammen. Wie sich später herausstellte, ließen die zwei an diesem Morgen verdammt viel Zeug im Hostel zurück. Da die anderen Zimmerbewohner noch schliefen, mussten die beiden ihr Gepäck nämlich im Dunkeln zusammensuchen und so ganz nüchtern waren sie natürlich auch noch nicht. Zum Glück war der Fahrer, der uns abholen sollte, nicht ganz pünktlich. Als er letztlich erschien, waren wir alle abfahrbereit. Auch die nächsten Stunden waren mit Aufregung gefüllt: Man brachte uns und sechs weitere Backpacker in einem Jeep an die Küste. Der Weg führte durch den Dschungel und die Straße – sofern man überhaupt von einer solchen sprechen konnte – war wirklich mehr als schlecht. Offenbar war die Regenzeit noch nicht allzu lange her, denn der größte Teil des Weges führte durch den Schlamm. Mit Vollgas ging es voran. Das Auto schlingerte von links nach rechts und mehr als einmal stockte mir der Atem, da ich uns bereits auf die Seite kippen sah. Mir war ganz schön schlecht. Verglichen mit den Jungs, bei denen jetzt so langsam der Kater einsetzte, ging es mir jedoch spitze. Irgendwann erreichten wir einen Hügel, an dem sich das Passieren des Weges als so schwierig gestaltete, dass bereits zahlreiche Wagen Schlange standen. Wir stiegen aus und konnten uns nun erst mal für eine Weile von den Strapazen der letzten Stunden erholen. Wie es schien, hatten die übrigen Wartenden weitere Versuche, die Schlammmassen zu durchqueren, bereits aufgegeben. Schon fünf Minuten später war unser Fahrer an der Reihe, nun ebenfalls sein Glück zu versuchen. Und siehe da, es sah gar nicht so schlecht aus. Bereits im ersten Anlauf gelang es ihm, den Berg bis zur Hälfte hinaufzufahren, bevor der Wagen im Schlamm versackte. Es dauerte eine weitere Stunde, bis es uns gelang, den Wagen wieder auszubuddeln und unter vollem Krafteinsatz auch den Rest des Berges hinaufzuschieben. Natürlich blieb unsere Kleidung von dem

dabei aufgewirbelten Dreck nicht verschont. Wir erklärten uns bereit, einige der wartenden Einheimischen in unserem Wagen mitzunehmen und setzten die Fahrt fort.
Zwei Stunden später erreichten wir die Küste und man brachte uns auf unser Segelboot. Hier angekommen, lernten wir erst einmal unseren Kapitän Freddy kennen. Der Kolumbianer machte eigentlich einen ganz netten Eindruck. Allerdings hatte er gleich mal eine Überraschung für uns auf Lager. Er meinte nämlich, dass es eine Änderung der Reiseroute gäbe. Da Freddys Schwiegermutter seit mehreren Wochen schwer mit dem Dengue-Fieber zu kämpfen hatte, wollte er so schnell wie möglich nach Hause, um sich um diese zu kümmern. Statt vier Tagen würden wir nun nur zwei segeln und es ging auch nicht wie geplant nach Cartagena, sondern nur bis nach Zapzurro, einem Ort nahe der Grenze zu Panama. Von dort müssten wir dann allein mit Boot und Bus weiterreisen. Die Reise von Zapzurro nach Cartagena würde lediglich sechs Stunden dauern und uns geschätzte 50 Dollar kosten, die Freddy uns natürlich erstatten würde. Ob wir damit einverstanden wären?
Gut, diese Frage war rein rhetorisch, denn Freddys Entschluss stand offenbar bereits fest. Ich für meinen Teil fand die Planänderung eigentlich gar nicht schlimm. Es war Januar und angeblich ist die See in diesem Monat besonders rau. Nach Berichten der Backpacker, die den Segeltörn bereits vor mir gemacht hatten, wurde da früher oder später jeder seekrank. Zudem gab es auf offener See ja sowieso nichts zu sehen, so dass die Reise im Bus bestimmt interessanter war. Und Freddy würde uns mitten im Dschungel absetzen – wir würden also eine Region von Kolumbien zu sehen bekommen, die wir sonst nie besuchen würden.
Je länger ich darüber nachdachte, umso besser fand ich die Idee. Die anderen vier wussten noch nicht so ganz, was sie von dem neuen Plan halten sollten, aber letztlich war das ja

auch egal. Am nächsten Tag würden wir erst mal wie geplant die San Blas Inseln besuchen und am darauf folgenden Tag die Segel Richtung Zapzurro setzen. Dort sollten wir am nächsten Morgen ankommen und der Trip wäre beendet. Ob wir damit glücklich waren oder nicht, tat da nichts zur Sache.

Am Abend kochten wir gemeinsam und saßen gemütlich zusammen. Über Sams Aktion vom Morgen konnten wir mittlerweile lachen und der Rum schmeckte auch schon wieder.

Am nächsten Morgen nahmen wir also Kurs auf das Archipel San Blas. Obwohl wir insgesamt nur drei Stunden segelten, wurde den Ersten bereits übel. Und laut Freddy waren das hier noch nicht mal große Wellen. Was war ich froh, dass uns der weitere Weg nur entlang der Küste und nicht raus aufs offene Meer führen würde. Zumindest die Mädels sahen das mittlerweile genauso.

Irgendwann erreichten wir unser Ziel: Caye Hollandes – eine traumhafte kleine Insel mitten im türkisfarbenen Ozean. Ich hätte wirklich nichts dagegen gehabt, eine ganze Woche hier zu bleiben. Da uns jedoch leider nur ein Nachmittag blieb, beschlossen wir, keine Zeit zu verlieren und die Insel gleich einmal zu erkunden. Wir schwammen an Land, wanderten einmal komplett um die Insel, sammelten Kokosnüsse, die wir uns dann später auf dem Boot schmecken ließen und sonnten uns im feinen, weißen Sand. Das Leben hätte schöner nicht sein können.

Am dritten Tag segelten wir dann ausschließlich und an Tag vier erreichten wir in der Frühe Zapzurro. Freddy teilte uns mit, dass wir im Ort Hotels finden würden und diese um die 30 Dollar pro Nacht kosten würden. Da wir erst noch unsere Pässe stempeln lassen mussten und es nur ein Boot am Morgen gab, mit dem wir weiterreisen konnten, waren wir gezwungen, eine Nacht im Ort zu verbringen.

Allerdings waren wir wenig begeistert, dafür nun tief in die Tasche langen zu müssen, zumal wir ja normalerweise noch zwei weitere Nächte an Bord verbracht hätten. Das sah Freddy schließlich auch ein, telefonierte ein wenig herum und teilte uns dann mit, dass wir für 5 Dollar bei seinem Freund im Garten in Zelten schlafen können. Wir willigten ein, packten unser Zeug zusammen und gingen von Bord. Wir verabschiedeten uns von Freddy und er machte sich auf den Weg zu seiner Familie.
Als wir wieder festen Boden unter den Füßen hatten, gönnten wir uns erst mal eine anständige Mahlzeit. Nachdem wir uns gestärkt hatten, machten wir uns auf den Weg ins Nachbardorf Capurgana, wo wir unsere Pässe gestempelt bekommen sollten. Als wir am Büro der Einwanderungsbehörde ankamen, war dieses jedoch geschlossen und wir nahmen uns vor, uns zunächst den Ort anzusehen. Als wir eine Stunde später zurückkehrten, war noch immer niemand im Büro anzutreffen. Uns blieb also nichts anderes übrig, als zu warten. Ich erkundigte mich bei einem Einheimischen, ob das Büro denn überhaupt geöffnet sei und erfuhr, dass dies der Fall war. Allerdings müssten wir uns wohl noch etwas gedulden, da die Angestellten gestern feiern waren.
Zwei Stunden später erschienen dann tatsächlich zwei Mädels und öffneten das Büro. Sichtlich verkatert, stempelten sie unsere Pässe und kaum hatten wir das Büro verlassen, schlossen sie es auch schon wieder. Das nenne ich doch mal flexible Arbeitszeit.
Gegen 6.30 Uhr ging es für uns am nächsten Morgen im Boot nach Turbo. Die Fahrt dauerte etwa zwei Stunden und war mehr als furchteinflößend. 30 Personen in der kleinen Lancha, die bei den riesigen Wellen jeden Moment umzukippen drohte. Es schwappte massenhaft Wasser ins Boot hinein und es dauerte nicht lange, bis wir alle klitschnass waren. Zudem knallte das Boot nach dem Überwinden einer

jeden Welle auf die harte Wasseroberfläche, was sich für uns Insassen als extrem schmerzhaft gestaltete. Schließlich erreichten wir Turbo. Hier benötigten wir eine Ewigkeit, ein Transportmittel nach Monteria ausfindig zu machen. Freddy hatte uns vorher zwar versichert, dass wir in Turbo massig Busse, Minibusse und Sammeltaxis finden würden, dem war jedoch nicht so. Letztlich fanden wir jemanden, der sich bereit erklärte, uns in seinem privaten Jeep ans gewünschte Ziel zu bringen. Es warteten bereits zwei Einheimische auf die Abfahrt und der Preis schien angemessen, so dass wir zustimmten. Unterwegs stellten wir schnell fest, dass es eine gute Idee war, im Jeep statt im normalen Bus zu reisen. Der Weg führte nämlich über Schotterpisten mitten durchs Nirgendwo. Zum zweiten Mal an diesem Tage wurden unsere Hintern einer harten Belastung ausgesetzt. Die Fahrt dauerte auch nicht drei Stunden, wie von Freddy prophezeit, sondern sechs. Als wir am späten Nachmittag Monteria erreichten, versuchten wir, schon mal telefonisch ein Hostel in Cartagena zu reservieren. Fehlanzeige! Es war Samstag und offenbar waren bereits alle Betten belegt. Da Monteria aber wirklich keine schöne Stadt war, entschieden wir, dennoch weiterzufahren. Bei der Ankunft in Cartagena würde sich schon irgendetwas ergeben. Wir waren ja zu fünft und konnten notfalls auch in einem teureren Hotel absteigen und nur ein Zimmer buchen, uns nach und nach frisch machen und dann für den Rest der Nacht durch die Clubs ziehen. Wirklich Lust hatte ich darauf aber ehrlich gesagt nicht, mittlerweile waren wir ja nun doch schon fast zwölf Stunden unterwegs.

Dank einem glücklichen Zufall erhielten wir letztlich doch noch alle ein Bett zum Schlafen, und zwar ganz umsonst. Auf unserer letzten Busfahrt kam ich nämlich mit Magdalena ins Gespräch. Magdalena war eine etwa 60 Jahre alte Kolumbianerin und wohnte in einem Vorort von Cartagena.

Als sie hörte, dass wir noch keine Unterkunft gebucht hatten, meinte sie, dass wir an diesem Abend bestimmt nichts mehr finden würden. Wochenendausflüge nach Cartagena waren wohl bei Touristen wie auch Einheimischen ziemlich beliebt. Sie lud uns jedoch ein, die Nacht bei ihr zu Hause zu verbringen. Die Tatsache, dass wir zu fünft waren, störte sie dabei gar nicht. Sie versicherte uns, dass sie ein großes Haus habe und genug Platz für alle sei.
Da es Magdalena wirklich nichts auszumachen schien, uns allesamt mit zu sich nach Hause zu nehmen, nahmen wir ihr Angebot an. Sie lebte allein und schien wirklich überglücklich, endlich mal wieder Leute um sich zu haben. Glücklich waren auch wir, dass der chaotische Tag/Trip letztlich doch noch eine Wendung zum Guten nahm.

Reisen macht also überlebensfähiger. Je länger man unterwegs ist, desto flexibler wird man. Plötzlich auftretende Probleme sieht man locker und macht sich daran, eine Lösung zu finden, statt ewig herumzunörgeln und sich davon den Urlaub vermiesen zu lassen. Eine Eigenschaft, die man hoffentlich mit nach Hause nimmt. Reisen formt damit auch den Charakter. Wer monatelang auf einem anderen Kontinent unterwegs ist und die kleinen und größeren Hürden zu nehmen weiß, der wird auch an künftigen Herausforderungen nicht scheitern. Meine Trips haben mein Selbstbewusstsein unglaublich gestärkt. Wenn ich in Afrika, Asien und Südamerika zurechtkomme, dann schaffe ich es überall auf der Welt, wenn ich nur hart genug dafür kämpfe.

Neben ganz privaten Vorteilen bringt ein Auslandsaufenthalt aber auch etwas für die berufliche Laufbahn. Fachliche Kompetenzen allein reichen heutzutage im Beruf nicht mehr aus. Viele Personalchefs verlangen, dass künftige Arbeitnehmer zusätzlich über den Tellerrand geschaut haben. Wer Karriere machen will, muss die Welt kennen, in der wir leben und arbeiten. Erfolg hat, wer selbstbewusst auftritt und sich zu verkaufen weiß. Ein Blick auf die Stellenangebote in der Tageszeitung zeigt: Sogenannte „Soft Skills“ spielen eine größere Rolle denn je. Ohne Schlüsselqualifikationen wie Eigeninitiative, Flexibilität, Team- und Kommunikationsfähigkeit läuft heutzutage gar nichts. Eine Studie zum Thema „*Schlüsselqualifikationen im 21. Jahrhundert*” ergab, dass 93% der Arbeitgeber „Soft Skills“ als ebenso wichtig oder sogar wichtiger erachten als Fachwissen. In unserer Dienstleistungs- und Informationsgesellschaft hängt der Erfolg eines Unternehmens in erster Linie vom Umgang mit dem Kunden ab. Kundenorientiertes Arbeiten verlangt wiederum, dass das Personal sicher und überzeugend auftritt und über ausgezeichnete kommunikative Fähigkeiten verfügt. Fachwissen entwertet sich durch den rasanten technischen Fortschritt im Laufe der Jahre. Wichtiger sind Kenntnisse ohne unmittelbaren Bezug zur praktischen Tätigkeit, die den Mitarbeiter befähigen, sich fortwährend neue Qualifikationen zu erschließen. Arbeitgeber erwarten permanente Lernfähigkeit und Veränderungsbereitschaft.

Aber was haben Schlüsselqualifikationen denn nun mit einem Auslandsaufenthalt zu tun? Eine ganze Menge! Nehmen wir nur mal die Kommunikationsfähigkeit. Gelungene Kommunikation bedeutet, seine Worte so zu wählen, dass der Gesprächspartner versteht, was man sagen will und darauf reagieren kann. Dem Anderen zuhören und ihn ausreden lassen, um dann auf das Gesagte zu antworten und sachlich zu diskutieren, so dass am Ende beide Gesprächspartner schlauer sind. Wichtig ist vor allem die Wortwahl. Wer einen Außenstehenden mit Fachbegriffen bombardiert, wird diesem kaum erfolgreich vermitteln, was er eigentlich sagen will. Die Wortwahl muss also dem Sprachniveau des Gegenübers angepasst werden. Und das lernst du nirgends besser als auf Reisen. Unterwegs führst du Gespräche mit Menschen aus aller Welt. Du triffst Menschen aus allen Bevölkerungsschichten mit den unterschiedlichsten Bildungsstandards. Eine Diskussion mit einem Professor über Politik und Wirtschaft beim Frühstück, ein Plausch mit dem fünfjährigen Nachbarsjungen am Mittag und nachmittags ein Gespräch mit einem bolivianischen Bauern, der nicht die geringste Ahnung hat, wo Europa überhaupt liegt, jedoch alles über deine Heimat wissen möchte. Eine zusätzliche Herausforderung besteht oft darin, dass die Kommunikation in einer anderen Sprache erfolgt. Oder du bist der Landessprache überhaupt nicht mächtig und musst versuchen, mit Hilfe von irgendwann mal erlernten Sprachen sowie Mimik und Gestik zu kommunizieren.

Kreativität und Organisationsfähigkeit sind weitere Schlüsselqualifikationen, die in so gut wie jedem Beruf gefragt sind. Wer monatelang durch die Weltgeschichte reist, kommt ums Planen nicht herum. Organisationstalent ist bereits vor der Abreise gefragt: Was nehme ich mit? Welche Versicherungen brauche ich und mit welchem Anbieter fahre ich am günstigsten? Muss ich mich vorher impfen lassen und benötige ich für mein Reiseziel ein Visum? Die Liste der Dinge, die es zu bedenken gibt, ist nahezu unendlich. Auch unterwegs gibt es ständig Sachen zu organisieren: Reiseroute, Unterkunft, Bustickets. Ja, sogar der tägliche Einkauf von Lebensmitteln stellt im Ausland mitunter eine Herausforderung dar. So berichteten mir etwa zwei Mädels von einem witzigen Erlebnis während ihrer Japan-Reise. Sämtliche Lebensmittel im Supermarkt sind natürlich nur auf Japanisch bedruckt. Die beiden entschieden sich, es vorerst bei einem Fruchtsaftgetränk zu belassen und konsumierten

die Hälfte des Flascheninhaltes auch gleich auf dem Weg. Als die zwei wenig später in der Bahn saßen, fühlten sie sich etwas komisch. Zurück im Hostel, fragte man die beiden, ob es nicht noch etwas früh am Tag sei, um mit dem Trinken anzufangen. Bei dem vermeintlichen Fruchtsaft handelte es sich offenbar um eine Art Alkopop.
Wie bereits erwähnt, läuft unterwegs nicht immer alles perfekt und du wirst des Öfteren mal improvisieren müssen. Hier sind dann Kreativität und Flexibilität gefragt. Etwa: Du erreichst dein Tagesziel und musst feststellen, dass keine Unterkünfte mehr frei sind – es findet sich jedoch noch ein Bett bei einem Einheimischen im Hinterzimmer. Oder: Es fahren keine Busse ans gewünschte Ziel, aber es gibt einen allmorgendlichen Postkurier, den du dazu überreden kannst, dich mitzunehmen. Nicht zuletzt wirst du also auch Organisationstalent entwickeln. Je länger du unterwegs bist, desto organisierter wirst du reisen. Du wirst aus Fehlern lernen und unerwartete Zwischenfälle zunehmend gelassen sehen, hast du doch bisher für jedes Problem eine Lösung gefunden. Unterwegs lernst du, andere als die üblichen Vorgehensweisen zu nutzen. Du lernst, ungewöhnliche Strategien für anfangs noch ausweglos erscheinende Situationen zu entwickeln. Wie auch im Beruf musst du auf Reisen unentwegt Entscheidungen treffen. Dabei wirst du auch schon mal ein Risiko eingehen, bist jedoch bereit, die Verantwortung für mögliche Folgen zu übernehmen. Denn auch negative Erfahrungen haben ihr Gutes: Du lernst für die Zukunft und wirst es beim nächsten Mal besser machen.

Die in vielen Jobs wohl wichtigste Eigenschaft eines guten Mitarbeiters ist die Teamfähigkeit. Sich zurücknehmen und einordnen oder auch mal mit der Faust auf den Tisch hauen und Meinungen kund tun, die unter Umständen nicht von allen Gruppenmitgliedern getragen werden. Ein guter

Teamspieler sollte abschätzen können, welches Verhalten in der jeweiligen Situation angemessen ist, um die anfallenden Tätigkeiten bestmöglichst zu erledigen.
Es gibt wohl keine bessere Probe der Teamfähigkeit als eine organisierte Tour im Laufe der Reise. Wer mit Backpackern verschiedener Nationalitäten über mehrere Tage jenseits der Zivilisation unterwegs ist, wird einige interessante Entdeckungen hinsichtlich des Gruppen- sowie des eigenen Verhaltens machen. Dies gilt insbesondere dann, wenn die Organisation der Tour zu wünschen übrig lässt. So zum Beispiel auf meinem Machu Picchu Trek in Peru. Zehn Personen plus Guide, vier Tage im Dschungel – früher oder später kommen da schon mal Unstimmigkeiten auf.
Am Tag der Abreise trafen wir uns in aller Frühe: Auf dem Programm standen vier Stunden Mountainbiking. Während unser Guide Miguel Fahrräder und Gepäck auf dem Dach des Busses befestigte, hatten wir anderen erstmals Gelegenheit, uns kennen zu lernen: Zwei Mädels aus der Schweiz, eine Kanadierin, zwei Engländer, zwei Franzosen, ein Paar aus Australien und meine Wenigkeit. Die Qualität der Fahrräder ließ mich zwar nicht gerade vor Begeisterung aufschreien, für peruanische Verhältnisse schienen sie jedoch gar nicht so schlecht. Diese Meinung teilten jedoch nicht alle und die Ersten fingen auch schon an, sich zu beschweren. Natürlich dauerte das Beladen des Busses seine Zeit und ein paar Leute wurden bereits ungeduldig. Relax! Wir sind in Südamerika und hier dauert nun mal alles etwas länger.
Als es dann endlich losging, war dem Gegrummel im Hintergrund zu entnehmen, dass auch mit Bus und Sitzplatz nicht jedermann glücklich war. Ehrlich gesagt, ich hatte da schon in schlimmeren Bussen gesessen – und zwar nicht nur für vier Stunden, sondern für vierzehn. Glücklicherweise hatte ich meinen MP3-Player mit, stöpselte mir diesen in die Ohren und konnte so in Ruhe die Natur draußen genießen,

ohne dabei durch weiteres Rumgemecker gestört zu werden. Etliche Zeit später fing der Australier vor mir jedoch an, sich lautstark zu beschweren. Da meine Musik es nicht mit seiner Stimme aufnehmen konnte, beschloss ich zu erkunden, was ihn so fürchterlich wütend machte. Angeblich hatte man ihm und seiner Freundin wohl beim Buchen der Tour versprochen, dass wir in St.Luis mit dem Radeln beginnen würden. Unser Bus war nunmehr zwar zum Stehen gekommen, allerdings befanden wir uns bereits in Malaga, dem Dorf fünf Kilometer weiter. Unser Guide sagte den beiden, dass niemand in St.Luis starten würde, da der Verkehr dort noch zu dicht und es somit zu gefährlich sei. Unser Australier diskutierte noch ein wenig, gab sich mit dieser Erklärung aber letztlich mehr oder weniger zufrieden. Wir luden die Räder ab und das Abenteuer konnte beginnen. Glücklicherweise ging es auf unserer Strecke fast ausschließlich bergab, wir konnten die nächsten Stunden also fast ohne Anstrengung genießen. Unterwegs wurden wir sogar von ein paar Einheimischen zu Tanz und Wein auf eine Party im Dorf eingeladen und alle hatten sichtlich Spaß. An unserem Tagesziel angekommen, konnten wir drei Stürze verbuchen. Diese waren allerdings eher auf übermütiges Fahrverhalten und übermäßigen Alkoholkonsum als auf die Qualität der Mountainbikes zurückzuführen. Aber an der Tour herumzunörgeln war natürlich um einiges einfacher, als sich einen eigenen Fehler einzugestehen. Das Gesprächsthema fürs Abendessen stand also fest. Das ständige Gemecker nervte mich zwar so langsam, dennoch entschied ich, vorerst den Mund zu halten. Ich wollte mich schließlich nicht gleich am ersten Tag unbeliebt machen.

Am nächsten Morgen ging es nach 30 Minuten Kritik am Frühstück (Pfannkuchen schmecken nach gar nichts, Kaffee nur lauwarm etc.) mit dem Wandern los. Die Landschaft war einfach unbeschreiblich schön. Dies, und die Tatsache,

dass wir beim Bergaufsteigen alle ziemlich aus der Puste kamen, führten dazu, dass ausnahmsweise mal niemand am Nörgeln war. Mittag und Abendessen verliefen abgesehen von der Kritik, dass es keinen Nachtisch gab, ebenfalls ohne Zwischenfälle und wir ließen den Tag gemeinsam bei Wein und südamerikanischen Rhythmen in der Dorfdisko ausklingen.
Die Probleme begannen am dritten Tag. Es fing schon beim Frühstück an. Zugegeben, es wurde nicht viel serviert – und wenn ich schon noch mehr hätte essen können, dann müssen unsere Jungs noch verdammt hungrig gewesen sein. Auf unser Nachfragen, ob wir vielleicht noch etwas Brot haben könnten (wir wären auch bereit gewesen, dafür zu bezahlen), erklärte man uns, dass dies nicht möglich ist. Frühstück sei halt Frühstück und nicht etwa Mittag oder Abendessen. Wem das, was serviert wurde, nicht reichte, der musste sich halt unterwegs etwas kaufen. Gut, da wir alle nicht übermäßig viel für die Tour bezahlt hatten, konnte man da wohl kaum gegenargumentieren. Mit dieser Meinung stand ich jedoch weitgehend allein da. Es wurde lautstark diskutiert, was natürlich auch nichts bewirkte. Auch als wir wenig später mit dem Wandern begannen, war die Geschichte noch nicht vergessen. Unser Australier nutzte jede erdenkliche Gelegenheit, das unzureichende Frühstück nochmals zur Sprache zu bringen. So wurde zum Beispiel der Verzehr einer Banane durch unseren Guide mit der Frage kommentiert, warum er denn schon wieder Hunger habe, wenn doch das Frühstück ausreichend gewesen wäre. In mir fing es so langsam zu kochen an. Ich war drauf und dran, dem Australier zu sagen, dass er endlich den Mund halten solle. Wir waren nun mal in einem fremden Land und hier herrschten andere Sitten. Selbst wenn man nicht immer mit allem einverstanden ist, so muss man sich trotzdem damit abfinden, statt allen Anderen ebenfalls den Trip zu

versauen. Glücklicherweise schaltete sich aber in genau diesem Moment seine Freundin ein und erklärte ihm eben dieses. Sehr gut, so brauchte ich mich wenigstens nicht mit ihm herumstreiten. Das Eingreifen der Freundin bewirkte übrigens Wunder und in den nächsten Stunden kamen keine weiteren Anspielungen oder Bemerkungen.
Gegen Mittag erreichten wir Aguas Calientes und steuerten dort sogleich das Restaurant an, in dem wir zu Mittag essen sollten. Gut, dachte ich, wenn die Mägen erst mal gefüllt sind, kehrt vielleicht endlich Ruhe ein und die Stimmung bessert sich. Falsch gedacht. Als uns die Menus mit der Information gereicht wurden, dass wir alles außer Fisch und Geflügel wählen könnten, rief dies erneut den Zorn einiger Gruppenmitglieder hervor. Schließlich blieben ja nun nur noch Reis- und Pastagerichte übrig. Dem Ärger hierüber machte man natürlich Luft – man beschwerte sich sowohl bei den Kellnern als auch bei unserem Guide. Okay, das reichte! Es war an der Zeit, dass ich mich auch mal zu Wort meldete. Lange genug hatte ich mir das Rumgemeckere ja angehört. Wie konnte es eigentlich sein, dass sich jemand über das Essen beschwerte? Die letzten Tage waren wir zu den Mahlzeiten einfach in irgendwelche Privatquartiere eingekehrt und man hatte jedem einen Teller Nudeln vorgesetzt. Darüber hat sich niemand beschwert. Und heute, wo wir ausnahmsweise sogar mal aus fünf verschiedenen Nudelgerichten auswählen konnten, war das ein Problem? Ich gab meine Bestellung auf und ging erst mal für einige Zeit an die frische Luft. Ob mein Eingreifen etwas bei den Anderen bewirkte? Ich weiß es nicht. Zumindest fühlte ich mich besser.
Nach dem Mittag erfuhren wir, dass Miguel uns am Nachmittag nicht zur Verfügung stehen würde. Angeblich hatte er wohl noch etwas mit unseren Zugtickets für den nächsten Tag zu klären. Wir hatten vor, einen Berg zu

besteigen, von dessen Gipfel wir einen ersten Blick auf Machu Picchu bekommen sollten. Die Tatsache, dass wir nun allein da rauf sollten, rief natürlich erneuten Protest hervor. Einerseits konnte ich natürlich verstehen, dass Miguel eine Auszeit von uns brauchte, aber Guide ist Guide und es war nun mal sein Job, uns vier Tage lang herumzuführen. Es half jedoch alles nichts. Miguels Entschluss stand fest. Daran änderten auch unsere Bedenken nichts, dass unterwegs etwas passieren könne. Aber gut, zu Hilfeleistungen jeglicher Art wäre er höchstwahrscheinlich eh nicht in der Lage gewesen.
Wir machten uns also allein auf den Weg. Der Aufstieg war echt nicht ohne. Wir mussten unter anderem eine etwa 100 Meter lange Leiter hinaufkrabbeln und ich war froh, dass ich meinen Rucksack dabei hatte. Miguel hatte mich vor unserem Aufbruch zwar ausdrücklich darauf hingewiesen, dass dieser unnötig sei und ich ihn ruhig im Hotel lassen sollte, glücklicherweise hatte ich diesen Ratschlag jedoch ignoriert, so dass wir jetzt alle unser Zeug in diesem verstauen konnten. Mit Wasserflasche und Kamera in der Hand wäre es nämlich völlig unmöglich gewesen, die Leiter zu erklimmen. Auf dem Berggipfel angekommen stellten wir dann fest, dass alle anderen Gruppen mit Guide unterwegs waren. Toll! Auch über den Zeitpunkt, zu welchem Miguel uns losgeschickt hatte, war ich nicht gerade erfreut. Es ging nämlich bereits mit Riesenschritten auf den Sonnenuntergang zu. Die Hälfte des Abstiegs konnten wir den Weg dann nur noch erahnen und als wir schließlich wieder unten ankamen, war es bereits stockdunkel. Wir hatten unwahrscheinliches Glück, dass nichts passiert war, war der Abstieg doch schon bei Tageslicht gefährlich gewesen. Ich ärgerte mich ziemlich über Miguels Verhalten. Und wenn ich mich schon ärgerte, dann brauche ich wohl nicht zu erwähnen, in welcher Stimmung der Rest der Gruppe war. Ich nahm mir

jedenfalls vor, unserem Guide am Abend in aller Ruhe zu erklären, dass ich mit dem Ablauf des Nachmittages ganz und gar nicht einverstanden war. Uns allein loszuschicken, war verdammt leichtsinnig und hätte böse ausgehen können. Wahrscheinlich war er sich dessen gar nicht bewusst. Schließlich war er gerade mal 19 Jahre alt und viel Erfahrung hatte er offenbar auch noch nicht.

Zu diesem Gespräch kam es dann aber nicht, denn beim Abendessen brach bereits der nächste Streit aus. Anscheinend hatte unsere Reiseagentur die Tickets für die Rückfahrt zu spät reserviert und einige von uns sollten nun am folgenden Tag bereits gegen 14 Uhr die Heimreise antreten – definitiv zu früh, um Machu Picchu in aller Ruhe zu besichtigen. Um den Zornesausbrüchen unsererseits aus dem Weg zu gehen, wollte Miguel uns die Tickets erst am nächsten Morgen vor Betreten der Ruinen – und zugleich der letzten Begegnung mit ihm – aushändigen. Nun leuchtete uns natürlich ein, dass er die Tickets bereits haben musste und somit schon wusste, wer von uns früher zurückzukehren hatte. Die Sache stank zum Himmel und war mehr als unfair, hatten wir doch alle rechtzeitig gebucht und denselben Preis gezahlt. Mit der Art und Weise, auf die das Problem diskutiert wurde, war ich jedoch ebenso wenig einverstanden. Man kreischte mitten im Restaurant, in dem andere Leute beim Abendessen waren, herum und der Australier wurde Miguel gegenüber sogar handgreiflich. Peinlich berührt verließ ich das Restaurant. Sollten die Anderen sich doch die Köpfe einschlagen. Wenn ich früher fahren musste, dann würde die Welt davon auch nicht untergehen.

Vom Rest der Gruppe unter Druck gesetzt, setzte Miguel letztlich alle Hebel in Bewegung und wir bekamen am Ende doch noch alle Tickets für 18 Uhr.

Nach all der Aufregung wollte ich eigentlich nur noch in mein Bett. Schließlich sollten wir am nächsten Tag um 4 Uhr

geweckt werden. Geweckt wurden meine Zimmergenossin Livia und ich dann auch – allerdings nicht von Miguel, sondern von den Jungs aus dem Zimmer nebenan. Und auch nicht um 4 Uhr, sondern eine halbe Stunde später – dem Zeitpunkt, an dem wir eigentlich mit dem Wandern beginnen sollten. Im Eiltempo packten wir unsere Sachen zusammen. Wenn es eines gibt, was ich hasse, dann ist das Stress am frühen Morgen. Als Miguel dann auch noch in der Tür erschien und fragte, was denn los sei und warum wir noch nicht fertig waren, hätte ich ihm am liebsten den Hals umgedreht. An der Rezeption angekommen, fehlten jedoch noch vier weitere Gruppenmitglieder. Wach waren lediglich diejenigen, die sich selbst einen Wecker gestellt hatten. Angeblich sollte uns wohl der Typ von der Rezeption wecken, hatte dies aber versäumt. Miguel traf also nicht direkt die Schuld, wütend war ich aber trotzdem auf ihn.
Mit einer halben Stunde Verspätung machten wir uns dann auf den Weg. Beim Aufstieg (eine Stunde steil die Treppen hinauf) kam uns unsere Wut dann aber zugute. Wir holten unterwegs sogar noch die Gruppen ein, die pünktlich losgegangen waren. In den darauf folgenden Stunden verflüchtigte sich unser Ärger dann aber und wir verbrachten einen tollen Tag in den Inca-Ruinen.

Ja, so ein Gruppenausflug lässt schon tief blicken. Ich bin immer wieder erstaunt, wie viel ich mir eigentlich gefallen lasse bzw. wie niedrig die Toleranzschwelle bei so manch anderem angesiedelt ist. Nicht zuletzt trainiert Reisen doch auch in punkto Gelassenheit und Humor. Vorfälle, über die ich früher wahrscheinlich tagelang sauer gewesen wäre, verursachen bei mir heute nur noch ein Schmunzeln oder Schulterzucken. So zum Beispiel auch die Geschichte mit den Stromausfällen in Südafrika.
Strom wird in Südafrika durch ein Atomkraftwerk,

betrieben von zwei Generatoren, erzeugt. Während meines Südafrika-Aufenthaltes ging einer dieser Generatoren kaputt. Da der zweite Generator allein nicht ausreichte, um das gesamte Gebiet im Umkreis von 600 Kilometern um Kapstadt mit Strom zu versorgen, wurde in verschiedenen Regionen täglich für einige Stunden der Strom abgestellt. Ich erinnere mich noch gut an das anfängliche Chaos: Man saß in der Bibliothek und war gerade ein ganzes Stück mit der Masterarbeit vorangekommen, als sich der Computer und mit ihm die letzten Stunden Arbeit verabschiedeten. Oder die heiße Dusche, auf die man sich den ganzen Tag über gefreut hatte und die nunmehr mit eiskaltem Wasser stattfand. Oder man verbrachte einige Stunden hungernd, da der Studenten-Kühlschrank wieder einmal nichts hergab, was man nicht erst in der Mikrowelle hätte zubereiten müssen und die Supermärkte anfangs noch nicht mit genügend Kerzen ausgestattet waren, um den Betrieb auch bei Stromausfall fortzusetzen. Aber schon nach wenigen Tagen hatte man sich voll auf die neue Situation eingestellt. Die Essensvorräte wurden mit Knäckebrot, Wurst und Käse aufgestockt und es wurde bereits im Voraus gekocht, man stellte in der ganzen Wohnung Kerzen auf und den Uni-Vorbereitungen konnte man sich eben nur solange widmen, wie Strom verfügbar war. Das war ja auch eine super Entschuldigung, um sich anderen Sachen zuzuwenden, zumal man an der Uni angesichts der neuen Umstände sowieso relativ nachsichtig war, wenn die eine oder andere Hausarbeit etwas später eingereicht wurde. Und irgendwie war es ja auch witzig, wenn der Professor gerade in den Vorlesungsstoff vertieft seine Rede hielt, sich plötzlich der Projektor und sämtliche Lichter ausschalteten und man sich im Dunkeln den Heimweg ertasten musste.

Die Stromausfälle dauerten letztlich fast drei Monate an. Das für die Reparatur notwendige Ersatzteil musste nämlich erst aus Europa geliefert werden und dies war auf Grund der

Größe nur auf dem Seeweg möglich. Zum Zeitpunkt seiner Ankunft befand ich mich damals schon wieder zurück in Deutschland, meine südafrikanischen Freunde informierten mich jedoch, dass die Stromausfälle wohl noch ein paar weitere Wochen andauern würden. Als man das Ersatzteil entladen wollte, stellte man nämlich fest, dass die Kräne im Hafen Kapstadts nicht groß genug waren und man nunmehr auch erst einen Kran aus Europa kommen lassen musste.

Unterwegs lernt man schnell, die Dinge gelassen zu betrachten. Wut und Ärger ändern in der Regel sowieso nichts und mit Humor lebt es sich ganz einfach leichter. Humor hilft auch im Beruf. Mit Humor lässt sich vieles sagen, ohne den Anderen zu verletzen. Humor hilft überall da, wo man Gefahr läuft, von Anderen kritisiert zu werden. Berechtigte Kritik lässt sich leichter wegstecken, bei harten Angriffen lässt sich mit Humor zurückschießen. Die gute Nachricht: Humor lässt sich erlernen – und zwar nirgends besser als auf Reisen.

Jüngster Aufsteiger unter den Soft Skills ist die interkulturelle Kompetenz, sprich: die Fähigkeit, mit Menschen aus anderen Kulturkreisen erfolgreich zu agieren. Wir leben im Zeitalter der Globalisierung. Wirtschaft, Politik und Kommunikation finden zunehmend auf internationaler Ebene statt. Immer mehr Unternehmer verlagern Vertrieb und Produktion ins Ausland und benötigen Mitarbeiter, die neben Fremdsprachenkenntnissen auch die notwendige Sensibilität für andere Kulturen und Denkweisen mitbringen. Grundvoraussetzungen für die interkulturelle Kompetenz sind zunächst einmal Kenntnisse und Erfahrungen betreffend anderer Kulturen und Verhaltensweisen. Hinzu kommen Sensibilität im Umgang mit anderen Denkmustern sowie die Fähigkeit, dem Gegenüber eigene Standpunkte verständlich

zu vermitteln. Je nach Situation kann es angemessen sein, Flexibilität zu zeigen oder aber an der eigenen Sichtweise festzuhalten.
Interkulturell lernt man am besten im Rahmen eines Auslandsaufenthaltes. Man kann sich das Wissen über andere Kulturen zwar auch anlesen, Kenntnis allein garantiert aber noch keinen Erfolg bei der Umsetzung. Auf Reisen erlebt man fremde Kulturen hautnah. Man führt Gespräche mit Menschen aus aller Welt und allen möglichen Kulturkreisen und ist gezwungen, sich angemessen zu verhalten.
Beispiel: Machismus in Lateinamerika. Zugegeben, es nervt schon ziemlich, wenn einem ständig alte Männer hinterher pfeifen, mit Sprüchen wie „Hola guapa! Hermosa! Linda!" ihr Interesse bekunden und einen mit ihren Blicken fast ausziehen. Und natürlich würden wir Frauen sie am liebsten anschreien „Fuck off!" und ihnen sagen, dass sie sich nach Haus zu Frau und Kindern scheren und uns in Ruhe lassen sollen. Unsere interkulturelle Kompetenz belehrt uns jedoch eines Besseren. Statt den Macho zurückzuweisen und damit in seiner Ehre zu kränken, lassen wir ihn reden und schenken ihm keinerlei Beachtung – wie eben die einheimischen Frauen auch.
Auch im Übrigen ist die Mentalität der Lateinamerikaner so ganz anders als die unsere. Während unser Leben komplett an der Zukunft orientiert ist, lebt man in Lateinamerika fürs Hier und Jetzt. Wer heute Geld in der Tasche hat, gibt dieses bis zum Abend höchstwahrscheinlich komplett aus. Was am nächsten Tag ist, entscheidet man halt, wenn es soweit ist. An Themen wie zum Beispiel Altersvorsorge verschwendet hier kaum jemand einen Gedanken. Relativ gleichgültig hinsichtlich dessen, was später mal ist, verhält man sich auch mit dem Müll. Die Leute sitzen im Bus, trinken ihr Wasser und wenn die Flasche leer ist, wird diese aus dem Fenster geworfen. Als vorbildlicher Deutscher, der Müll trennt und

Pfand- statt Einwegflaschen kauft, macht einen das natürlich unwahrscheinlich wütend. Wie gern würde man die Leute da doch fragen, wie sie hier durch die schönste Landschaft fahren und dabei doch so achtlos mit ihrer Umwelt umgehen können. Allerdings verkneifen wir uns auch das, nachdem wir noch einmal genauer darüber nachgedacht haben. Die Leute hier verhalten sich seit Hunderten von Jahren so und werden das wahrscheinlich auch noch weitere hundert Jahre so beibehalten. Jegliche Kommentare unsererseits würden nur als Angriff oder Beleidigung aufgefasst, bewirken würden sie letztlich jedoch nichts.

Ich könnte die Liste an Gründen, die fürs Reisen sprechen, noch bis ins Unendliche fortsetzen. Fest steht eines: Das Bereisen anderer Länder macht nicht nur Spaß, es bringt einen auch persönlich und beruflich voran. Man erweitert seine Fremdsprachenkenntnisse; lernt, offen auf Menschen zuzugehen und sich auf andere Kulturen einzustellen; trainiert Teamfähigkeit, Organisationstalent etc. Dies haben glücklicherweise auch Arbeitgeber erkannt. Dank Globalisierung betrachtet heute kaum ein Unternehmer eine Auszeit zum Reisen als Lücke im Lebenslauf. Im Gegenteil: Auslandsaufenthalte werden als positiv bewertet oder sogar ausdrücklich gefordert.
Mir persönlich hat meine Zeit im Ausland unwahrscheinlich viel gebracht. Ich bin heute viel selbstbewusster, weltoffener und selbstständiger, als es noch vor vier Jahren der Fall war. Unterwegs habe ich gelernt, für meine Ziele zu kämpfen. So ausweglos eine Situation anfangs auch erscheinen mag, es gibt fast immer eine Lösung.

IV. Allein reisen?!

Du hast dich also entschlossen, auf Reisen zu gehen. Du hast deinen Ehrgeiz, so schnell wie möglich Karriere zu machen, vorerst zurückgestellt und ein Reiseziel gewählt. Du hast all deinen Freunden von deinen Plänen erzählt und – keiner von ihnen hat Lust, dich zu begleiten. Glückwunsch! Der perfekte Ausgangspunkt einer gelungenen Reise. Das siehst du im Moment vielleicht noch nicht so, du wirst die Freiheit des Alleinreisens jedoch schon bald zu schätzen lernen.

Klar, es hat Vorteile, mit einem Freund zu reisen: Du fühlst dich wahrscheinlich gerade am Anfang des Trips sicherer und es ist bequem, sich Aufgaben zu teilen. So kann etwa einer von euch auf das Gepäck aufpassen, während der andere Bustickets kauft oder eine Unterkunft ausfindig macht. Vielleicht spart ihr auch Geld, indem ihr euch Hotelzimmer teilt oder Mahlzeiten zusammen zubereitet. Andererseits stellt eine gemeinsame Reise eine Freundschaft auf eine harte Bewährungsprobe: Ihr verbringt viel Zeit zusammen, müsst fortlaufend Entscheidungen fällen und Kompromisse schließen. Ihr habt vielleicht verschiedene Erwartungen, was die Reise anbelangt oder reist mit einem unterschiedlichen Budget. Früher oder später sind Konflikte ganz einfach vorprogrammiert.

Ich erinnere mich noch gut an eine zweiwöchige Spanien-Reise mit meiner Freundin Stefanie. Wir waren es gewohnt, sehr viel Zeit miteinander zu verbringen. Wir wohnten zusammen, studierten dasselbe und hatten auch sonst ähnliche Freizeitinteressen. In Deutschland konnten wir wirklich 24 Stunden aufeinander hocken, ohne dass uns das über wurde. In unserem gemeinsamen Urlaub sah das anders aus. Unter veränderten Bedingungen fernab der Heimat so viel Zeit miteinander zu verbringen, endete beinahe in einem Desaster. Schnell stellte sich nämlich heraus, dass wir ganz unterschiedliche Vorstellungen von unseren Ferien hatten. Stefanie wollte im Urlaub einfach nur ausspannen: Tagsüber an den Strand und abends früh ins Bett. Ich persönlich hatte zwar nichts gegen ein paar Stunden in der Sonne, wollte aber zudem auch etwas von der Umgebung sehen und nachts durch die Clubs ziehen. Glücklicherweise merkten wir schnell, dass es wohl das Beste war, unser Urlaubsprogramm individuell zu gestalten. Eine Idee, die damals wahrscheinlich unsere Freundschaft rettete.

Nur weil du ohne Begleitung zu deiner Reise aufbrichst, heißt das natürlich nicht, dass du auf Dauer allein bleibst. Im Gegenteil. Ich stelle unterwegs immer wieder fest, dass ich weit mehr Freundschaften schließe, wenn ich allein reise – und zwar sowohl mit Einheimischen als auch mit anderen Backpackern. Habe ich dagegen Besuch von Freunden oder meiner Familie, so lerne ich sofort weniger neue Leute kennen. Das liegt zum einen natürlich an meiner eigenen Einstellung. Wenn mich meine Lieben von Daheim schon mal besuchen kommen, möchte ich unsere gemeinsame Zeit ja gar nicht mit anderen Leuten teilen. Schließlich haben wir uns seit Ewigkeiten nicht gesehen und es gibt wahnsinnig viel zu erzählen. Zum anderen merke ich aber auch immer wieder, dass weniger Leute auf mich zu kommen, wenn ich bereits Gesellschaft habe. Bin ich dagegen allein unterwegs, scheine ich andere Alleinreisende magisch anzuziehen. Egal ob Busstation oder Hostel, es dauert nie lange, bis sich ein Gespräch mit einem anderen Backpacker ergibt. Mir selbst geht es übrigens ganz genauso: sitzt jemand allein im Hostel, gehe ich auf diese Person natürlich eher zu, als auf eine größere Gruppe.

Es ist fast nie ein Problem, als Alleinreisender Anschluss zu finden. Ob kurzes Gespräch, Dinner, Tagesausflug oder sogar einige Tage oder Wochen des gemeinsamen Reisens

– eine Begleitung ist in der Regel schnell gefunden. Wer sich erst unterwegs mit einer anderen Person zusammen tut, hat den Vorteil, dass er seinen Trip jederzeit wieder allein fortsetzen kann. Der vorübergehende Reisepartner weiß nämlich genauso gut wie man selbst, dass die gemeinsame Zeit begrenzt ist. Sobald sich herausstellt, dass die Interessen auseinander gehen und man unterschiedliche Vorstellungen vom weiteren Reiseverlauf hat, verabschiedet man sich und es geht allein weiter. Konflikte treten dabei meist gar nicht erst auf, da man sich bereits trennt, bevor sich solche überhaupt entwickeln können.
Anders sieht es da aus, wenn du schon von zu Hause aus mit einem langjährigen Freund startest und ihr plant, über mehrere Wochen und Monate miteinander zu reisen. In einer solchen Situation finden nämlich die wenigsten den Mut, ihren Reisepartner vor den Kopf zu stoßen und schließlich doch eigener Wege zu gehen, selbst wenn der Trip alles andere als ideal verläuft. In Australien traf ich so einige Leute, die ihre Reise mit Freunden von daheim begonnen hatten, dies aber schnell bereuten. Früher oder später sind Konflikte einfach unumgänglich: Der eine findet einen Job und möchte nun natürlich längere Zeit am selben Ort bleiben, während dem anderen Stadt oder Hostel überhaupt nicht zusagen und er so schnell wie möglich weiterziehen möchte. Oder einer von beiden verliebt sich unterwegs und hat nun kaum noch Zeit für den Freund, was dann Streit und Eifersucht nach sich zieht. Viele dieser Leute gingen letztlich zwar getrennter Wege, meist gab es zuvor aber viel Stress und lange Diskussionen. In einem waren sich hinterher jedenfalls alle einig: Falls es irgendwann noch mal ins Ausland geht, dann allein!
Wenn du allein reist, wirst du auch schneller mit den Einheimischen in Kontakt kommen. Diese sind gegenüber Fremden oft eher zurückhaltend. Die Chancen, dass ein

Einheimischer von sich aus auf dich zukommt, stehen daher in jedem Fall besser, wenn du allein unterwegs bist.
Alleinreisen bietet eine gute Möglichkeit, die Landessprache deines Reisezieles zu erlernen. So hatte ich zum Beispiel in Südamerika auf fast jeder Busfahrt einen Einheimischen neben mir und es dauerte nicht lange, bis wir eine Unterhaltung begannen. Kostenloser Spanischunterricht über mehrere Stunden, bei dem ich auch noch allerhand Interessantes über mein Reiseland erfuhr – und zwar aus erster Hand und nicht aus dem Reiseführer. Zudem konnte ich mich auch gleich mal nach den gängigen Preisen für Taxifahrten oder Lebensmittel auf dem Markt erkundigen und vermied es so, ständig übers Ohr gehauen zu werden. War ich dagegen mit einem anderen Backpacker unterwegs, saßen wir im Bus natürlich nebeneinander. Dabei unterhielten wir uns allenfalls auf Englisch und mit Insider-Informationen zum Land konnte mir mein Begleiter natürlich auch nicht weiterhelfen.
Auch in Australien beobachtete ich, dass es nicht besonders förderlich für die Erweiterung der Sprachkenntnisse ist, wenn man mit mehreren Personen reist. Besonders Deutsche und Franzosen tendieren dazu, Grüppchen zu bilden und sich fast ausschließlich mit Leuten aus ihrem Heimatland zu umgeben. Die Folge: Das Englisch ist nach einem Jahr im Ausland kaum besser als bei der Ankunft, denn man hat sich ja die meiste Zeit in der eigenen Sprache unterhalten. Bei meinem Studium in Südafrika erging es mir ganz ähnlich. Die Universität organisierte eine Menge Veranstaltungen, um es uns Studenten zu erleichtern, einander kennen zu lernen. Allerdings trennte man stets zwischen südafrikanischen und internationalen Studenten. Etwa 80% der internationalen Studenten kamen damals aus Deutschland, so dass mein Freundeskreis natürlich überwiegend aus Leuten aus meinem eigenen Land bestand. Und was redet man unter Deutschen?

Klar, Deutsch. Nach einem Jahr im Ausland hatten sich meine Fähigkeiten bezüglich der englischen Sprache zwar verbessert, hundertprozentig zufrieden war ich mit meinen Fortschritten jedoch nicht. Vor meiner Abreise nach Australien nahm ich mir deshalb fest vor, vorwiegend nach englischsprachigen Freunden Ausschau zu halten, was mir auch gelang. Während des Jahres hatte ich fast ausschließlich mit Leuten aus England, Kanada, Neuseeland und natürlich Australien zu tun, so dass ich rund um die Uhr gezwungen war, Englisch zu sprechen. Nach einem Jahr waren meine Englischkenntnisse dann so gut, dass es hin und wieder sogar passierte, dass ich etwas auf Englisch ausdrücken konnte, mir jedoch die Worte für die deutsche Übersetzung nicht mehr einfielen. Und nach acht Monaten in Südamerika passierte es mir auch schon mal in Deutschland, dass ich Fremde auf Spanisch ansprach, ohne mir dessen überhaupt bewusst zu sein.

Immer wieder stelle ich fest, dass ich meine Reiseländer ganz einfach intensiver erlebe, wenn ich allein unterwegs bin. Reise ich mit anderen Backpackern, gehen wir oft bis in die frühen Morgenstunden aus, verschlafen die erste Hälfte des darauf folgenden Tages und verbringen die Zweite verkatert. Abends beginnt dann dasselbe Spiel wieder von vorn. Bin ich dagegen allein unterwegs, gehe ich meist zeitig ins Bett und stehe bereits in der Frühe wieder auf. Ein Spaziergang durch die Straßen und Gassen der Stadt, bevor diese zum Leben erwachen und sich mit Menschen füllen oder ein Sonnenaufgang am Strand? Nach der Party mit den übrigen Hostelbewohnern kann ich mich hierzu selten aufraffen.

Wenn ich allein reise, pflege ich intensiveren Kontakt zu der einheimischen Bevölkerung, verbringe viel Zeit damit, meine Tagebücher zu schreiben und nutze lange Busfahrten, um Erlebtes zu verarbeiten.

Bei meinem Ausflug zu den Iguassu Fällen in Südamerika erfuhr ich einmal mehr, welchen Unterschied es macht, ob man allein reist oder in der Gruppe. Die gigantischen Wasserfälle befinden sich am Länderdreieck Brasilien-Argentinien-Paraguay. Man kann die Fälle von der brasilianischen oder der argentinischen Seite aus besuchen. Auf meinen Ausflug an die brasilianische Seite begleiteten mich einige Leute aus dem Hostel, insgesamt waren wir sieben Personen. Als endlich alle zum Aufbruch bereit waren, war es bereits 11 Uhr. Es dauerte eine weitere halbe Stunde, bis wir endlich die Busstation erreichten, obwohl man den Weg dorthin locker auch in fünf Minuten hätte zurücklegen können. Allerdings hatte scheinbar jeder noch etwas auf dem Weg zu erledigen: Geld abheben, Getränke kaufen, eine ganz kurze und besonders wichtige Email nach Hause versenden etc. Irgendwann erreichten wir dann zwar endlich den Park, in dem sich die Wasserfälle befanden, hier hieß es jedoch erneut warten. Einige von uns mussten unbedingt noch mal die Toilette aufsuchen und auch der Ticketkauf zog sich bei sieben Personen in die Länge, da im Souvenir-Shop erst noch mal alles angefasst werden musste. Schließlich betraten wir den Park dann – gerade rechtzeitig, um die Iguassu Fälle genau zur Mittagshitze zu besichtigen. So liefen wir also gemeinsam bei 35 Grad im Schatten herum, machten Fotos, warteten, redeten dummes Zeug, schossen noch mehr Fotos, warteten erneut auf die Anderen und nervten uns so langsam an. Am Ende des Tages war mir das Auf-die-anderen-Warten in besserer Erinnerung als die Wasserfälle selbst. Als der Besitzer des Hostels mich am Abend fragte, ob ich am nächsten Tag an seiner Tour auf die argentinische Seite teilnehmen wolle, lehnte ich dankend ab. Ein weiterer Gruppenausflug war wirklich das Letzte, wonach mir zu diesem Zeitpunkt der Sinn stand. Stattdessen fuhr ich am nächsten Tag allein: Ich brach um 8 Uhr auf und erreichte den

Park, als man diesen gerade öffnete. So konnte ich mir die Wasserfälle bei angenehmen Außentemperaturen anschauen, und zwar, bevor die großen Reisebusse die Touristen in Scharen heranfuhren. Ich genoss das Naturschauspiel ganz ungestört und beobachtete eine volle Stunde lang, wie die riesigen Wassermassen ins Tal hinabgespült wurden. Diese Ruhe hätte ich niemals gefunden, wenn ich den Park in einer Gruppe besucht hätte.

Je länger ich allein reise, desto weniger bin ich bereit, Kompromisse einzugehen. Ständig auf andere Leute warten? An einen bestimmten Ort fahren, obwohl ich lieber einen anderen besucht hätte? Nein, danke! Da ist es doch viel einfacher, wenn ich allein unterwegs bin. Sich plötzlich einer Gruppe anzuschließen, ist in etwa so, als habe man jahrelang als Single gelebt und hat nun auf einmal einen Partner, der einem vorschreibt, was man tun und lassen darf.

Offenbar sehen das jedoch nicht alle so. Während meines Trips durch Südamerika traf ich Katrina. Sie hatte Brasilien zu ihrem Reiseziel auserkoren, und das eigentlich nur, weil sich hier gerade jemand aufhielt, den sie vor zwei Jahren flüchtig kennen gelernt hatte. Katrina hatte ihrem Bekannten in der Hoffnung geemailt, sich ihm und seinen Freunden für einige Wochen anschließen zu dürfen und anscheinend hatte er nichts dagegen. Das sagte er zumindest. Ich kann mir allerdings kaum vorstellen, dass vier Jungs sonderlich begeistert davon sind, ein Mädchen mit auf Reisen zu nehmen. Katrina war jedenfalls so glücklich darüber, nicht allein Urlaub machen zu müssen, dass sie ein halbes Vermögen für einen Inlandsflug mitten ins Nirgendwo gezahlt hatte, um gleich vom ersten Tag an mit den Jungs zu reisen. Wohin der Trip letztendlich führen würde, wusste sie nicht, sondern überließ die Entscheidung ganz allein den Anderen.

Zugegeben, ich fand die Geschichte schon relativ unglaublich. Keine Ahnung zu haben, was in den nächsten

Wochen geschieht, welche Orte man besucht und wie viel Zeit man hier und da verbringen wird? Ganz und gar von vier anderen Personen abhängig zu sein, die ihre Pläne – wie jeder Backpacker – stündlich änderten? Reisen, ohne jegliches Mitspracherecht bei der Planung? Für mich absolut unvorstellbar. Das war ja noch schlimmer, als eine Pauschalreise, denn da kannte man wenigstens den Reiseablauf.
Ich weiß nicht, wie sich der Trip der fünf letztlich entwickelte. Ob Katrina wirklich volle drei Wochen mit den Jungs gemeinsam reiste oder ob ihr die ständige Ungewissheit am Ende doch über wurde und sie ihre Reise allein fortsetzte. Eines weiß ich jedoch mit Sicherheit: Ich selbst könnte nie so reisen. Anderen Personen hinterherreisen, nur weil man nicht allein sein möchte? Das ist nicht nur unbequem, sondern auch völlig unnötig. Du wirst unterwegs fast überall auf Leute treffen, die in die gleiche Richtung wie du reisen – wenn nicht schon im Hostel, dann wahrscheinlich spätestens an der Busstation. Ihr könnt also gemeinsam den Bus von A nach B nehmen, im selben Hostel einchecken und wenn ihr euch gut versteht und ähnliche Reisepläne habt, werdet ihr vielleicht sogar gemeinsam weiterreisen. Falls nicht, findest du mit Sicherheit schnell jemand Neues, mit dem du gemeinsam zum nächsten Ziel aufbrechen kannst. Ich nenne diese Art des Reisens immer „gemeinsam reisen ohne gemeinsam zu reisen". Du vermeidest, allein durch die Weltgeschichte zu gondeln, bleibst aber trotzdem flexibel und kannst tun und lassen, was du willst. Allein reisen bedeutet also nicht, dass du wirklich allein bist – es bedeutet lediglich, dass du jederzeit wieder allein sein kannst, wenn du es dir wünschst.
Vor kurzem traf ich auf ein Mädchen, das ebenfalls ohne Begleitung unterwegs war. Wir unterhielten uns unter anderem darüber, wie andere Leute darauf reagieren, wenn

wir ihnen erzählen, dass wir allein reisen. Viele halten uns für komisch, denn wer nie selbst allein unterwegs war, wird wohl nie verstehen, welch einzigartige Erfahrung dies ist. Immer wieder werden wir gefragt, ob uns dabei nicht langweilig wird oder ob wir uns einsam fühlen. Beide stellten wir fest, dass genau das Gegenteil der Fall war. Normalerweise lernen wir nämlich so viele neue Leute kennen, dass wir uns eher mal nach ein paar Tagen der Einsamkeit sehnen. Oder wir treffen so durchgeknallte Typen, dass wir das Alleinreisen einmal mehr zu schätzen lernen.

In Südamerika traf ich Adrian, eine total chaotische Amerikanerin. Wir lernten uns in Uruguay im Hostel kennen und sie erzählte mir, dass sie noch nicht so wirklich wusste, wie sie die nächsten Monate verbringen wollte. Sie war wohl auf der Suche nach einem Job und plante, in Argentinien Englisch zu unterrichten. Am nächsten Tag wollte sie, genau wie ich, ins fünf Stunden entfernte Colonia und von dort am Abend die Fähre nach Buenos Aires nehmen. Als sie mich fragte, ob wir gemeinsam den Bus dorthin nehmen wollten, dachte ich mir nichts dabei und stimmte zu. Am nächsten Morgen dauerte es erst mal ewig, bis Adrian zur Abreise bereit war. Frühstück, Tasche packen, Stullenpakete für unterwegs schmieren und noch mal alle Ecken und Winkel des Hostels fotografieren – das alles dauerte natürlich seine Zeit. Ich stellte jedenfalls mal wieder fest, dass meine Entscheidung, allein zu reisen, die für mich richtige war und bereute schnell, Adrian am Vortag versprochen zu haben, auf sie zu warten. Irgendwann war sie dann endlich so weit und wir machten uns auf den Weg. Unser Hostel lag etwas außerhalb und um zum Busbahnhof zu gelangen, mussten wir zunächst ins Zentrum fahren. Es dauerte nicht lange und schon kam unser Bus. Wir gaben dem Fahrer ein Zeichen und er hielt. Beim Einsteigen fragte mich Adrian voller Panik, ob ich vielleicht für sie mit bezahlen könnte, da ihre

Geldbörse ganz unten im Rucksack lag. Offenbar hatte sie im Eifer unseres Gespräches vollkommen vergessen, dass so eine Busfahrt ja Geld kostet. Na ja, das konnte ja mal passieren und war kein Problem. Ich zahlte für zwei Tickets und der Bus setzte sich langsam in Bewegung. Auf einmal rief jedoch einer der Insassen laut „La mochila!" und der Busfahrer hielt erneut. Scheinbar hatte Adrian nicht nur vergessen, dass sie ein Busticket kaufen musste, sondern auch, dass sie für ihr Gepäck allein zuständig war und ihr dieses niemand hinterhertrug. Ihr Rucksack stand nämlich noch immer an der Bushaltestelle. Was für eine Chaotin! An der Busstation teilte man uns wenig später mit, dass der nächste Bus nach Colonia erst in zwei Stunden abfahren würde. Gut, mir war das egal, denn ich wollte die Nacht ja sowieso dort verbringen. Für Adrian, die bereits ihr Fährticket hatte, wurde es dagegen langsam knapp. Das schien sie allerdings nicht wirklich aus der Ruhe zu bringen. Als wir gegen Abend Colonia erreichten, vertrödelte sie eine weitere halbe Stunde mit Souvenirkäufen und verpasste letztendlich ihre Fähre.

Adrian und ich hatten bei unserem Abschied zwar Email-Adressen ausgetauscht, nahmen jedoch in den folgenden Wochen keinen Kontakt miteinander auf. Das lag zum einen daran, dass mir der Zettel mit ihren persönlichen Daten abhandengekommen war – sorry, wer nicht gleich auf meine Facebook-Freundesliste kommt, wird höchstwahrscheinlich nie wieder etwas von mir hören. Zum anderen hatte ich keine Lust, Adrian über meinen Reiseverlauf zu informieren, so dass sie möglicherweise noch auf die Idee kam, sich mir anschließen zu wollen. In Chile liefen wir uns jedoch zufällig noch einmal über den Weg, da wir uns mal wieder für dasselbe Hostel entschieden hatten. Offenbar hatte es mit dem Job in Argentinien nicht geklappt und Adrian war nun schon seit über einer Woche in Santiago, obwohl ihr die Stadt eigentlich gar nicht gefiel. Allerdings hatte die Gute mal wieder keinen Plan, wie es weitergehen sollte und wartete erst mal ab. Natürlich wollte sie wissen, wohin es denn bei mir als nächstes gehen würde und ich bemühte mich, meine Aussagen so allgemein wie möglich zu halten. Ich verbrachte einige Tage in Santiago und versuchte, Adrian aus dem Weg zu gehen. Am Morgen meiner Abreise kam es zu einem weiteren Zwischenfall, der bewies, dass es eine weise Entscheidung war, die gute Frau auf Distanz zu halten. Wir anderen Hostelbewohner saßen gerade beim Frühstück, als Adrian aufgeregt durch die Küche fegte und verkündete, dass man sie über Nacht bestohlen hatte. Angeblich hatte sie ihre Handtasche am Abend wie üblich neben ihr Bett gelegt, als sie am Morgen aufwachte, war diese jedoch nicht mehr da. Reisepass, Kreditkarte, Bargeld – all das war nun wohl verschwunden. Wir Anderen beobachteten schweigend, wie die Polizei anrückte und sämtliche Details zu dem Vorfall in einem Protokoll zusammenfasste. Nachdem die Polizei wieder abgerückt war, begann Adrian Vermutungen darüber anzustellen, wer sich an ihren Sachen vergriffen haben könnte. Ein junger Mexikaner hatte wohl am Vorabend erwähnt, dass ihm so langsam das Geld zum Reisen ausging und wir wüssten ja schließlich alle, dass man diesen Leuten nicht über den Weg trauen konnte. Gut, diese Anschuldigungen gingen nun wirklich etwas zu weit. Ich erklärte Adrian, dass die Tatsache, dass jemand nicht mehr viel Geld hat, diese Person noch lange nicht zum Dieb macht. Schließlich sind wir alle Backpacker und in einem Hostel herrscht grundsätzlich bei der Hälfte der Bewohner Ebbe in der Kasse. Adrian ließ sich jedoch nicht davon abbringen und verdächtigte auch weiterhin diverse Personen. Inzwischen hatte der Hostelbesitzer die Küche betreten. In den Händen hielt er eine Handtasche. Adrians Handtasche! Offensichtlich hatte sie diese am Vorabend nicht wie üblich mit ins Zimmer genommen, sondern im Aufenthaltsraum neben dem Computer liegen lassen.

Als wäre es damit nicht genug, liefen Adrian und ich einige Wochen darauf noch ein drittes Mal ineinander – diesmal in Bolivien. Ich hatte gerade Besuch von meiner Freundin Petra und diese stellte schon nach wenigen Minuten fest, dass Adrian einen Knall hat. Wunderte meine Freundin sich anfangs vielleicht noch darüber, dass ich die meiste Zeit über allein reise, so konnte sie nun zumindest nachvollziehen, warum das so war. Denn wie sagt man so schön: „Besser allein als in schlechter Gesellschaft!"

Auf Reisen eine Begleitung zu finden, ist kein Problem. Viel schwieriger ist es, die Reise ohne Begleitung fortzusetzen. Unterwegs finden mich immer wieder Leute, die krampfhaft auf der Suche nach Anschluss sind und sich so gar nicht vorstellen können, dass mir das Alleinreisen Spaß macht.
Während meiner Reise nach Uruguay lernte ich Pablo kennen. Wir trafen uns auf der Fähre von Buenos Aires nach Colonia und im Gespräch musste ich wohl irgendwie erwähnt haben, in welchem Hostel ich am nächsten Tag in Montevideo einchecken würde. Auch Pablo wollte wissen, warum ich allein unterwegs bin. Ich erklärte ihm, dass ich allein reise, weil es mir so am besten gefällt. Nicht etwa, weil ich ein so schlechter Mensch bin, dass ich unterwegs keine Freunde finde, sondern aus dem einfachen Grund, dass ich es genieße, tun und lassen zu können, was ich will. Diese – meiner Meinung nach – deutliche Aussage hielt Pablo jedoch nicht davon ab, mir nur wenige Minuten später vorzuschlagen, sich mir für die Zeit seines einwöchigen Urlaubs anzuschließen. Klarer Fall für mich: Nichts wie weg von hier!
In Uruguay angekommen, stieg Pablo in den Bus nach Montevideo, ich verbrachte die Nacht in Colonia. Wie gut, dass ich den los war!

Leider dauerte meine Freude nicht allzu lange an. Als ich am nächsten Tag in meinem Hostel in Montevideo ankam, teilte man mir mit, dass ein gewisser Pablo schon zweimal für mich angerufen hatte. Dies wäre wohl der Zeitpunkt gewesen, auf der Stelle umzudrehen und mich auf die Suche nach einem anderen Hostel zu machen, was ich natürlich nicht tat. Stattdessen verbrachte ich einige Stunden mit Sightseeing in der Stadt und hatte Pablo schon bald vergessen. Ich kehrte am späten Nachmittag ins Hostel zurück und hatte es mir gerade mit meinem Tagebuch bequem gemacht, als plötzlich Pablo zur Tür hinein spazierte. Er meinte, dass er schon mehrfach versucht hatte, mich telefonisch zu erreichen, das aber gar nicht so einfach war. Nein, einfach war das nicht, denn ich hatte die Leute an der Rezeption gebeten, sämtlichen Anrufern – es konnte ja nur Pablo sein – zu sagen, dass ich nicht da wäre. Zudem wusste er mir zu berichten, dass es in Montevideo gar nicht so viel zu sehen gab (gut, dann reis doch weiter) und sein Hostel sehr viel gemütlicher als meins war (dann geh am besten ganz schnell wieder dahin zurück). Während Pablo seinen Monolog hielt, versuchte ich, möglichst gelangweilt auszuschauen. Vielleicht würde er ja mitkriegen, dass ich nicht an einem Gespräch interessiert war. Das tat er tatsächlich und meinte, dass er mich nunmehr allein ließe, so dass ich mich meiner Schreiberei widmen könne, er würde jedoch gegen 21 Uhr noch mal vorbeischauen. Ich ging an diesem Abend übrigens schon um acht ins Bett.
Zwei Tage später, mittlerweile im 150 Kilometer weiter östlich gelegenen Punta del Este, liefen Pablo und ich uns dann erneut zufällig (?) in einem Hostel über den Weg. Bei dieser Gelegenheit musste ich mir zunächst einmal Vorwürfe anhören, dass er mich in Montevideo zum Dinner abholen wollte, ich jedoch nicht da gewesen wäre und auch seine daraufhin verfasste Email ignoriert habe. Leider verflog

Pablos Ärger jedoch schnell, witterte er doch eine neue Chance zu gemeinsamen Unternehmungen. Meine Antwort, dass ich lieber mein Tagebuch schreiben würde, versetzte ihn dann aber in erneuten Zorn und ich hatte meine Ruhe. Glücklicherweise reiste Pablo schon bald darauf ab. Einige Tage später erhielt ich jedoch eine weitere Email, in der er mir mitteilte, dass er wirklich gern mehr Zeit mit mir verbracht hätte. Er hatte das Gefühl, dass ich unglücklich und deshalb so in meine Schreiberei vertieft war. Der Gedanke, dass ich einfach keine Lust auf eine Unterhaltung mit ihm hatte, kam ihm offensichtlich nicht. Er gab mir zudem den Tipp, mein Leben lieber zu leben, statt nur darüber zu schreiben. Um dem Ganzen die Krone aufzusetzen, endete seine Mail mit dem Angebot, dass ich ihn jederzeit anrufen könne, wenn ich mich einsam fühlte und mal wieder Sex wollte. Einfach unglaublich!

Alleinreisen hat auch einen kleinen Nachteil: Wahrscheinlich wirst du am Ende deines Trips kaum Reisefotos haben, die dich und die Sehenswürdigkeiten deiner Reiseländer deiner Vorstellung entsprechend zeigen. Die meisten Leute kriegen es nämlich einfach nicht auf die Reihe, sowohl eine Person als auch das Motiv im Hintergrund ins rechte Licht und vor allem ins richtige Verhältnis zu rücken. So besuchte ich zum Beispiel in Argentinien einen Ort in den Anden, in dem es riesige Kakteen gab. Gern hätte ich damals ein Foto von mir neben einer der Pflanzen in ihrer gesamten Größe gehabt. Ich bat diverse Leute, ein solches Foto aufzunehmen, war mit dem Ergebnis jedoch überhaupt nicht zufrieden. Es schaffte wirklich niemand, den gesamten Kaktus ins Bild zu bringen. Meist fehlte die Hälfte der Pflanze, dafür war aber das untere Drittel des Fotos mit dem kargen Untergrund ausgefüllt. Oder der Kaktus war ganz zu sehen, von mir dafür aber nur der Kopf. Nachdem auch die fünfte Person einfach nicht in der Lage war, ein Foto nach meinen

Wünschen aufzunehmen, gab ich schließlich auf. Ähnlich erging es mir in Athen: Wie schön wäre es gewesen, ein Foto von mir vor der Akropolis zu haben. Die Leute, die mich damals fotografierten, konzentrierten sich jedoch ausschließlich darauf, mich ins Bild zu rücken, ohne dem Hintergrund auch nur irgendwelche Beachtung zu schenken. Wenn überhaupt, war die Akropolis allenfalls zur Hälfte im Foto. Ich war damals schon ziemlich wütend. Schließlich musste den anderen Leuten doch einleuchten, dass es mir bei meinen Bildern in erster Linie um die Sehenswürdigkeit ging. Wollte ich Bilder, auf denen ich selbst gut aussah, hätte ich diese wohl nach einer frischen Dusche aufgenommen und nicht nach stundenlangem Durch-die-Stadt-Gelaufe bei Temperaturen um die 40 Grad.

Alleinreisen hat also Vor- und Nachteile, meines Erachtens überwiegen jedoch die positiven Aspekte. Du bist flexibel und kannst tun und lassen, was du willst. Du bist aufgeschlossener gegenüber neuen Bekanntschaften und lernst im Laufe deiner Reise wahrscheinlich viel mehr Leute kennen, als es beim Reisen in Begleitung der Fall wäre. Du bist gezwungen, selbstständig zu handeln und wirst dabei vielleicht unerwartete Stärken in dir entdecken. Nicht zuletzt wirst du deine Reise auch intensiver erleben. Allein zu reisen ist eine einzigartige Erfahrung. Trau dich! Du wirst sehen, dass dein Mut belohnt wird.

V. Reiseplanung

Plane ich meine Reiseroute bis in alle Details oder lasse ich erst einmal alles auf mich zukommen und entscheide dann spontan? Möchte ich flexibel sein, oder gehe ich doch lieber auf Nummer Sicher? Diese Frage stellt sich früher oder später wohl jeder im Rahmen seiner Vorbereitungen. Eine grobe Vorstellung davon, welche Orte du im Laufe der Reise besuchen willst, wirst du wahrscheinlich haben. Spätestens beim Buchen des Fluges musst du dich ja sowieso festlegen, in welchem Ort du ankommen und von wo aus du die Heimreise antreten willst. Aber wie sieht es beispielsweise mit Unterkunft, Tagestouren und Sprachunterricht aus? Schon in Deutschland buchen oder sich vor Ort selbst einen Überblick verschaffen? In diesem Kapitel findest du Tipps, wie du auf Reisen flexibel bleibst, ohne dabei völlig ahnungslos im fremden Land unterwegs zu sein.

1. Wahl des Reisezieles
Wer zum ersten Mal allein auf Reisen geht, sollte möglichst schon das Ziel mit Bedacht wählen. Verfüge ich über Grundkenntnisse der Landessprache oder komme ich im fremden Land zumindest mit Englisch weiter? Wie sieht es mit öffentlichen Verkehrsmitteln aus? Wie stabil ist die innenpolitische Lage und kann ich mich (als Frau) überhaupt sicher allein im Land bewegen? Dies sind nur wenige der Fragen, die du dir bereits beim Planen deiner Reiseroute stellen solltest. Informationen findest du im Reiseführer, in der Tageszeitung und natürlich im Internet.
Gute Einstiegsländer sind etwa Australien und Neuseeland. Die Landessprache ist Englisch und du gelangst fast überall mit dem Bus hin. Üblich ist es auch, ein Auto/Camper zu kaufen/mieten bzw. bei anderen Backpackern mitzufahren. Informationen über Mitfahrgelegenheiten findest du am

schwarzen Brett im Hostel. Jugendherbergen gibt es in Australien und Neuseeland wie Sand am Meer und du triffst überall auf Gleichgesinnte, so dass du schnell eine Reisebegleitung finden wirst.
Wer eine Weltreise plant, sollte darauf achten, mit den bequemen Ländern zu beginnen und sich dann im Schwierigkeitsgrad zu steigern. So ist zum Beispiel das Reisen in Europa einfacher als etwa in Indien. Das Planen unter diesem Gesichtspunkt bietet noch einen weiteren Vorteil: Man vermeidet Enttäuschungen. Bei meinem Trip um die Welt verbrachte ich damals acht Monate in Südamerika und erlebte eine völlig neue Kultur. Als ich im Anschluss daran das Baltikum bereiste, hielt es sich mit meiner Aufregung in Grenzen, denn dort sah alles mehr oder weniger so aus wie bei mir zu Hause auch.

Nicht zu unterschätzen sind Kenntnisse der Landessprache. Mit Englisch kommt man ja fast überall auf der Welt zurecht. Aber eben auch nur fast! So spricht zum Beispiel in weiten Teilen Asiens wirklich niemand Englisch. Diese Erfahrung machte ich unter anderem in Taiwan. Wer kein Mandarin spricht (ich!) und zudem ohne verlässlichen Reiseführer unterwegs ist (nochmals ich!) ist mitunter ziemlich verloren. Die ersten Tage kam ich erstaunlich gut zu Rande. Der englischsprachige Besitzer meines Hostels versorgte mich mit einem Stadtplan und informierte mich über die sehenswerten Orte in Taipeh und Umgebung. Dank Metro fand ich diese auch ohne Probleme. Für den Fall, dass es doch mal etwas komplizierter war, hatte ich eine Liste, auf der die Namen der Sehenswürdigkeiten in Englisch und in chinesischen Schriftzeichen aufgeschrieben waren. Bei Fragen nach dem Weg deutete ich den Einheimischen einfach auf die entsprechenden Zeichen und meist begleiteten die mich dann sogar bis ans Ziel.

Problematisch wurde es erst am dritten Tag. Ich war stundenlang durch die Stadt gelaufen und wollte eigentlich nur noch zurück ins Hostel. An der Metrostation angekommen, musste ich jedoch feststellen, dass keine Bahn mehr fuhr. Der letzte Zug dieser Linie fuhr um 21.30 Uhr und es war bereits 21.35 Uhr. Witzigerweise war ich die letzte Stunde eigentlich nur noch ziellos durch die Gegend gelaufen, um nicht zu früh ins Hostel zurückzukehren und dann dort herumzusitzen. Da meine Unterkunft ziemlich weit entfernt war, beschloss ich, ein Taxi zu nehmen. Ich wusste, dass die Taxifahrer kaum Englisch sprachen. Deshalb entschied ich, mich am Hauptbahnhof absetzen zu lassen und von dort zu Fuß weiterzulaufen. Schließlich war der Bahnhof der zentralste Punkt von ganz Taipeh und ich war davon überzeugt, dem Fahrer schon irgendwie verständlich machen zu können, wohin ich wollte. Ich stieg also ins nächste Taxi und versuchte mein Glück. Gut, „Main Station" verstand der Fahrer schon mal nicht. Auch als ich auf meinem (englischen) Stadtplan auf den Punkt zeigte, an den er mich bringen sollte, erntete ich nur fragende Blicke. Was also tun? Ja, jetzt fiel mir wieder ein, was für Reisen nach Taiwan empfohlen wurde. Nämlich, sich gleich bei der Ankunft von jemandem die Adresse der Unterkunft in chinesischen Schriftzeichen aufschreiben zu lassen. Allerdings nützte mir dieser gut gemeinte Rat jetzt auch nichts mehr. Warum hatte ich auch keinen Stadtplan in chinesischer Sprache dabei? Na ja, zumindest diese Frage konnte ich mir selbst beantworten: Weil ich mit einem solchen unter normalen Umständen sowieso nichts hätte anfangen können! Plötzlich kam mir jedoch eine Idee. Irgendwo hatte ich doch bestimmt noch die Wegbeschreibung zu meinem Hostel. Auf dieser waren einige Straßen aufgezeichnet und die Namen waren sowohl in Englisch als auch Chinesisch abgedruckt. Ich fing an, in meinem Rucksack zu kramen und fand den Zettel

schließlich. Überglücklich zeigte ich diesen dem Fahrer und tippte auf die Stelle, an der sich das Hostel befand. Er nickte nun wissend und setzte das Fahrzeug in Bewegung. Da hatte ich also noch mal Schwein gehabt!
Keine zwei Minuten später drehte sich mein Fahrer allerdings zu mir um und fragte mich etwas. Auf Chinesisch! Ich zuckte die Schultern, lächelte und zeigte erneut auf den Punkt auf meinem Zettel, an dem sich das Hostel befand. Er nickte und wir setzten die Fahrt fort. Dieses Spiel wiederholte sich noch einige Male, was nicht gerade dazu beitrug, dass ich mich besser fühlte. Ich hoffte inständig, dass mein Chauffeur zumindest ungefähr verstanden hatte, wohin ich wollte und mich nicht komplett ans andere Ende der Stadt brachte. Von dort brauchte ich nämlich auch kein Taxi zu nehmen, da der nächste Fahrer mit an Sicherheit grenzender Wahrscheinlichkeit auch kein Englisch verstand. Früher oder später würde ich wohl nicht darum herumkommen, mir den Weg allein mit Hilfe meines Stadtplanes zu erarbeiten. Ich konnte nur hoffen, dass man mich nicht zu weit vom Ziel entfernt aussetzte.
Irgendwann gab mir der Chauffeur zu verstehen, dass ich aussteigen sollte. Ich zahlte, schaute mich um und hatte nicht die leiseste Ahnung, wo ich war. Mit Händen und Füßen versuchte ich, bei ein paar Jugendlichen zu erfragen, wo ich gelandet war. Ich zeigte auch ihnen den Zettel mit der Wegbeschreibung, bezweifelte jedoch, dass sie verstanden, was ich von ihnen wollte. Ich entschied letztlich, erst einmal weiter die Hauptstraße entlangzulaufen. Zu meiner Erleichterung stellte ich schon bald fest, dass ich mich ganz in der Nähe meines Hostels befand. Dort angekommen, ließ ich mir sofort die Adresse auf Chinesisch aufschreiben. Natürlich brauchte ich diese in den folgenden Tagen nicht mehr.

Auch mein Trip durch Osteuropa verlief nicht ganz problemlos. Das Reisen in Estland, Lettland und Litauen hätte einfacher gar nicht sein können. Hier sprach man nicht nur perfekt Englisch, vieles war zudem sogar auf Deutsch ausgeschildert. Auch in Polen traf ich fast überall auf Leute, die mir zumindest bei Fragen nach dem Weg behilflich sein konnten. Das wirkliche Abenteuer begann in der Ukraine. Oder besser: schon auf dem Weg dorthin. Als ich nämlich in Krakau den Bus betrat, musste ich schon mal feststellen, dass die Busfahrer kein einziges Wort Englisch sprachen. Das war für das internationale Beförderungsunternehmen Eurolines eigentlich unüblich. Aber gut, hier sprach man halt nur Polnisch, Russisch, Ukrainisch oder was weiß ich. Angesichts der Tatsache, dass außer mir nur Einheimische an Bord waren, schien das ja auch angemessen. Nachdem es mir gelungen war, mein Gepäck aufzugeben, stieg ich in den Bus. Von mir aus konnte es losgehen, der Zeitpunkt der Abfahrt war ja bereits mehr als fällig. Worauf warteten wir eigentlich noch? Na ja, vielleicht nahm man es hier ja mit der Pünktlichkeit nicht so genau.
Es vergingen weitere zehn Minuten und der Busfahrer rief zum nunmehr dritten Mal einen Namen auf. Wer fehlte denn da noch? Er wiederholte den Namen nochmals und ups, das war ja meiner! Ich gab mich zu erkennen und der Fahrer kam zu mir. Dann begann er, ohne Punkt und Komma auf mich einzureden. Bitte? Was geht? Und vor allem: Geht das auch auf Englisch? Scheinbar nicht! Ich machte ihm deutlich, dass ich nichts verstand, was ihn jedoch nicht zu stören schien. Er redete eifrig weiter. Ein Passagier in der Reihe vor mir fragte, ob ich vielleicht Italienisch sprach, so dass er für mich hätte übersetzen können, ich musste jedoch passen. Russisch wäre da auch noch im Angebot gewesen, bei mir aber leider ebenfalls Fehlanzeige. Letztlich fand sich dann aber jemand, der mir auf Englisch erklärte, was

der Fahrer wollte. Nämlich wissen, wann ich mein Ticket gekauft hatte. Vor etwa zwei Stunden! Daraufhin stürzte er ins Eurolines-Büro, kam jedoch schon wenig später zurück und die Fahrt konnte endlich beginnen. Was das Problem war? Keine Ahnung!
Bis zur Grenze konnte ich die Fahrt erst einmal genießen. Dann stellte sich mir jedoch schon das nächste Problem: Wir mussten Karten für das Touristenvisum ausfüllen und diese waren ausschließlich auf Ukrainisch verfasst. Glücklicherweise half mir hierbei der Italienisch sprechende junge Mann. Wir nutzten dabei Seite 4 meines Reisepasses, auf welcher sämtliche im Pass enthaltenen Angaben in zahlreichen Sprachen aufgelistet sind. Der junge Mann übersetzte die ukrainischen Angaben für sich ins Italienische und suchte diese dann in der Liste, welche nunmehr auch mir Aufschluss darüber gab, wonach gefragt wurde. Das dauerte natürlich eine ganze Weile, es gelang uns aber schließlich, den Zettel auszufüllen.
Wir waren jetzt also in der Ukraine. Ich wusste allerdings nicht, ob ich mich darüber freuen oder eher Angst haben sollte. Von nun an war nämlich alles ausschließlich in kyrillischen Buchstaben ausgeschildert. Zwar hatte ich im Vorfeld eifrig das Alphabet studiert, aber das Gelernte im Vorbeifahren so auf die Schnelle anzuwenden, war eine andere Geschichte. Aber gut, ich hatte es in Taiwan mit den chinesischen Schriftzeichen aufnehmen können, da musste das hier auch irgendwie machbar sein.
Schon bald erreichten wir den Busbahnhof in Lviv und für mich ging es daran, den Weg ins Zentrum zu finden. Schnell fand ich den richtigen Bus und die Fahrt begann. Die Ankunft in einer neuen Stadt ist ja schon unter normalen Umständen nicht ganz einfach. Draußen Straßennamen lesen und versuchen, diese auf dem Stadtplan wiederzufinden. Ist einem dies dann endlich geglückt, wieder der Blick nach draußen.

Wo sind wir denn jetzt schon wieder...? Noch viel mehr Spaß macht das jedoch, wenn die Straßennamen draußen in Kyrillisch vorbeilaufen, man diese erst einmal entschlüsseln muss und dann auch noch versucht, sie auf dem Plan wieder zu finden, bevor der Bus schon wieder ganz woanders ist. Stress pur! Ich überlegte ernsthaft, ob ich lachen oder weinen sollte. Ich entschied mich für die dritte Möglichkeit. Nämlich: Raus aus dem Bus und in aller Ruhe sehen, wo ich war. Jedenfalls noch nicht im Zentrum. Wohl auch noch nicht in der Nähe, denn die umliegenden Straßen schienen nicht zu denen zu gehören, die auf dem Auszug meines Stadtplanes abgedruckt waren. Aber da drüben gab es eine Straßenbahn. Linie 5! Volltreffer! Laut meinem Reiseführer sollte diese nämlich ganz in der Nähe meines Hostels halten. Jetzt galt es nur noch herauszufinden, in welche Richtung ich fahren musste. Ich schrieb den Namen der von mir gesuchten Straße auf einen Zettel, überreichte diesen dem Fahrer und setzte einen fragenden Gesichtsausdruck auf. Sofort redete auch er ununterbrochen auf Ukrainisch auf mich ein. Ich zuckte mit den Schultern und sagte, dass ich nicht verstand. Er fragte daraufhin: „Polski?" Nein, ich kam nicht aus Polen und die Sprache beherrschte ich auch nicht. Ich schüttelte den Kopf und fragte: „Deutsch?" Er verneinte und bot mir nunmehr Italienisch an. Ich schüttelte erneut den Kopf und listete ihm Englisch, Spanisch und Französisch auf. Nein, wir fanden keine Sprache, die wir beide beherrschten. Er gab mir schließlich mit einer Geste zu verstehen, dass ich einsteigen solle und die Fahrkartenverkäuferin lächelte mir ermutigend zu. Ich fühlte mich gleich viel besser. Auch sie fragte mich etwas auf Ukrainisch. Ich erklärte auch ihr, dass ich kein Ukrainisch sprach und zeigte den Zettel mit dem Straßennamen vor. Hoffentlich verstand sie, dass sie mir sagen sollte, wann ich die Bahn verlassen musste. Im Laufe der Fahrt lächelte ich sie immer mal wieder an. So nach dem

Motto: „Ich bin noch da. Bitte sag mir, wo ich raus muss!" Sie erwiderte mein Lächeln und begab sich irgendwann zu einem der anderen Passagiere. Es war offensichtlich, dass die zwei über mich redeten. An der nächsten Haltestelle deutete sie mir an, auszusteigen und nunmehr dem besagten Passagier zu folgen. Ich bedankte mich herzlich und tat, wie mir geheißen. Der ältere Herr führte mich nun also durch die Stadt. Auch er sprach ausschließlich Ukrainisch, so dass wir nicht großartig miteinander kommunizierten. Selbst den Namen meines Hotels – wohlbemerkt ein Englischer – verstand er nicht, brachte mich aber letztlich in die richtige Straße. Ich war ihm unendlich dankbar und versuchte, ihm dies durch Mimik und Gestik deutlich zu machen. Jetzt wollte ich aber erst mal ins Hostel und mich mit internationalen Backpackern umgeben. Mal sehen, ob die Anderen es als ebenso schwierig empfanden, hier herumzureisen.

Auf Gespräche mit Deutschen, Amerikanern oder anderen Reisenden, musste ich an diesem Abend jedoch verzichten. Im Hostel befand sich außer mir lediglich eine ukrainische Schulklasse und von denen sprach ebenfalls niemand Englisch. Aber immerhin gab es Internet, so dass ich meiner Familie daheim von meinem Einstieg in der Ukraine berichten konnte.

Die nächsten zwei Tage verbrachte ich mit Sightseeing und fand mich erstaunlich gut zurecht. Allerdings verbrachte ich wohl mehr Zeit mit dem Entschlüsseln der Straßennamen, als bei den eigentlichen Sehenswürdigkeiten. Kompliziert wurde es erst wieder, als es daran ging, mein Zugticket nach Kiew zu kaufen. Den Bahnhof fand ich ohne Probleme. Aber welcher von den vielen Schaltern war der Richtige? Na ja, ich versuchte es einfach mal auf gut Glück. Die Dame am ersten Schalter schüttelte auf meine Frage „Kiew?" nur den Kopf. Auch beim zweiten Anlauf gab man mir zu verstehen, dass ich falsch war und mich aus dem Staub machen sollte. Die

Dame am dritten Schalter deutete mir wenigstens schon mal in die richtige Richtung, an Schalter Nummer 4 schrie man mich nur an. Jetzt nur nicht aufgeben. Ich schrieb „Kiew" in kyrillischen Buchstaben auf einen Zettel und fügte das von mir gewünschte Datum sowie die etwaige Abfahrtszeit hinzu. Diesen Zettel übergab ich der Dame an Schalter 5 und siehe da, hier schien ich richtig. Sie schrieb mir genaue Abfahrtszeit und Ticketpreis auf, ich nickte, überreichte ihr das Geld und erhielt daraufhin mein Ticket. Und am nächsten Abend stieg ich in den Zug nach Kiew.

Dort angekommen, fiel die Orientierung um einiges leichter. In Kiew gibt es nämlich eine U-Bahn – die wohl beste Erfindung des öffentlichen Nahverkehrs. Ist das nicht toll? Man wählt sein Ziel, sucht sich auf dem Stadtplan die nächst gelegene U-Bahn-Station und wird dann genau dort abgeliefert, wo man hin will. Lästiges Straßennamenlesen draußen entfällt völlig.

Taiwan, die Ukraine und auch Russland – die kompliziertesten Länder, die ich bislang bereist habe. Die Einheimischen sind zwar hilfsbereit, die Herausforderung besteht jedoch darin, ihnen verständlich zu machen, was man will. Wie einfach und bequem ist dagegen das Reisen in Südostasien. In Thailand, Malaysia, Singapur usw. spricht fast jeder ein bisschen Englisch. Geriet ich doch mal an jemanden, der die Sprache nicht beherrschte, so leitete man mich sofort an jemanden weiter, der Englisch sprach und mir dann weiter half. Fragen nach dem Weg erübrigten sich zumeist ohnehin, da die Leute mir scheinbar schon ansahen, dass ich nicht genau wusste, wo ich lang muss und dann von sich aus auf mich zukamen, um mir Auskunft zu geben. Auch das Reisen mit öffentlichen Verkehrsmitteln hätte einfacher nicht sein können. An den Busstationen gibt es ja fast überall einen Schalter, an dem man Informationen erhält. Aber selbst wenn ich zwischen irgendwelchen Dörfern pendelte und den Bus in irgendeiner

Straße abpassen und heranwinken musste, konnte ich mich auf die Hilfe der Einheimischen verlassen. Fragte ich etwa im Stadtzentrum nach dem Weg, so tauchte fast immer ein paar Straßen weiter wieder jemand auf, der bereits wusste, wohin ich wollte und mir weiterhalf.

Leider ist es jedoch nicht immer so einfach, sich unterwegs zurechtzufinden. Dies gilt insbesondere, wenn du in einem Land reist, dessen Sprache du nicht mal ansatzweise sprichst. In der Regel hilft nur eins: Augen zu und durch! Denn: Je größer die Hürden, die du unterwegs von Zeit zu Zeit überwinden musst, umso besser das Gefühl, wenn du die Herausforderung letztlich gemeistert hast.

Befolgst du ein paar einfache Tipps, wirst du dich auch schnell dort zurechtfinden, wo du die Landessprache nicht sprichst:

1. Lerne zumindest einige Worte in der jeweiligen Sprache. Etwa: Guten Tag! Entschuldigen Sie! Danke! sowie: Busstation, Zug, Metro nach... Wie viel kostet...? Ich suche...
2. Wende dich mit Fragen möglichst an junge Leute. Hier ist die Wahrscheinlichkeit am größten, dass sie Englisch sprechen.
3. Besorg dir einen guten und aktuellen Reiseführer, der Stadtpläne, Angaben zu Hostels, öffentlichen Verkehrsmitteln etc. enthält. Je mehr Informationen aus dem Buch hervorgehen, umso weniger wirst du dich mühsam durchfragen müssen.
4. Buche Hostels im Voraus und lass dir eine detaillierte Wegbeschreibung zur Unterkunft schicken.
5. Führe stets etwas zum Schreiben mit dir! Du kannst so etwa am Ticketschalter aufschreiben, wann du wohin willst.

6. Bedient sich die Landessprache eines anderen Alphabets oder etwa chinesischer/japanischer Schriftzeichen, so lass dir die Adresse vom Hostel in diesen aufschreiben. Wenn du Russland, Ukraine oder den Balkan bereist, solltest du dich vorher mit dem kyrillischen Alphabet vertraut machen.

2. Die richtige Reisezeit
Eine entscheidende Rolle spielt auch die Reisezeit. Wenn du dich einmal für ein Ziel entschieden hast, solltest du dich ausführlich über die jeweiligen Gegebenheiten im Reiseland erkundigen. Wann ist die beste Reisezeit? Wann ist Regen- bzw. Trockenzeit? Ist die geplante Route zum Reisezeitpunkt überhaupt passierbar? Willst du zur Hauptsaison reisen, wenn im Ort ordentlich was los ist oder bevorzugst du die ruhigere Nebensaison? Kosten für Unterkunft, Touren etc. variieren in Haupt- und Nebensaison. Die Entscheidung, wann du reist, solltest du also auch mit Blick auf dein Reisebudget treffen. So steigt zum Beispiel der Preis für eine Übernachtung im Hostel in Rio de Janeiro zur Karnevalszeit schnell mal von 15 auf 115 Dollar pro Nacht. Wer touristische Hochburgen zur Hauptreisezeit ansteuert, muss zudem oft schon im Voraus reservieren, was die Spontanität des Reisens einschränkt.

3. Ankunft am Reiseziel: die erste Unterkunft
Niemand möchte in der Fremde aus dem Flugzeug steigen, ohne auch nur die geringste Ahnung zu haben, was als nächstes passieren wird. Mein Rat deshalb: stets im Voraus eine Unterkunft für die ersten Nächte organisieren. Dank Internet und Websites wie www.hostelworld.com und www.hostelbookers.com kannst du dir schon zu Hause einen Überblick über Hostels in aller Welt verschaffen und diese reservieren (siehe auch Unterpunkt „Wo übernachten?“). Mit der Buchungsbestätigung erhältst du eine detaillierte Beschreibung, wie du (ggf. mit Hilfe von öffentlichen

Verkehrsmitteln) vom Flughafen/Busbahnhof zum Hostel kommst. Für diejenigen, die lieber mit dem Taxi fahren möchten, gibt es Infos zu den für die Fahrt üblichen Preisen.
Viele Hostels bieten einen (manchmal kostenlosen) Abholservice vom Flughafen an.

4. Die weitere Reiseroute

Die Planung der weiteren Reiseroute ergibt sich unterwegs von selbst. Gefällt es dir an einem Ort, wirst du wahrscheinlich schon mal länger als ursprünglich geplant bleiben. Lernst du irgendwo tolle Leute kennen, änderst du vielleicht spontan deine Pläne und schließt dich ihnen für eine Weile an. Hin und wieder wirst du auch erst unterwegs von einem Ziel hören, das du nun auch unbedingt in deine Route aufnehmen willst. Woanders langweilst du dich vielleicht schon nach wenigen Stunden und dann geht es eben früher als geplant weiter. Morgens aufwachen und noch keine Ahnung haben, wo man gegen Abend sein wird – eine der vielen Freiheiten, die das unabhängige Reisen mit sich bringt. Mehr als einmal begab ich mich in Südamerika zum Busbahnhof und war fest entschlossen, an einen bestimmten Ort zu reisen, ließ mich dann jedoch von den Einheimischen zu einem anderen Ziel überreden. Im Laufe meiner Weltreise entschied ich erst spontan, auch noch einen Abstecher nach Osteuropa zu machen. Ein Anruf bei der Fluggesellschaft genügte damals und aus geplanten zwei Tagen in Helsinki wurden sieben Wochen – genug Zeit, um von dort durch Russland, Ukraine, Rumänien und das ehemalige Jugoslawien bis nach Griechenland hinunter zu reisen. Und als es dann weiter nach Südostasien ging, gefiel es mir dort so gut, dass ich den letzten Flug meines Round-the-World-Tickets einfach verfallen ließ und erst mal dort blieb.

Gerade am Anfang der Reise empfiehlt es sich, erst einmal etwas länger an ein und demselben Ort zu verweilen und sich langsam an Land und Leute zu gewöhnen. Die ersten Tage in einem neuen Land sind nämlich nicht immer ganz einfach. Das musste ich unter anderem bei meiner Ankunft in Lateinamerika feststellen. Ich kam damals in Mexiko-Stadt an und ließ mich von meinem Hostel am Flughafen abholen. Wie froh war ich, mich nicht erst in gebrochenem Spanisch durchfragen zu müssen. Stattdessen bedurfte es lediglich eines Anrufs und innerhalb von 15 Minuten erschien jemand, um mich zu meiner Unterkunft zu bringen. Schon die Fahrt vom Flughafen zum Hostel war ein Erlebnis. Der Verkehr war das reinste Chaos. Regeln schien es nicht zu geben. Man überholte kreuz und quer, fuhr auch schon mal einige hundert Meter auf der linken Fahrbahn, obwohl in Mexiko eigentlich Rechtsverkehr herrschte und dazu wurde unaufhörlich gehupt. Zudem fuhren wir durch ein paar Stadtviertel, die mit Sicherheit nicht zu den Ungefährlichsten gehörten. Ich hatte jedenfalls erst mal genug gesehen und beschloss, den Rest des Tages im Hostel zu verbringen.
Am folgenden Morgen stand ich in aller Frühe auf, um die Stadt zu erkunden. So richtig wohl fühlte ich mich da draußen jedoch nicht. Ständig pfiffen mir irgendwelche Männer hinterher und die Tatsache, dass mich selbst die Frauen unaufhörlich anstarrten, machte die Sache auch nicht besser. Ich beschloss schon bald, ins Hostel zurückzukehren. Aber wo war das eigentlich? Ich war ziemlich sicher, dass ich mich in der richtigen Straße befand. Aber wie sah noch mal der Eingang aus? Hatte ich wirklich das Haus verlassen, ohne mir auch nur ansatzweise zu merken, wie das Hostel und die umliegenden Gebäude aussahen? Wie konnte ich eigentlich so doof sein?
Glücklicherweise fand ich schließlich doch relativ schnell zurück. Am Nachmittag wollte ich die Pyramiden von

Teotihuacan besuchen. Die Busse dorthin fuhren alle paar Minuten vom Hauptbahnhof ab. Ich zog es allerdings ernsthaft in Erwägung, an einer der überteuerten Touren teilzunehmen, die man bei mir im Hostel anbot. Nach genauerem Darüber-Nachdenken verwarf ich diesen Gedanken dann jedoch wieder. Schließlich hatte ich vor, in den nächsten Monaten bis nach Feuerland hinunter zu reisen, da musste ich mich wohl früher oder später daran gewöhnen, öffentliche Verkehrsmittel zu nutzen. Warum also nicht gleich am ersten Tag damit anfangen?! Ich nahm all meinen Mut zusammen, setzte mir Basecap und Sonnenbrille auf, um meine blonden Haare und die blauen Augen zu verstecken und vermerkte die Wegbeschreibung auf einem kleinen Spickzettel. So ausgestattet begab ich mich zur Busstation. Das richtige Busunternehmen ausfindig zu machen, war kein Problem, denn am Schalter war groß und breit "Teotihuacan" angeschrieben. Auch der Ticketkauf verlief problemlos. Das war es also, wovor ich erst Angst gehabt hatte? Auf der Fahrt lernte ich sogar zwei deutsche Mädels kennen und wir verbrachten den Rest des Nachmittages gemeinsam. Als ich am Abend ins Hostel zurückkehrte, war ich relativ zufrieden mit mir und der Art und Weise, auf die ich meinen ersten Tag in Lateinamerika gemeistert hatte.

Innerhalb der nächsten Tage verlief jedoch nicht immer alles so unkompliziert. Das Reisen in einem Land, in dem man die Sprache nicht ausreichend beherrscht, kann mitunter nämlich ziemlich anstrengen. Zwar hatte ich zwei Monate vor meiner Abreise damit begonnen, Spanisch zu lernen, bei meiner Ankunft hatte ich jedoch echte Probleme, mit den Einheimischen zu kommunizieren. Ich hatte mir die Sprache mit Büchern und CDs im Selbststudium beigebracht und folglich nie gesprochen, sondern lediglich Vokabeln und Grammatik gepaukt. Ich konnte daher Texte

schriftlich ausformulieren und sogar spanische Bücher lesen, die Muttersprachler zu verstehen, bereitete mir jedoch Schwierigkeiten. Jede Frage nach dem Weg kostete mich ziemliche Überwindung und die darauf folgenden Antworten verstand ich meist auch nicht. In den ersten Tagen litt ich stets unter Magenbeschwerden, wenn es mal wieder daran ging, den Ort zu wechseln und sich neu zu orientieren. Zwei Wochen später hatte ich dann die Nase voll und meldete mich in Guatemala zum Spanischunterricht an. Hier konnte ich dann endlich das Wissen anwenden, das ich mir vorher angeeignet hatte, welches jedoch erst aktiviert werden musste. Schon in der ersten Unterrichtsstunde stellte ich fest, dass meine Bemühungen nicht umsonst gewesen waren. Ich verfügte über ein umfangreiches Vokabular und an grammatischen Strukturen war auch Allerhand im Hinterkopf vorhanden. Schon in der ersten Unterrichtsstunde führten meine Lehrerin und ich zusammenhängende Gespräche und ich war von meinen sprachlichen Fähigkeiten selbst überrascht. Scheinbar machte es einen Unterschied, ob ich mit jemandem kommunizierte, der darauf Rücksicht nahm, dass ich Sprachanfänger war und mir genügend Zeit zum Nachdenken ließ oder ob ich mich mit einem nuschelnden Einheimischen unterhielt, der einfach munter drauflos plauderte. Zwei Wochen in der Schule reichten jedoch aus und ich war bereit, es auch mit den Leuten im Bus und in den Straßen aufzunehmen.
Natürlich reiste ich nun viel entspannter. Meinen Reiseführer packte ich oft gar nicht aus. Stattdessen erklärte ich einfach meinem Sitznachbarn, wohin ich wollte und bat ihn, mir zu sagen, wo ich aussteigen musste. Ich hatte plötzlich auch keine Angst mehr davor, einen falschen Bus zu erwischen oder mein Ziel zu verpassen. Passierte das tatsächlich mal, sagte ich dem Fahrer Bescheid und dieser stoppte einen in die entgegengesetzte Richtung fahrenden Bus, welcher

mich dann wieder mit zurück nahm. Wenn doch nur alles so unkompliziert wäre wie der öffentliche Personenverkehr in Lateinamerika.

Auch für den weiteren Reiseverlauf ist es wichtig, dass du dir nicht zu viel vornimmst. Vieles dauert in einem anderen Land länger, als wir es von daheim gewohnt sind. Aus einer vierstündigen Busfahrt werden schnell neun, das Ablegen eines Bootes auf dem Amazonas verschiebt sich schon mal um eine Woche und geplante Touren starten oft auch nicht gleich am nächsten Tag, sondern wenn der Veranstalter genügend Teilnehmer zusammen hat.
Unterwegs gilt es also, öfter mal einen Gang zurück zu schalten. Ich selbst durchlaufe natürlich auch Phasen des Hardcore-Reisens, auf Dauer macht das jedoch keinen Spaß. So blieb zum Beispiel während meines Trips durch Osteuropa wenig Zeit zur Erholung. Von Helsinki bis Athen, fünfzehn Länder innerhalb von sieben Wochen – ich hatte mir damals wirklich ganz schön was vorgenommen. So manches Mal reiste ich mit dem Nachtbus in eine Stadt, gab mein Gepäck dort zur Aufbewahrung ab, verbrachte den Tag mit Sightseeing und reiste dann nachts in den nächsten Ort weiter. Ich sparte so natürlich jede Menge Zeit und auch Geld für Übernachtungen, auf Dauer macht es jedoch keinen Spaß, so zu reisen. Klar hab ich in den paar Wochen eine Menge erlebt und gesehen, mitunter war ich es aber auch leid, ständig durch die Gegend zu hetzen. Als ich im Anschluss daran durch Südostasien reiste, ging ich die Sache deshalb viel entspannter an. Nachdem ich beschlossen hatte, meinen Flug nach Australien verfallen zu lassen und längere Zeit in Thailand, Malaysia, Indonesien und Vietnam zu verbringen, reiste ich ja sozusagen ohne Zeitlimit. Es war toll, vollkommen ungezwungen unterwegs zu sein. In Thailand vergaß man beispielsweise, mich zu

einer Tagestour abzuholen. Kein Problem für mich. Ich blieb einfach länger als geplant und fuhr einen Tag später. Auf meiner Osteuropa-Reise hätte ich in diesem Fall wohl passen müssen. In Malaysia befand ich mich auf dem Weg nach Kuala Lumpur. Im Bus machte ich Bekanntschaft mit zwei Mädchen, die in einer kleinen Stadt Englisch studierten. Die beiden fragten mich, ob ich Lust hätte, mir eine ihrer Vorlesungen anzuhören und ich beschloss, einfach mit auszusteigen. Es dauerte nicht lange und schon hatte man mir die Rolle des Lehrers übertragen. Die Studenten waren überglücklich, ihre bisher nur in der Theorie erworbenen Kenntnisse endlich mal am lebenden Objekt ausprobieren zu können und überredeten mich schließlich, ein paar Tage zu bleiben. Aus ein paar Tagen wurden am Ende fast zwei Wochen. Viele Studenten wohnten unter der Woche in einem Hostel und dort zog auch ich mit ein. Unter der Woche ging ich mit zur Uni oder half den Studenten am Nachmittag bei den Hausaufgaben und diese brachten mir im Gegenzug Grundkenntnisse ihrer Sprache bei. Eine Studentin nahm mich am Wochenende sogar mit zu ihrer Familie nach Hause. Meine zwei Wochen an der Uni stellten sich letztlich als eines meiner schönsten Erlebnisse in Malaysia heraus. Wäre ich damals nicht so völlig ohne Zeitdruck gereist, wäre es wahrscheinlich nie dazu gekommen.

Nimm dir nicht zu viel vor und plane von Anfang so, dass du auch mal längere Zeit am selben Ort verbringst. Es gibt noch einen anderen Grund, warum du diesen Ratschlag beherzigen solltest. Irgendwann gelangt nämlich jeder Backpacker mal an einen Punkt, an dem er es einfach leid ist, ständig von einem Ort zum nächsten zu ziehen. Stundenlang im Bus sitzen, das Gepäck durch die Gegend schleppen, im Hostel einchecken, dann durch die Stadt ziehen und Fotos von den Sehenswürdigkeiten machen, neue Freunde finden und kurze Zeit später wieder verabschieden. Alle zwei bis vier Monate hab ich so meine Phasen, wo ich auf das, was ich eigentlich als aufregendste Sache der Welt betrachte, keine wirkliche Lust mehr habe. So erging es mir beispielsweise in Rio de Janeiro. Da war ich in einer der schönsten Städte auf Erden und es interessierte mich gar nicht richtig. Klar absolvierte ich das touristische Pflichtprogramm und besuchte Zuckerhut, Cristo Redentor Monument und die Copacabana. Abgesehen davon verbrachte ich jedoch mehr Zeit im Hostel als draußen.

Im Laufe einer mehrmonatigen Reise wird es wohl früher oder später jedem einmal so oder ähnlich ergehen. Dieser „Reisekrankheit" lässt sich jedoch vorbeugen, indem du von vornherein auch längere Aufenthalte am selben Ort einplanst. Diese Reisepausen kannst du etwa mit Sprachunterricht oder Freiwilligenarbeit füllen. Oder du planst, einfach mal eine Woche am Strand auszuspannen und gar nichts zu machen. Einfach nur ein Buch lesen statt wieder neue Dinge anzusehen und dich selbst dem Stress auszusetzen, täglich etwas Aufregendes zu erleben. In Ecuador verbrachte ich drei Tage in meinem Hotelzimmer und schaute mir stundenlang DVDs an. Ein schlechtes Gewissen, meinen Aufenthalt in einem anderen Land nicht ausreichend zu Unternehmungen zu nutzen, hatte ich damals nicht. Schließlich hatte ich fast 18 Monate aufs Fernsehen verzichten müssen.

Auch die Lust, neue Leute kennen zu lernen, kann einem im Laufe der Reise schon mal vergehen. Ständig dieselben Fragen beantworten zu müssen: „Woher kommst du?" „Wie lange bist du hier?" „Wohin reist du als nächstes?" Ich frage mich mitunter schon, warum ich ständig irgendwelchen Leuten meine halbe Lebensgeschichte erzählen muss, wenn wir uns schon wenige Stunden später wieder verabschieden und wahrscheinlich nie wieder sehen werden. Manchmal habe ich einfach keine Lust auf ein weiteres oberflächliches

Gespräch, in dem es sich ständig um dieselben Themen dreht, denn letztlich weiß mein Gesprächspartner ja doch nichts von mir und meinem wirklichen Leben. Es kann deshalb durchaus auch vorkommen, dass ich eine Nacht in einem Hostel verbringe, ohne mich dort mit jemandem zu unterhalten. Stattdessen sitze ich einfach still in einer Ecke und vertiefe mich in ein Buch. Was soll's, am nächsten Tag geht es ja eh weiter und es macht keinen Unterschied, ob ich Leute kennen gelernt habe oder nicht. Oder ich verbringe die Nacht gleich im Einzelzimmer in einem preisgünstigen Hotel statt im Hostel, um redseligen Backpackern von vornherein aus dem Weg zu gehen.

Die vielen oberflächlichen Gespräche lassen sich auch vermeiden, indem man einfach längere Zeit am selben Ort bleibt. Ich persönlich finde es toll, mal ein bis zwei Wochen im gleichen Hostel zu wohnen. Die Möglichkeit zu haben, andere Backpacker näher kennen zu lernen und nicht wie sonst alle zwei Tage neue Freunde suchen zu müssen. Abends ins Hostel zurückkehren und dort Leute treffen, die bereits wissen, woher ich komme, wie lange ich reise und wohin es bei mir als nächstes geht, so dass wir uns auch mal tiefgreifenderen Gesprächen widmen können.

Bei der Reiseplanung solltest du auch berücksichtigen, dass es dir vielleicht mal gesundheitlich nicht so gut geht und du gezwungen bist, deine Reise zu unterbrechen. Du solltest deshalb immer extra Zeit für unfreiwillige Pausen einplanen.

In Venezuela zog ich mir eine besonders hartnäckige Magenverstimmung zu. Ich befand mich auf dem Weg aus den Weiten des Orinocco-Deltas zurück in die Zivilisation, als ich bemerkte, dass irgendeine Erkrankung im Anmarsch war. Erste Anzeichen waren Kopfschmerzen, Übelkeit und Schwächegefühl. Kurze Zeit später kamen Durchfall und Erbrechen hinzu. Ich beschloss, meine Reise vorerst zu unterbrechen und nahm mir im nächstgrößeren Ort ein Hotelzimmer – mit eigenem Bad! Ich sagte an der Rezeption Bescheid, dass es mir nicht so gut ging und bat die Angestellten, hin und wieder nach mir zu schauen. Das Personal erwies sich als ausgesprochen freundlich und man bot mir sogar an, Wasser, Lebensmittel oder Medikamente zu besorgen. Ich bedankte mich, lehnte jedoch ab. Mir war zu diesem Zeitpunkt nämlich rein gar nicht danach zumute, meinem Körper Nahrung oder Flüssigkeiten jeglicher Art zuzuführen, da ich ja sowieso nichts lange bei mir behielt. Ich wollte einfach nur ins Bett und schlafen.

Mein Wohlbefinden besserte sich binnen weniger Tage und ich setzte meine Reise schon bald in Richtung Brasilien fort. Leider hatte ich mich jedoch zu früh gefreut. Ich hatte noch nicht einmal die Hälfte der Busfahrt hinter mich gebracht, als ich feststellte, dass ich meine Magenprobleme doch noch nicht vollkommen überwunden hatte. Glücklicherweise gab es im Bus eine Toilette. Unglücklicherweise bestand unsere Route aus so vielen Kurven, dass jeder Toilettengang eine Herausforderung darstellte. Doch damit nicht genug. Wir gerieten zudem in mehrere Kontrollen und mussten unser gesamtes Gepäck vom venezolanischen Militär durchsuchen lassen. Unter normalen Umständen hätte mir wohl der bloße Gedanke daran, dass wildfremde junge Männer in meiner getragenen Unterwäsche herumwühlten, die Schamesröte ins Gesicht getrieben. In diesem Fall war das nicht so, denn ich hatte andere Probleme. Ich musste nämlich schon wieder dringend aufs Klo! Aber das musste erst mal warten, denn die offensichtlich von Langeweile geplagten Soldaten untersuchten meine Tasche bis ins kleinste Detail. Irgendwann konnten wir die Fahrt endlich fortsetzen und es gelang mir sogar, für ein paar Stunden zu schlafen. Am nächsten Morgen kam ich mit dem Brasilianer neben mir ins

Gespräch. Er sprach ein bisschen Spanisch und bot mir an, gemeinsam mit dem Bus ins Zentrum zu fahren, sobald wir unser Ziel erreichten. Des Portugiesischen unkundig, nahm ich sein Angebot natürlich gern an. Vorher wollte er jedoch frühstücken und bestand darauf, mich dazu einzuladen. In mir schrillten sämtliche Alarmglocken, denn in meinem Bauch rebellierte es schon beim bloßen Gedanken ans Essen. Wie froh war ich doch, mich in den letzten Stunden sämtlichen Mageninhaltes entledigt zu haben. Jetzt bloß nichts Neues hinzuführen!

Ich erklärte meinem neuen Freund, dass ich ihn gern ins Restaurant begleiten würde, selbst aber wirklich nicht hungrig war. Es half nichts. Selbst meine Offenbarung, schwere Magenprobleme zu haben, brachte ihn nicht davon ab, mir fettige Empanadas, Eier und frisch gepressten Fruchtsaft zu bestellen. Scheinbar hatte er an alles gedacht, was ich in meinem Zustand wirklich nicht zu mir nehmen sollte. Um seine unwahrscheinlich nette, von mir jedoch äußert unerwünschte Geste nicht zurückzuweisen, quälte ich mir dann letztlich aber doch die Hälfte meines Frühstücks hinein. Was waren schon drei weitere Tage auf dem Klo verglichen mit der Gastfreundschaft eines Einheimischen!

5. Touren, Sprachkurse, Volunteering etc.

Tagestouren sind Bestandteil von fast jedem Trip. Vielleicht hast du auch vor, im Laufe deiner Reise an Sprachkursen teilzunehmen oder Freiwilligenarbeit zu leisten. Schon im Voraus organisieren oder erst vor Ort, was ist die beste Variante? Der folgende Abschnitt wird dir die Entscheidung erleichtern.

a. Touren

Segeln auf den Whitsundays, ein Trip ans Orinocco-Delta oder das Besteigen eines Vulkans – früher oder später kommt wohl auch der unabhängigste Backpacker nicht um das Buchen einer Tour herum. Bisher hab ich das immer erst vor Ort getan. In der Regel ist es am günstigsten, sich an die Reiseagenturen in dem Ort zu wenden, der der Attraktion am nahesten liegt, da du so die Kosten für überteuerten Transport sparst. Je nachdem, wie stark das jeweilige Gebiet von Touristen frequentiert ist, kann es meist schon innerhalb weniger Tage losgehen.

b. Sprachkurse

Wer im fremden Land unterwegs ist und Kultur und Menschen näher kennen lernen will, sollte möglichst über Grundkenntnisse der Sprache verfügen. In Ländern wie Australien, Neuseeland oder den USA ist das in der Regel kein Problem. Das Schulenglisch, das noch irgendwo im Hinterkopf sitzt und etwas Praxis genügen meist schon und ehe du dich versiehst, sprichst du die Sprache fließend. Aber wie sieht es mit anderen Sprachen wie etwa Spanisch oder Portugiesisch aus? Viele Backpacker in Südamerika können zu Beginn ihrer Reise noch nicht auf ein umfassendes Basiswissen zugreifen, sind jedoch gewillt, sich dieses anzueignen. Sprachschulen gibt es in Südamerika in großer Vielzahl. In den meisten Fällen organisieren diese auch Unterkunft inklusive Verpflegung bei einheimischen Familien (sog. Homestay). Eine super Möglichkeit, Land und Kultur besonders intensiv zu erleben und neu Gelerntes sogleich in die Praxis umzusetzen.

Sprachschulen gibt es in jeder größeren Stadt. Informationen findest du im Reiseführer oder im Internet. Das Einschreiben ist unkompliziert. Schau einfach persönlich vorbei und erkundige dich nach Lehrmethoden und Preisen. Gute Sprachschulen zeichnen sich dadurch aus, dass in kleinen Gruppen unterrichtet wird (am effektivsten ist natürlich

Einzelunterricht), neben dem sturen Grammatikpauken ausreichend Zeit zur Konversation verwendet wird und am Nachmittag freie Aktivitäten wie z. B. Salsa-Unterricht oder Ausflüge in die nähere Umgebung sowie die Möglichkeit zur Freiwilligenarbeit angeboten werden. Wenn du eine Schule gefunden hast, die deinen Vorstellungen entspricht, unterschreibst du vor Ort einen Vertrag und kannst meist schon am nächsten Tag mit dem Unterricht anfangen.
Du kannst den Sprachkurs natürlich auch schon von zu Hause aus organisieren. Ich halte dies jedoch zumindest für Südamerika für unnötig. Der Spaß kostet schnell mal das Doppelte bis Dreifache, du musst dich schon im Vorfeld auf Ort und Zeit festlegen und die Qualität der Schule ist ebenfalls Glückssache. Praktischer ist es da, wenn du erst mal ins Land reist und dir dann einen Ort suchst, der dir gefällt und an dem du gern längere Zeit bleiben möchtest. Hast du einen solchen gefunden, kannst du in aller Ruhe verschiedene Schulen vergleichen, bevor du eine endgültige Entscheidung fällst. Oft wirst du unterwegs auch andere Backpacker treffen, die dir von ihren positiven oder negativen Erfahrungen mit der einen oder anderen Schule berichten können.

c. Volunteering

Mit dem Volunteering verhält es sich ähnlich wie mit dem Sprachunterricht. Du organisierst es am besten vor Ort! Es gibt viele Organisationen, die Freiwilligenarbeit – oft in Verbindung mit Sprachunterricht – anbieten. Leider befinden sich unter diesen auch viele schwarze Schafe. Mehr als einmal traf ich unterwegs auf Leute, die im Vorfeld mehrere Tausend Euro gezahlt haben und später mit dem Projekt selbst bzw. der Betreuung vor Ort unzufrieden waren. So berichteten mir zum Beispiel zwei Volontäre in Guatemala, dass sie einen ganzen Kindergarten allein leiten würden. Sie

mussten dabei sämtliche Beschäftigungsprogramme selbst ausarbeiten, Materialien von ihrem eigenen Geld einkaufen und mit Problemen, die sich etwa auf Grund mangelnder Sprachkenntnisse ergaben, standen sie ebenfalls allein da. Einen Ansprechpartner vor Ort gab es nicht. Mit Fragen konnten sie sich lediglich telefonisch an ein Büro in der nächsten Großstadt – ganze 150 Kilometer entfernt – wenden.
In Ecuador traf ich amerikanische Volontäre, die in der Schule von Vertretern einer Organisation aufgesucht worden waren. Diese hielten ihnen einen Vortrag über Armut und Elend in der Dritten Welt und forderten die Schüler dazu auf, etwas zur Verbesserung der Welt beizutragen. Das sah dann folgendermaßen aus: Die Jugendlichen legten 6000 US-Dollar auf den Tisch, um für sechs Wochen nach Ecuador zu fliegen. Dort wurde zwei Wochen lang die Welt verbessert, indem man im Dschungel bei der Errichtung von Hütten für die Einheimischen half. Die restlichen vier Wochen bestanden aus Ausflügen, unter anderem auf die Galapagos-Inseln. Rechnet man mal durch, belaufen sich die tatsächlichen Kosten für Flug und Ausflugsprogramm auf etwa 3000 Dollar. Dem Projekt selbst kommt außer der Arbeitskraft der (ja nicht wirklich dazu qualifizierten) Jugendlichen nichts zugute. Die Organisation verdient also an jedem Teilnehmer grob 3000 Dollar. Ein tolles Geschäft mit dem Weltfrieden!

Wer im Ausland Freiwilligenarbeit leisten will, sollte sich genau überlegen, auf was er sich einlässt und ob sich die Mühe überhaupt lohnt. Fest steht nämlich eines: An Arbeitskräften mangelt es in Entwicklungsländern nicht. Im Gegenteil: Einheimische arbeiten für wenig Geld, haben niedrigere Ansprüche, was den Lebensstandard anbelangt, sprechen die Landessprache fließend und sind an die

Klimaverhältnisse vor Ort gewöhnt. Ein Freiwilliger muss dagegen oft erst angelernt werden und verursacht damit zusätzlichen Aufwand und Kosten. Ein Engagement von lediglich zwei Wochen rechtfertigt wohl kaum den im Vorfeld zu betreibenden Aufwand, besonders wenn dazu extra aus dem Heimatland angereist wird. Wer mit wenigen Tagen Freiwilligenarbeit lediglich sein Gewissen beruhigen will, sollte darüber nachdenken, ob er das an eine Organisation zu zahlende Geld nicht lieber direkt spenden will.

Ein wenig anders verhält es sich mit Angeboten, auf die man unterwegs trifft. Man ist ja bereits im Land und kann sich vor Ort davon überzeugen, ob die Hilfe wirklich etwas bringt. Wer plant, ehrenamtlich zu arbeiten und die Augen offen hält, wird unterwegs auf viele interessante Projekte stoßen. Arbeit in örtlichen Einrichtungen wie Pflegeheimen und Kindergärten, in der Landwirtschaft, Tierpflege, Hilfe beim Hausbau oder Unterrichten – die Möglichkeiten sind grenzenlos. Die Teilnahme erfolgt kostenfrei, manchmal wird sogar freie Unterkunft gewährt. Fachliche Kenntnisse sind für die Mitarbeit in der Regel nicht erforderlich, oft werden jedoch Grundkenntnisse der Landessprache vorausgesetzt. Viele Projekte verlangen zudem, dass man sich für eine bestimmte Mindestzeit verpflichtet.
Wer sich dennoch entscheidet, eine Organisation mit der Verwirklichung seines Projektes zu betrauen, sollte darauf achten, dass es sich um eine Non-Profit-Organisation handelt. Zu leistende Beiträge sollten sich in den vor Ort anfallenden Kosten wie Mahlzeiten und Unterkunft erschöpfen. Warum soll jemand, der auf freiwilliger Basis Fachkenntnisse, Zeit und Energie einsetzt, auch noch dafür zahlen müssen, wenn der Großteil des Geldes es nicht mal bis ins Land selbst schafft.

d. Working Holiday

Für kinderlose deutsche Staatsangehörige im Alter von 18 bis 30/35 Jahren besteht die Möglichkeit, ein Working-Holiday-Visum (WHV) zu beantragen.

Working Holiday (auch „Work and Travel“) bezeichnet ein staatliches Abkommen, welches es jungen Leuten ermöglicht, für längere Zeit ins Ausland zu gehen und sich den Aufenthalt über Nebenjobs zu finanzieren. Working Holidays sind zur Zeit in Australien, Neuseeland, Kanada und Japan möglich. Das WHV wird einmalig auf ein Jahr gewährt. Australien ermöglicht die Verlängerung um ein zweites Jahr, wenn während des ersten Aufenthaltes für mindestens drei Monate in der Landwirtschaft gearbeitet wurde.

Einfach losreisen, ohne vorher viel Geld angespart zu haben bzw. auf die Hilfe der Eltern angewiesen zu sein, selbst entscheiden, wo und wie viel du unterwegs arbeiten willst und dabei Erfahrungen sammeln, die für die spätere Berufslaufbahn von Bedeutung sind – all das ermöglicht ein Working-Holiday-Aufenthalt. Vor der Abreise stellt sich die Frage, ob man den gesamten Ablauf selbst plant oder stattdessen lieber eine Organisation damit beauftragt. Nach meinen Erfahrungen kann man die Dienste, die eine Organisation leistet, auch gut selbstständig realisieren. Einmal vom Reisefieber gepackt, genieße ich persönlich die Vorbereitungen so sehr, dass ich mir diesen Spaß von niemandem in der Welt nehmen ließe. Letztlich muss jedoch jeder für sich entscheiden, womit er sich sicherer fühlt und wie viel Zeit er zur selbstständigen Vorbereitung zur Verfügung hat.

Um die Entscheidung „Organisation oder Eigeninitiative?" zu erleichtern, auf den nächsten Seiten folgt eine Übersicht über die Dienste, die eine Organisation übernimmt:

	Organisation	Eigeninitiative
WHV	Die Beantragung des WHV übernimmt die Organisation.	Das WHV kannst du problemlos selbst über das Internet beantragen. Du gibst sämtliche persönliche Daten einschließlich Passnummer an und erhältst das Visum dann bei der Ankunft im jeweiligen Land.
Flugbuchung	Die Buchung übernimmt die Organisation. In der Regel wird auch der Rückflug bereits gebucht. Flugdaten können auch später noch geändert werden, Zwischenstopps in Asien, den USA etc. sind möglich.	Im Reisebüro oder (meist günstiger) über das Internet. Vorteil: Du musst dich nicht schon im Vorfeld auf einen Rückflug festlegen. Ich entschied z. B. erst während meines Aufenthaltes in Australien, im Anschluss durch Südamerika zu reisen, einige meiner Freunde hängten gleich noch ein Jahr „Work and Travel" in Neuseeland an oder blieben zum Studium in Australien.

Versicherungen	Eine Organisation wird dich in den meisten Fällen beraten, welche Reiseversicherungen notwendig bzw. empfehlenswert sind. Oft wird man dir auch bei der Auswahl eines geeigneten Anbieters behilflich sein.	Mit Hilfe des Internets lassen sich diese Informationen problemlos selbst in Erfahrung bringen. (Nützliche Tipps findest Du auch in Kapitel 7)
Ankunft	Eine Organisation trägt in den meisten Fällen für die ersten zwei Übernachtungen sowie Transfer vom/zum Flughafen zum Hostel Sorge.	Über das Internet kannst du Hostels auch selbst im Voraus buchen. Diese holen dich meist vom Flughafen ab, bei einem Mindestaufenthalt von drei Nächten sogar kostenlos.
Vorbereitung	Organisationen veranstalten vor der Abreise einen Vorbereitungs-Workshop zum Kennenlernen anderer „Working Holiday Maker". Weitere Veranstaltungen dieser Art finden nach Ankunft im fremden Land statt.	Spätestens bei Ankunft im Hostel lernst du sowieso andere „Working Holiday Maker" kennen. Etwa 90% der Leute in meinem Hostel in Sydney waren damals zum Arbeiten dort. Kontakte lassen sich auch im Vorfeld über Internetforen knüpfen.
Jobsuche	Organisationen sind vor Ort bei der Jobsuche behilflich. Oft werden dir zwei Jobangebote zugesichert.	In größeren Städten gibt es eine Reihe von Agenturen, die du unterwegs aufsuchen kannst. Eigeninitiative hat jedoch mehr Aussicht auf Erfolg.

Die meisten Leute, die ich damals in Australien kennen lernte, hatten ihren Aufenthalt damals in Eigeninitiative organisiert. Auf größere Probleme stieß dabei keiner. Generell lässt sich wohl sagen, dass die kompliziertesten Dinge noch vor der Abreise aus Deutschland zu organisieren sind (Versicherungen, Abmeldung bei Krankenkasse, GEZ etc.). Einmal im Ausland angekommen, verläuft alles relativ unproblematisch. Du bist ja nicht allein, sondern triffst überall auf andere Backpacker, die dir mit nützlichen Tipps wie „Wo beantrage ich meine Steuernummer?", „Wie eröffne ich ein Bankkonto?" etc. weiterhelfen werden. Die Tatsache, dass du deine Anliegen in einer anderen Sprache vorbringen musst, mag die Sache zwar wieder erschweren, aber schließlich bist du ja zum Verbessern deiner Sprachkenntnisse ins Ausland gekommen. Warum also nicht gleich am ersten Tag damit anfangen?! Und: Das Gefühl, selbst etwas auf die Beine gestellt zu haben – in einem fremden Land und in einer fremden Sprache – ist letztendlich ein viel besseres, als wenn man andere mit dieser Aufgabe betraut hat.

6. Reisebudget

Zum Reisebudget lassen sich keine allgemein gültigen Aussagen treffen. Wie viel Geld du unterwegs benötigen wirst, hängt in erster Linie davon ab, welche Länder du bereist. Wer durch Europa oder Australien reist, wird insgesamt mehr Geld ausgeben, als Backpacker in Südamerika oder Südostasien, wobei es aber auch hier zum Teil große Preisunterschiede zwischen den einzelnen Ländern gibt. Wie du auch in teureren Ländern Kosten einsparen kannst, verraten dir meine Spartipps:

1. Durch Nachtfahrten mit Bus und Bahn lässt sich nicht nur Zeit, sondern auf Dauer auch viel Geld sparen. Bahnhöfe und Flughäfen bieten weitere kostenlose

Übernachtungsmöglichkeiten. In Südafrika traf ich mal ein Mädchen, das über eine Woche in Johannesburg auf dem Flughafen „wohnte". Ihre Sachen hatte sie damals in einem Schließfach verstaut und fuhr dann tagsüber stets mit dem Bus ins Zentrum. Oft ist der Transport vom Zentrum zum Flughafen jedoch so teuer, dass man stattdessen auch für ein Bett im Hostel zahlen kann. Bei Flügen in den frühen Morgenstunden begebe ich mich regelmäßig bereits abends zum Flughafen und verbringe die Nacht dort. So spare ich nicht nur das Geld fürs Hostel, sondern auch die Kosten für ein Taxi, da öffentliche Verkehrsmittel oft erst nach 6 Uhr operieren. Das Übernachten im Flughafen ist in der Regel sicher, auf Grund der Klimaanlagen ist es mitunter jedoch relativ kühl. Zu beachten ist zudem, dass einige Flughäfen nachts für einige Stunden schließen. Mehr Informationen zum Übernachten in Flughäfen findet ihr unter www.sleepinginairports.com

2. Mehr Luxus kostet mehr. Ein Hotelzimmer mit Klimaanlage und eigenem Bad kostet mehr als ein Zimmer mit Ventilator und Gemeinschaftstoilette. Auch auf Bus- und Bahnfahrten lässt sich Geld sparen, indem man auf bequeme Liegesitze, Klimaanlage und die Toilette an Bord verzichtet.

3. In Europa, Australien und Neuseeland ist es teuer, auswärts zu essen. Stattdessen lieber Lebensmittel im Supermarkt kaufen und die Mahlzeiten mit anderen Backpackern gemeinsam zubereiten. In Südostasien und Südamerika kann man dagegen überall günstig in den Straßen und Märkten essen. In weiter abgelegenen Gebieten und auf Inseln sind die Preise für Lebensmittel oft sehr viel höher. Die Essensvorräte deshalb besser schon in größeren Städten aufstocken und so viel wie möglich mit hin nehmen.

4. Kleidung per Hand reinigen statt in die Wäscherei zu geben. In Europa verlangen Hostels nicht selten 10 Euro und mehr für den Reinigungsservice. Ich verbrachte damals viel Zeit

damit, meine Kleidung heimlich im Hostel-Waschbecken zu waschen, sparte dabei aber ungemein.

5. Gewöhne dir gleich zu Anfang an, mit öffentlichen Verkehrsmitteln von Flughafen und Bus-/Bahnstation ins Zentrum zu fahren. Für die Fahrt mit Metro, Bus oder Minibus zahlst du lediglich einen Bruchteil dessen, was für eine Taxifahrt an Kosten anfallen würde. Zudem kennt derjenige, der neu irgendwo ankommt, meist noch nicht die gängigen Taxipreise. Nicht selten nutzen Fahrer die Unkenntnisse der Neuankömmlinge aus und verlangen das Doppelte oder Dreifache des eigentlichen Fahrpreises.

Meine Faustregel für unterwegs: Orientiere dich stets an dem, was die Einheimischen tun. Die müssen ja schließlich wissen, wie und wo es am günstigsten ist.

Nichtsdestotrotz gelangt wahrscheinlich jeder einmal an den Punkt, wo er das Reisebudget einfach mal für einen Augenblick vergisst und sich selbst etwas Gutes tun will. Du hast den ganzen Tag im Bus gesessen und kommst müde und erschöpft an deinem Ziel an. Jetzt auch noch mit öffentlichen Verkehrsmitteln ins Zentrum fahren und dort die Suche nach deinem Hostel fortsetzen? Nein, du gönnst dir stattdessen ausnahmsweise den Luxus eines Taxis und lässt dich bis vor die Haustür bringen. Oder du hast mal wieder eine schlaflose Nacht verbracht, weil das halbe Hostel die Nacht durchgefeiert und dich mit lauter Musik und ständigem Ins-Zimmer-rein-und-raus-Gerenne wach gehalten hat. Zum krönenden Abschluss hatten dann auch noch zwei deiner Zimmergenossen Sex im Doppelstockbett über dir. Am Morgen steht für dich fest, dass du die kommende Nacht in einem Einzelzimmer in einem netten kleinen Hotel verbringen wirst. Die Übernachtung kostet dort zwar mehr als das Bett im Hostel, das ist es dir jedoch wert.

Selbst der sparsamste Backpacker wird sich also hin und wieder mal selbst ein wenig verwöhnen wollen. Mein Tipp deshalb: von vornherein Geld für gelegentliche Extra-Ausgaben einplanen.

7. Wo übernachten?
Du solltest dir schon vor der Abreise eine ungefähre Vorstellung davon machen, wo du unterwegs übernachten willst. Wirst du überwiegend in Hostels und billigen Hotels einkehren oder planst du zu campen und nimmst das eigene Zelt mit? Für diejenigen, die längere Zeit an ein und demselben Ort bleiben, lohnt es sich eventuell auch, ein WG-Zimmer oder ein kleines Apartment anzumieten. Im folgenden Abschnitt erhältst du einen Überblick über die verschiedenen Unterbringungsmöglichkeiten auf Reisen.

a. Hostel
Die bei Backpackern wohl beliebteste Variante. Hostels sind speziell auf Budget-Reisende zugeschnittene Gasthäuser, in denen man kein Zimmer, sondern nur ein Bett bucht. Durch qualitativ sehr einfache Unterbringung in Mehrbettzimmern (sog. Dorms) können die Betreiber auch in Stadtzentren und anderen touristischen Schwerpunktgebieten günstige Preise anbieten. Sanitäre Einrichtungen werden in der Regel gemeinschaftlich genutzt. Die meisten Hostels gestatten es ihren Gästen, Gemeinschaftseinrichtungen wie Küche, Fernsehsaal etc. zu nutzen.
Gerade für Alleinreisende empfiehlt sich die Übernachtung im Dorm, viele Hostels verfügen aber auch über Einzel- oder Doppelzimmer. Einige Hostels in Südamerika bieten zudem als kostengünstigste Variante das Schlafen in der Hängematte an. Ich selbst übernachte sehr gern in einer solchen, wer jedoch am liebsten auf dem Bauch schläft oder unter Rückenproblemen leidet, wird sich wahrscheinlich lieber für ein Bett entscheiden.

Und wie finde ich denn nun ein geeignetes Hostel? Websites wie www.hostelworld.com und www.hostelbookers.com informieren über Hostels in den verschiedenen Ländern weltweit. Neben den Preisen für die unterschiedlichen Zimmer (Dorm, Einzel-/Doppelzimmer) erfährst du hier auch, welche zusätzlichen Annehmlichkeiten dem Gast geboten werden. Spricht das Personal Englisch? Kannst du dich umsonst/gegen Bezahlung vom Flughafen/Bahnhof abholen lassen? Ist ein Frühstück im Preis enthalten? Gibt es eine Küche, Internet, Waschmaschinen etc.?
Hast du dich einmal für ein Hostel entschieden, so kannst du dieses online reservieren. Hierfür benötigst du eine Kreditkarte und es wird eine Anzahlung von 10% fällig. Wenn du deine Pläne später änderst, kannst du die Reservierung auch wieder stornieren. Die Anzahlung wird jedoch nicht zurückerstattet. Verschiebt sich deine Ankunft lediglich um ein paar Tage, so teilst du dies einfach dem Hostel direkt mit. Meine Erfahrungen mit der Online-Reservierung waren bisher ausschließlich positiv. Gerade in der Hochsaison und am Wochenende buche ich meine Unterkunft oft schon einige Tage im Voraus. Das Reservieren empfiehlt sich auch, wenn du erst am Abend am Ziel ankommst, da sich preisgünstige Quartiere im Laufe des Tages schnell füllen.

Wer sich für die Übernachtung im Hostel entscheidet, wird hier in jedem Fall auf Gleichgesinnte treffen. Ein paar Minuten in der Küche genügen meist und schon ergibt sich ein Gespräch. „Woher kommst du?", „Wohin reist du?", „Wo warst du schon?" sind nur einige der Fragen, die man im Hostel ständig stellt und beantwortet. Es gibt wohl keinen besseren Ort, um neue Leute kennenzulernen. Zudem erhältst du zahlreiche Informationen, was es in der Stadt zu erleben gibt und welche anderen Orte du unbedingt besuchen solltest. Wer Ausflüge in die Umgebung plant und auf der

Suche nach einer Begleitung ist, wird im Hostel ebenfalls schnell Anschluss finden.

Zu Beginn meines Australien-Aufenthaltes entschied auch ich mich, vorerst in ein Hostel zu ziehen. Bei meiner Ankunft in Sydney wusste ich schließlich noch nicht, wie viel Zeit ich in der Stadt verbringen würde. Für den Fall, dass ich länger blieb, wollte ich mir dann jedoch vor Ort ein Zimmer in einer WG suchen. Ursprünglich nur als Übergangslösung geplant, lebte ich letztendlich ganze sechs Monate im Hostel und teilte mir mit fünf anderen Mädels ein Zimmer. In Australien ist es gar nicht ungewöhnlich, über längere Zeit in einem Hostel zu wohnen. Das ist nämlich nicht nur die kostengünstigste Variante, es ist auch bequem, dass Einrichtungsgegenstände wie Geschirr, Mikrowelle, Fernseher usw. bereits vorhanden sind. Wer will schon großartig neues Zeug anschaffen, wenn er nur für ein paar Wochen oder Monate an einem Ort ist? Zudem ist man im Hostel nie einsam und findet immer jemanden zum Reden. Wir waren damals etwa zwanzig Leute, die in Sydney arbeiteten und auf unbestimmte Zeit im Hostel wohnten – eben wie eine große Familie. Wir feierten gemeinsam Weihnachten und Geburtstage, fuhren am Wochenende zusammen an den Strand und halfen uns gegenseitig bei Problemen. Nie hätte ich es da übers Herz gebracht, in eine eigene Wohnung zu ziehen.

b. Hotels

Wer sich im Laufe seiner Reise einmal nach Privatsphäre sehnt, wird sich wahrscheinlich früher oder später in einem preisgünstigen Hotel wiederfinden. Hotels findest du in jeder größeren Stadt. In kleineren, weniger stark von Touristen besuchten Orten ist die Übernachtung im Hotel oft sogar die einzige Möglichkeit, da es hier nur selten Hostels gibt.

Hotels, Residenciales, Posadas, Hospetajes etc. gibt es in Lateinamerika in allen Varianten. Einzel- oder Doppelzimmer, mit eigenem oder Gemeinschaftsbad, TV etc. Im Gegensatz zum klassischen Hostel sind diese Unterkünfte eher auf einheimische Reisende zugeschnitten. Nicht selten ist die Übernachtung im eigenen Zimmer sogar günstiger als das Bett im auf internationale Backpacker ausgerichteten Hostel. Doppelzimmer kosten oft wenig mehr oder gar dasselbe wie ein Einzelzimmer – zu zweit reisen ist daher billiger.
Wer in den USA mit mehreren Personen mit eigenem Fahrzeug unterwegs ist, findet überall günstige Motels. Für 50 Dollar erhältst du oft ein Zimmer mit zwei Queen-Size-Betten, Bad und TV – Schlafplatz für vier Personen, wenn ihr euch nicht an der Tatsache stört, im Doppelbett mit nur einer Decke zu schlafen. Für die Übernachtung im Hostel-Dorm fallen dagegen mindestens 20 Dollar pro Kopf an. Allerdings liegen die Hostels in der Regel in den Stadtzentren, während Motels ohne fahrbaren Untersatz kaum zu erreichen sind.
In Europa, Australien und Neuseeland ist es relativ schwierig, günstige Hotels oder Pensionen zu finden. Das Hostel stellt hier wohl die kostengünstigste Variante dar.
In Asien findet man überall günstige Unterkünfte. Die Übernachtung im klassischen Hostel bietet sich eigentlich nur in Großstädten an. Im Übrigen erhältst du überall preisgünstige Einzel-/Doppelzimmer in Hotels und Pensionen.

c. Camping

Die wohl preiswerteste Variante des Übernachtens ist das Zelten. Länder wie Australien und Neuseeland eignen sich hierfür hervorragend – allerdings nur, wenn du einen fahrbaren Untersatz zur Verfügung hast. Öffentliche Verkehrsmittel

gibt es nämlich nur in größeren Städten, die Campingplätze liegen jedoch meist weit außerhalb. Auf Grund der Weite des Landes bietet Australien viele Gelegenheiten zum „Wild"-Campen. Gerade an der Westküste gibt es unzählige Strände, die fürs Zelten wie geschaffen sind.
In vielen Hostels in Südafrika besteht als Alternative zur Übernachtung im Dorm die Möglichkeit, auf dem Hof zu zelten. Meiner Meinung nach die idealste Variante zu übernachten: Du kannst die Gemeinschaftseinrichtungen wie Bad, Küche, Fernsehraum etc. nutzen und triffst in jedem Fall auf Gleichgesinnte. Andererseits wohnst du aber doch irgendwie in deinen eigenen vier Wänden und kannst dich nach Lust und Laune mit deinem Zeug breitmachen, ohne auf andere Dorm-Bewohner Rücksicht nehmen zu müssen. Zudem beträgt der Preis für die Übernachtung im Zelt auch nur die Hälfte dessen, was für eine Nacht im Dorm an Kosten anfallen würde. Einziger Nachteil: Du musst das Zelt mit dir herumschleppen. Ich rate übrigens dringend davon ab, in Südafrika „wild" zu campen. Zwei Studentinnen meiner Universität parkten ihr Auto damals einfach auf einem unbewachten Parkplatz, um dort ein paar Stunden zu schlafen. Eine Leichtsinnigkeit, die den beiden zum Verhängnis wurde. In der Nacht kamen nämlich drei Männer, schlugen die Fenster des Wagens ein und vergewaltigten die Mädchen einer nach dem anderen. Um Risiken dieser Art zu umgehen, planten meine Freundin Petra und ich bei unserem Südafrika-Trip stets so, dass wir noch vor Sonnenuntergang an unserem Tagesziel ankamen und uns genügend Zeit blieb, vor Einbruch der Dunkelheit ein Hostel ausfindig zu machen.

Statt mit Zelt und Auto kannst du auch im Camper reisen. Gerade in Australien und Neuseeland kannst du Camper in allen Ausstattungen und Preisklassen kaufen oder mieten.

Wer einen Camper mietet, zahlt zwar mehr als für einen PKW, reist jedoch auch bequemer. Der Camper lässt sich binnen Sekunden vom Fahrzeug in ein Schlafquartier umfunktionieren und du musst nicht erst bei Dunkelheit anfangen, dein Zelt aufzubauen. Zudem genießt du größeren Schutz bei Kälte und Unwetter und dein Hab und Gut ist besser gegen Diebstahl geschützt.

d. Homestay

Eine tolle Möglichkeit, Land und Leute kennen zu lernen, ist die Unterbringung in einer Gastfamilie. So genannte Homestays werden in der Regel in Verbindung mit Sprachkursen angeboten, können aber auch privat organisiert werden. Gerade in abgelegeneren Gebieten sind Einheimische oft bereit, gegen Bezahlung einen Schlafplatz in ihrem eigenen Heim zur Verfügung zu stellen und ihren Gast zu bekochen. Um eine Unterkunft dieser Art zu finden, musst du meist einfach nur bei jemandem an der Tür klingeln und fragen. In Touristenhochburgen wird man dich dagegen oft schon bei der Ankunft am Busbahnhof empfangen und du hast dann die Möglichkeit, einen Preis auszuhandeln.

In Nicaragua hatte ich das unbeschreibliche Glück, einen Homestay der besonderen Art zu machen. Ich hatte eigentlich vor, das Weihnachtsfest in Costa Rica zu verbringen. Bei meiner Ankunft musste ich jedoch feststellen, dass bereits alle Unterkünfte ausgebucht waren. Über das Internet erfuhr ich, dass es in Granada/Nicaragua noch freie Plätze im Hostel gab. Die Rückkehr nach Nicaragua bedeutete zwar, dass ich noch mal fünf Stunden zurückfahren musste, allerdings war ich bereit, diese Mühen auf mich zu nehmen. Ich wollte nämlich unbedingt in einem Hostel unterkommen und so sicherstellen, dass ich Weihnachten in Gesellschaft und nicht irgendwo allein im Hotel verbrachte. Das Hostel, das ich mir in Granada ausgesucht hatte, kannte ich bereits und es hatte mir dort gut gefallen.

Ich machte mich also auf den Weg zurück nach Nicaragua. An der Grenze angekommen, stelle ich fest, dass es keine besonders gute Idee war, diese so kurz vor den Feiertagen zu überqueren. Wir schrieben den 23. Dezember und offenbar hatte halb Costa Rica vor, Weihnachten im Nachbarland zu verbringen. Ich reihte mich in die Schlange ein und wartete. Es dauerte nicht lange und ich hatte mindestens noch dreimal so viele Leute hinter mir, wie bereits vor mir standen. Nun sollte man annehmen, dass die Grenzbeamten angesichts der wartenden Menschenmenge vielleicht etwas schneller als sonst arbeiten würden. Irrtum! Eine Stunde später hatte ich mich kaum von der Stelle bewegt. Dies lag zum einen daran, dass Frühstückszeit war. Zum anderen war das darauf zurückzuführen, dass ständig Leute ihre mit 20-Dollar-Scheinen gespickten Pässe an der Schlange vorbei ins Büro reichten und damit natürlich bevorzugt behandelt wurden.

Vier weitere Stunden später hatte ich meine Hoffnung, Granada noch am selben Tag zu erreichen, bereits aufgegeben. Aber wenigstens waren die letzten Stunden nicht langweilig. Ich war nämlich mit Carlos, einem Familienvater aus Granada, ins Gespräch vertieft. Von ihm erfuhr ich allerhand über das Leben in Mittelamerika. Er erzählte mir, dass es sich bei den Wartenden zumeist um Staatsbürger Nicaraguas handelte. Da Costa Rica nämlich wirtschaftlich sehr viel stärker als sein Nachbarland ist, arbeiten viele Bewohner Nicaraguas das Jahr über dort und kehren nur hin und wieder zu ihren Familien nach Hause zurück. Wie zum Beispiel heute!

Als Carlos hörte, dass ich wie er nach Granada wollte, bot er mir an, mich im Auto mitzunehmen und direkt beim Hostel abzusetzen. Freudig nahm ich sein Angebot an. Gegen 16

Uhr hatten wir endlich den Stempel im Pass und es dauerte eine weitere halbe Stunde, bis auch die Formalien mit dem Auto erledigt waren. Dann konnte es endlich losgehen.
Auf dem Weg erkundigte sich Carlos, wie ich das bevorstehende Weihnachtsfest verbringen würde. Ich erzählte ihm, dass ich ein Hostel reserviert hatte und hoffte, dort auf nette Leute zu treffen. Carlos meinte, dass ich Weihnachten nicht mit wildfremden Menschen verbringen sollte und lud mich spontan ein, die nächsten Tage mit ihm und seiner Familie zu verbringen. So würde ich meine Lieben zu Hause nicht ganz so vermissen und zudem gab es keine bessere Art, die Traditionen und Bräuche des Landes kennen zu lernen. Damit hatte er natürlich Recht und ich war seinem Angebot auch nicht abgeneigt, wollte mich allerdings nicht einfach so bei ihm und seiner Familie einnisten. Schon gar nicht zu Weihnachten. Das Fest feierte man schließlich in der Familie und außerdem hatte ich ja auch schon ein Hostel reserviert. Dies erklärte ich Carlos und er meinte, dass er mich natürlich zu meinem Hostel bringen würde, wenn ich es so wünschte, sein Angebot jedoch nach wie vor stehen würde.
In meinem Hostel angekommen, musste ich erfahren, dass mit meiner Buchung wohl etwas schief gelaufen war. Es wusste dort nämlich niemand etwas von meiner Ankunft und für die nächsten Tage waren sämtliche Betten ausgebucht. Carlos meinte, dass das wohl ein Zeichen wäre, denn nun blieb mir ja gar nichts anderes übrig, als mit ihm zu kommen und das Fest im Kreise seiner Familie zu feiern. Er schien hierüber überglücklich. Da es ihm wohl tatsächlich nichts ausmachte, einfach so jemand Fremdes mit zu sich nach Hause zu bringen, nahm ich sein Angebot schließlich an. Als wir bei Carlos zu Haus ankamen, stellte er mich zunächst seiner Frau vor. Sie schien über den mitgebrachten Besuch erfreut und als sie von der verpatzten Reservierung hörte,

lud sie mich ebenfalls ein, das Fest mit ihnen zu verbringen. Schnell richtete man in einem Hinterzimmer ein Bett für mich her und ich konnte mich nun erst einmal von dem ereignisreichen Tag erholen.
Am nächsten Morgen besorgte ich in aller Frühe kleine Geschenke für Carlos, seine Frau und die drei bezaubernden Kinder. Nachmittags gingen wir gemeinsam in die Kirche und abends gab es Tamales, das traditionelle Weihnachtsessen. Wir erzählten viele Stunden, spielten Karten und genossen das Zusammensein. Ich verbrachte eines meiner schönsten Weihnachtsfeste fern meiner Heimat und war einfach überwältigt von der Freundlichkeit und Aufgeschlossenheit der Menschen. Tausende von Meilen entfernt von meiner eigenen Familie hatte ich Leute gefunden, die mir das Gefühl gaben, zu Hause zu sein und dazuzugehören.

e. Couchsurfing
Im Internet gibt es eine Homepage, auf der Leute aus aller Welt Reisenden einen Platz zum Schlafen anbieten können. Die Unterbringung erfolgt bei den Teilnehmern zu Hause, neben Übernachtungsmöglichkeiten werden auch andere Dienste wie etwa persönliche Treffen angeboten. Um am Couchsurfing teilzunehmen, musst du dich lediglich unter www.couchsurfing.com registrieren und kannst dann mit Personen von überall in der Welt in Kontakt treten. Es empfiehlt sich, rechtzeitig mit der Couchsuche zu beginnen. Besonders Großstädte sind bei Couchsurfern gefragt und es ist nicht immer einfach, hier einen Schlafplatz zu finden. Das Couchsurfen ist kostenlos, es ist jedoch üblich, für den Gastgeber mitzukochen, falls du dessen Küche nutzt. Im Anschluss an den Aufenthalt bewerten sich die Teilnehmer gegenseitig. Diese Bewertungen sind auf der Profilseite des jeweiligen Mitgliedes sichtbar, so dass künftige Couchsurfer eine ungefähre Vorstellung davon haben, was sie erwartet.

8. Wie fortbewegen?
Bus und Bahn oder doch lieber der eigene PKW/Mietwagen? Welches Transportmittel unterwegs das Geeignetste ist, hängt neben den persönlichen Vorlieben auch vom Reiseland ab.

a. Flugzeug
Die schnellste Möglichkeit, sich unterwegs fortzubewegen. Flüge können fast überall im Reisebüro vor Ort bzw. online gebucht werden. Preise variieren stark. Nachteil: Man sieht nicht wirklich etwas vom Land.

b. Öffentliche Verkehrsmittel
Die zumindest für Alleinreisende kostengünstigste Variante. Verfügbarkeit und Qualität des öffentlichen Personenverkehrs unterscheiden sich in den verschiedenen Teilen der Erde stark.
Das Busnetz in Lateinamerika ist perfekt ausgebaut. Busse fahren in jeden auch noch so abgelegenen Winkel, Straßenzustand und Qualität der Fahrzeuge variieren jedoch von Land zu Land. Sehr bequem reist es sich im sogenannten Coche-Cama, bei dem sich der Sitz in ein Bett umwandeln lässt, allerdings ist die Fahrt hierin fast doppelt so teuer wie im normalen Bus. Kürzere Strecken werden alternativ auch oft von Minibussen und Sammeltaxis angesteuert. Bahntransport ist weniger verbreitet. Öffentliche Verkehrsmittel sind zuverlässig und billig (1 bis 5 Dollar pro Stunde Fahrt).
In Südafrika verbinden Busunternehmen wie Greyhound und Intercape größere Städte sowie die übrigen Länder des südlichen Afrikas miteinander. Wer in kleinere Orte jenseits der Highways, Nationalparks etc. will, benötigt jedoch ein eigenes Fahrzeug. Öffentlicher Transport in den übrigen Teilen Afrikas ist sehr unbequem und

unzuverlässig. In der Regel gibt es auf Langstrecken nur einen Bus pro Tag, der in den frühen Morgenstunden abfährt. Mitgenommen werden so viele Personen, wir nur irgendwie in den Bus passen. Gerade zur Regenzeit sind Pannen und stundenlanges Warten an der Tagesordnung.

In Australien operieren Greyhound und andere Busunternehmen landesweit. Kleinere Orte oder Nationalparks erreicht man mit diesen aber nicht. Angeboten werden Streckenpässe, die das Reisen entlang einer bestimmten Route mit beliebig vielen Stopps innerhalb eines bestimmten Zeitraumes ermöglichen. Dabei kannst du jedoch stets nur in eine Richtung reisen, Routenänderungen sind gar nicht möglich. Flexibler bist du mit einem (etwas teureren) Kilometerpass. Du kaufst im Voraus eine bestimmte Anzahl von Kilometern und es steht dir für die gesamte Reisedauer frei, Route oder Richtung zu ändern. Einige Teile des Landes können auch mit der Bahn erreicht werden.

In Europa kannst du zwischen Bus und Bahn wählen. Entscheidest du dich, überwiegend mit der Bahn zu reisen, macht es unter Umständen Sinn, einen Bahnpass zu erwerben. Dieser ermöglicht es dir, sämtliche Bahnstrecken innerhalb bestimmter Länder binnen eines bestimmten Zeitraumes zu nutzen.

Reist du dagegen mit dem Bus, ist das oft billiger, aber auch unbequemer.

In Südostasien reist man preiswert und bequem. Egal ob Bus oder Bahn, du kannst in der Regel zwischen drei verschiedenen Klassen wählen. 1. Klasse bietet absoluten Luxus, die 2. Klasse steht dem im Komfort jedoch kaum nach. Wer sich für die 3. Klasse entscheidet, reist wie die Einheimischen – nicht die bequemste, aber mit Sicherheit die interessanteste Variante.

In fast allen Ländern lassen sich größere Distanzen bequem im Nachtbus zurücklegen. Das spart Zeit und Geld. Drei Amerikaner berichteten mir einmal, dass sie mehrere Tage lang mit dem Zug von Oslo nach Hamburg und wieder zurück gereist waren, nur um ihre Alkoholvorräte aufzustocken. Sie besaßen nämlich einen Monatspass für die Bahn, so dass die Fahrt sie nichts zusätzlich kostete und sie zudem das Geld für ein paar Nächte im Hostel sparten.

In vielen Ländern gibt es neben den öffentlichen Verkehrsmitteln einen speziellen Minibus-Service für Touristen. Das Ganze ist bequem, da man in der Regel nicht umsteigen muss, sondern direkt von einem touristischen Ort zum Nächsten gebracht wird. Zudem spart man oft auch Zeit. In Lateinamerika kostet der Spaß allerdings schnell mal das Dreifache von dem, was für die Fahrt im normalen Bus anfallen würde. Natürlich wird der Service hier ausschließlich von Touristen in Anspruch genommen. Ich selbst reiste damals ausschließlich in öffentlichen Verkehrsmitteln. Warum hätte ich mir auch sechs Stunden lang das Genörgel unzufriedener Urlauber anhören sollen, wenn ich stattdessen mit gutgelaunten Latinos bei spanischer Musik aus dem Radio reisen konnte.
In Asien kostet der Minibus-Service oft nicht viel mehr als öffentliche Verkehrsmittel und wird auch von den Einheimischen in Anspruch genommen. Als ich damals in Thailand von Phuket an die malaysische Grenze reiste, entschied ich mich aus Gewohnheit für den normalen Bus, war letztendlich jedoch einige Stunden länger unterwegs und zahlte sogar geringfügig mehr. Allerdings lernte ich auf der Fahrt so viele interessante Leute kennen, wie es im Minibus bestimmt nicht der Fall gewesen wäre. Ein muslimischer Religionslehrer, ein lokaler Reiseführer, der mich mit Tipps für sämtliche Länder Südostasiens ausstattete und zwei junge

Frauen aus Malaysia, mit denen ich abends gemeinsam in ein Hotel eincheckte und zum Karaoke-Singen ausging.

c. Auto

Länder wie Australien, Neuseeland und Südafrika (Achtung: Linksverkehr!) sowie USA und Kanada lassen sich am besten mit dem eigenen Fahrzeug erkunden. Die Straßen befinden sich in gutem Zustand, das Verkehrsaufkommen ist gering und Benzin ist um einiges günstiger als in Europa. Zudem kannst du auch abgelegene Ecken und Winkel des Landes erreichen und bist von Bus- und Bahnfahrplänen unabhängig.
Auch das Reisen im Camper erfreut sich großer Beliebtheit, tagsüber fahrbarer Untersatz und nachts Schlafquartier. Man fährt durchs Land und hält unterwegs einfach dort, wo es einem gefällt. Das Gefühl von Freiheit könnte größer wohl nicht sein.

Ob du ein Fahrzeug mietest oder dich für den Kauf entscheidest, hängt von mehreren Faktoren ab:
- Wie lange bist du unterwegs?
- Wieviel Geld willst du ausgeben? Im Idealfall verkaufst du das Auto am Ende des Auslandsaufenthaltes wieder, eventuell sogar mit Gewinn. Im ungünstigsten Fall entpuppt sich das Gefährt als Schrotthaufen und es fallen zusätzliche Kosten für Reparaturen an.
- Reist du allein oder mit Freunden?

Wenn du dich entscheidest, einen Wagen mit einer anderen Person gemeinsam zu kaufen, solltet ihr vorher Fragen klären wie: Was passiert, wenn sich eure Wege bereits vorzeitig trennen? Verkauft ihr das gemeinsame Fahrzeug wieder oder zahlt einer den Anderen aus? Wer mit anderen Leuten zusammen ein Auto mietet, sollte sich über die Möglichkeit einer vorzeitigen Rückgabe erkundigen.

Was den Kauf eines eigenen Autos anbelangt, machte ich in Südafrika schlechte Erfahrungen. Ich kaufte damals einen acht Jahre alten Fiat Uno. Gebrauchtwagen sind in Südafrika teuer und bei dem besagten Objekt handelte es sich um ein echtes Schnäppchen. Nun lautet ja bereits das Sprichwort „Wer billig kauft, kauft zweimal“ und diese Weisheit bestätigte sich einmal mehr, mit dem Unterschied, dass das Auto trotz allem nicht wirklich billig war und mir die Lust auf den Kauf eines zweiten Wagens nach all den Scherereien auch gehörig vergangen war. Aber ich will die Geschichte von vorn erzählen.

Ich besaß mein neues Gefährt noch keine zwei Wochen, da sollte es auch schon der ersten Bewährungsprobe unterstellt werden. Ich plante, in den Semesterferien mit meinen Kommilitonen Daniel, Christiane und Monique nach Namibia zu reisen. Zu viert würde es im kleinen Uno zwar relativ eng werden und wir zogen es zuerst in Erwägung, einen Wagen zu mieten, verwarfen diesen Plan jedoch schnell wieder. Wozu hatte ich schließlich ein Auto gekauft? Meine innere Stimme gab mir zwar kurzzeitig zu verstehen, lieber nicht mein Auto zur Verfügung zu stellen und somit sämtliche Risiken allein zu tragen, aus irgendeinem Grund ignorierte ich sie aber. Nun hatte ich schon so viel Geld für meinen fahrbaren Untersatz ausgegeben, da wollte ich ihn auch nutzen und mich nicht noch in weitere Unkosten für einen Mietwagen stürzen.
Schon am darauf folgenden Freitag ging es pünktlich um 7 Uhr in der Frühe los. Unter vollem Körpereinsatz gelang es uns letztlich, vier Reisetaschen im winzigen Kofferraum zu verstauen und es konnte losgehen. Wir befanden uns schon bald auf der scheinbar endlosen Straße nach Windhoek. Weit und breit keine anderen Autos, links und rechts von uns nichts als Landschaft, die mit jeder Minute schöner zu werden schien.

Irgendwann hielten wir zum Tanken. Hier erlitt ich bereits den ersten Schock. Aus dem Auto lief unten das Benzin heraus, als hätte jemand einen Wasserhahn aufgedreht. Scheinbar hatte der Tankwart das Knacken der Zapfsäule ignoriert und einfach weitergetankt. Das überschüssige Benzin lief nun an der Tanköffnung vorbei und unten wieder heraus. Okay, das konnte mal passieren und außer, dass ich fast einen Herzinfarkt erlitten hatte, war ja auch nichts geschehen. Wir setzten unsere Fahrt fort und erreichten schon bald unser Tagesziel. Nachdem wir in der von uns reservierten Lodge eingecheckt hatten, fuhren wir erneut zur Tankstelle, um am nächsten Morgen Zeit zu sparen. Diesmal erklärte ich dem Tankwart von vornherein, dass er doch bitte beim ersten Knacken aufhören solle, noch weiteres Benzin in den Tank zu füllen. Voll ist voll. Da er mich ein wenig verwundert ansah, erzählte ich ihm die ja mittlerweile lustige Geschichte von unserer letzten Tankung, über die er herzlich lachte. Während er sich noch immer köstlich amüsierte, sah ich, dass das Benzin schon wieder aus dem Unteren meines Wagens lief. Das durfte doch wohl nicht wahr sein! Wie dumm konnte der Typ eigentlich sein? Hatte ich ihn nicht eben gerade noch darauf hingewiesen, dass er mit dem Betanken rechtzeitig stoppen sollte? Wenn das nun irgendjemandem passieren würde, aber doch nicht den Leuten, die tagein tagaus nichts anderes taten, als Tanks zu füllen. Mit Müh und Not gelang es mir schließlich, meinen Ärger herunterzuschlucken. Der Abend war einfach traumhaft. Wir befanden uns mitten in der Wüste Namibias und die Umgebung hätte kaum schöner sein können. Wir saßen am idyllischen Orange River und sahen zu, wie der Sonnenuntergang den Himmel langsam violett färbte. Später erschienen tausende von funkelnden Sternen am Himmelszelt. Einfach Wahnsinn.
Am nächsten Morgen ging es in der Frühe weiter, da wir bis Windhoek noch ein ganz schönes Stückchen Fahrt vor uns

hatten. Allerdings wurden wir schon beim Verlassen des Gasthofs darauf aufmerksam gemacht, dass einer unserer Reifen platt war. Daniel entdeckte auch schnell das Loch. Es hieß also, alles Gepäck wieder aus dem Auto zu laden, um das Reserverad auszupacken und anzumontieren. Wie gut, dass wir einen Mann dabei hatten. An der Tankstelle ließen wir das Loch im kaputten Reifen flicken. Dies geschah binnen weniger Sekunden durch Hineinstecken eines winzigen Gummi-Pfropfens. Wir staunten nicht schlecht und hofften inständig, dass wir diesen Reifen nicht mehr brauchten. Dann ging es los. Unterwegs hielten wir des Öfteren an, um die Reifen zu kontrollieren. Scheinbar war alles in Ordnung. Circa 350 Kilometer vor Windhoek passierte es dann aber: Das Auto fing an zu schlingern und ich konnte das Lenkrad kaum noch halten. Ich bremste scharf und es gelang mir letztlich, den Wagen zum Stillstand zu bringen, ohne dabei von der Fahrbahn abzukommen. Beim Aussteigen sahen wir, was passiert war. Der rechte Hinterreifen war völlig weggebrannt. Das rechte Rücklicht hatte es ebenfalls weggerissen und die Stoßstange hing auch nur noch auf halb acht. Während ich mich zunächst an den Straßenrand setzte, um mich von dem Schock zu erholen, räumten die anderen drei den Kofferraum erneut aus, um das geflickte Reserverad auszupacken. Kaum hatten sie es aufgezogen, machte es jedoch „Pssssssst" und der Gummi-Pfropfen war auf und davon. Okay, nun hatten wir definitiv ein Problem. Der letzte Ort (Ort bedeutet etwa zehn bis zwanzig Häuser) lag 180 Kilometer entfernt und bis zum nächsten waren es noch etwa 90. Unsere Handys funktionierten hier in der Wüste natürlich auch nicht, so dass wir darauf angewiesen waren, irgendwelche Leute auf den Straßen anzuhalten. Viele kamen nicht entlang, allerdings hielt so gut wie jeder an. Das half uns jedoch auch nicht weiter. Die meisten Leute verstanden kein Englisch und wussten auch sonst nicht, was man in solch einer Situation machen konnte. Einen Pannendienst gab es jedenfalls nicht. Man konnte uns einzig und allein anbieten, einen von uns mit dem Reifen in die nächste Stadt mitzunehmen, um ihn dort flicken zu lassen und dann wieder zurückzutrampen. Es bedarf wohl keiner ausdrücklichen Erwähnung, dass wir von dieser Idee nicht sonderlich begeistert waren. Schließlich handelte es sich bei den Vorbeikommenden fast ausschließlich um Schwarze und in den letzten Wochen in Südafrika hatte man uns eindringlich belehrt, diesen nie zu vertrauen. Letztlich versprach uns ein weißer Südafrikaner, im nächsten Ort Bescheid zu sagen und Hilfe zu schicken. Schon nach 20 Minuten war der freundliche Mann jedoch selbst wieder bei uns und meinte, dass es nur 15 Kilometer weiter eine Tankstelle gab und man uns dort helfen könnte. Es solle einfach einer von uns mit dem Reifen mitkommen. Aber wer sollte das sein? Daniel mit zur Tanke fahren lassen und ohne Mann beim Auto zu bleiben, war wahrscheinlich keine gute Idee. Aber es war ebenso ausgeschlossen, dass eine von uns Frauen allein mitfuhr. Letztlich entschieden wir, dass Monique und ich uns um den Reifen kümmern würden. Christiane und Daniel sollten indessen beim Auto bleiben und dieses „bewachen".

Wir fuhren also mit Neil, so hieß der hilfsbereite Mann, in den nächsten Ort. Dort schilderten wir den Angestellten das Problem. Ich hatte allerdings nicht den Eindruck, dass sie verstanden, was wir von ihnen wollten. Neil versicherte mir jedoch, dass man uns helfen würde. Er wollte sogar warten, bis das Problem behoben war und uns dann zurück zu den Anderen fahren. Mir fiel ein Stein vom Herzen. Die Angestellten waren nun aber erst einmal verschwunden. Auch nach einer knappen Stunde war von ihnen noch nichts zu sehen. So langsam wurde ich ungeduldig. Als ich Neil fragte, was denn nun wäre, meinte dieser nur: „Relax!" Man

würde uns zwar helfen, aber eben nicht sofort. Es war gerade Mittagszeit und hier dauerte eben alles seine Zeit. Ich erklärte Neil, dass ich aus Deutschland kam und nicht so einfach entspannen konnte, da bei uns immer alles hektisch verlief, woraufhin er nur gelassen meinte, dass ich diesmal wohl keine andere Wahl hätte. Schließlich sei ich ja auf fremde Hilfe angewiesen und es bliebe mir nichts Anderes übrig, als mich in Geduld zu üben. Ich sah ein, dass er Recht hatte, setzte mich zu ihm in den Schatten und relaxte.
Irgendwann tauchten die Angestellten wieder auf. Was dann geschah, strapazierte meine Nerven bis aufs Äußerste. Um den Reifen von der Felge zu lösen, fuhren sie nämlich mit ihrem Jeep auf diesem herum. Wirklich kein schöner Anblick, vor allem wenn man berücksichtigte, dass wir mit genau diesem Reifen noch 90 Kilometer fahren mussten. Aber Neil beruhigte mich erneut und erklärte mir, dass alles gut würde und man hier schon wisse, was man täte. Nachdem die Männer den Reifen von der Felge gelöst hatten, reparierten sie diesen mit Flickzeug für Fahrradreifen und zogen ihn dann wieder auf die Felge. Was als nächstes passierte, war mir wirklich äußerst unangenehm. Neil bezahlte das Ganze nämlich und weigerte sich auf Teufel komm raus, sich das Geld von uns wiedergeben zu lassen. Mir standen die Tränen in den Augen, so gerührt war ich von seiner Hilfsbereitschaft. Neil erklärte uns, dass er vor einiger Zeit in einer ähnlichen Situation steckte und sich noch gut erinnere, wie froh er war, als man ihm damals half. Zudem hatte er selbst Kinder, denen dies ebenso gut hätte passieren können. Er brachte uns zurück zu meinem Auto und half, den „neuen" Reifen aufzuziehen. Beim Abschied gab er uns seine Telefonnummer und Adresse. Er wohnte ganz in der Nähe von Stellenbosch und meinte, dass wir ruhig mal zum Grillen vorbeikommen sollten. Das hatten wir natürlich nicht vor, aber nun konnten wir zumindest ein Geschenk als Dankeschön besorgen und vorbeibringen.

Für uns ging es nun also weiter nach Mariental, und zwar mit 30 Stundenkilometern. Unterwegs wurden wir von etlichen Lastern überholt. Als wir endlich im Ort ankamen, fragten wir an der Tankstelle nach, wo wir Ersatzreifen bekommen konnten und der Kassierer zeigte uns den Weg. Bei der Werkstatt angekommen, war diese natürlich geschlossen. Logisch, es war Samstagnachmittag. Ein Einheimischer erklärt uns, dass es 160 Rand kostete, den Werkstattbesitzer kommen zu lassen und gab uns eine Telefonnummer. Wir fuhren also zurück zur Tankstelle und tauschten Geld zum Telefonieren. Zwar konnte man in Namibia überall mit südafrikanischen Rand zahlen, die Telefone akzeptierten aber nur namibianische Dollar. Zurück in der Telefonzelle musste ich allerdings feststellen, dass es hier nur Kartentelefone gab. Gut, danach hätte ich ja auch vorher schon mal gucken können. Also ging ich ein drittes Mal in die Tankstelle, um von hier aus anzurufen. Wenig später trafen wir uns mit dem Besitzer der Werkstatt. Die passenden Reifen hatte er leider nicht vorrätig, konnte uns aber an einen Kollegen weiterleiten. Natürlich war auch der an einem Samstag nicht an seinem Arbeitsplatz anzutreffen und wir fanden auch hier eine Telefonnummer an die Tür geheftet. Also ging es wieder zurück zum Telefonieren in die Tankstelle. Schon am Telefon erfuhren wir, dass man hier die richtigen Reifen vorrätig hatte. Ich freute mich, denn damit schienen ja nun alle Probleme gelöst. Mit neuen Reifen konnten wir die Fahrt am nächsten Tag in aller Ruhe fortsetzen.
Oder auch nicht, denn auf dem Weg zur Werkstatt passierte das nächste Unglück. Es gab einen lauten Knall und der Kühler schäumte so stark über, dass sich letztlich kaum noch Wasser in ihm befand. Damit nicht genug: Die Verschlusskappe flog so weit, dass wir sie selbst mit vier Leuten nicht mehr wiederfanden. Das nannte ich doch mal Urlaub!

Für 800 Rand erhielten wir schließlich zwei neue Reifen plus einen Flaschendeckel (!) als Verschluss für den Kühler. Ich bezweifelte jedoch, dass Letzterer zum Druckausgleich in der Lage war. Für diesen Tag hatten wir aber erst mal genug. Wir wollten nur noch in ein Hotel und die Geschehnisse vom Tag vergessen. Ich ließ es mir nicht nehmen, auch noch ein fünftes Mal zu dem Typen von der Tanke zu gehen und mir eine günstige Unterkunft empfehlen zu lassen. Und siehe da, er hatte einen super Tipp für uns: ein Vier-Bett-Zimmer mit Frühstück und Pool für gerade mal 100 Rand pro Person. Dort ließen wir den Tag mit ein paar Runden im Pool ausklingen und hatten den Stress des Tages schon bald vergessen.
Der nächste Tag begann mit einem tollen Frühstück: Toast, Rührei, Kaffee, Cornflakes. Aber je näher unsere Abreise rückte, umso übler wurde mir. Als es losgehen sollte, wusste ich auch warum: Das Auto wollte erst gar nicht anspringen und als Daniel es schließlich zu Gange brachte, klang es überhaupt nicht gut. Im Zimmer neben uns wohnte eine Südafrikanerin, die ebenfalls Probleme mit ihrem Fahrzeug hatte, es war jedoch jemand unterwegs, um sich ihr Auto anzuschauen. Wir beschlossen, zu warten und meinen Wagen durchchecken zu lassen. Als der Mechaniker sich diesen wenig später ansah, meinte er jedoch, dass alles in Ordnung sei. Also machten wir uns auf den Weg Richtung Windhoek. Wir fuhren ganz langsam, denn schließlich hatten wir ja nur den Deckel von der Wasserflasche auf dem Kühler. Aber es waren ja zum Glück nur noch 250 Kilometer. In Windhoek angekommen, fanden wir schnell eine nette Pension. Zu unserer Überraschung sprach man hier perfekt deutsch, Namibia war nämlich einst eine deutsche Kolonie. Unsere Vermieterin empfahl mir einen Automechaniker und ich rief diesen auch gleich an. Er versprach mir, sich den Wagen am nächsten Morgen anzusehen. Für den Nachmittag

reservierten wir einen Mietwagen, mit dem wir für einige Tage an die Küste fahren wollten.
Am folgenden Morgen stand ich als Erste auf, denn zwischen 6.30 und 7 Uhr wollte der Typ wegen dem Auto kommen. Als er auch um halb acht noch nicht aufgetaucht war, beschloss ich, ihn anzurufen. Er meinte, ich solle ihm noch eine Stunde geben, dann wäre er da. Gut, dann konnte ich ja noch einmal zurück ins Bett gehen. Gegen halb 9 erschien er dann tatsächlich und versprach, sich während unserer Abwesenheit um das Auto zu kümmern. Ich solle einfach die Schlüssel bei den Vermietern hinterlegen und er würde sich das Auto am Nachmittag holen.
Gegen halb 12 wurden wir von einem Angestellten der Mietwagenfirma von der Pension abgeholt. Nachdem alle Formalitäten erledigt waren, konnten wir endlich in den Urlaub starten. Unser Weg führte uns über 400 Kilometer Schotterpiste durch die Berge. Es fühlte sich an, als würde man die ganze Zeit auf Rollsplitt fahren, da der Wagen stets von einer Straßenseite zur anderen schlingerte. Daniel, der das Steuer übernommen hatte, hatte sichtlich seinen Spaß. Sechs Stunden später sah das allerdings anders aus. Ich hielt mich jedoch im Hintergrund und genoss einfach nur die Landschaft. Die war nämlich traumhaft. Irgendwie war das Ganze aber auch furchteinflößend, denn links und rechts von uns befand sich nichts als tiefer Abgrund. Wenn hier etwas passierte, würde es wahrscheinlich Tage dauern, bis jemand zur Hilfe kam. Gegen Abend erreichten wir Walvisbay. Schnell fanden wir eine Unterkunft und Angst brauchten wir in dieser Nacht auch nicht zu haben, da auf dem Hof mehrere mit Schlagstöcken bewaffnete Nachtwächter herumliefen. Abends kochten wir und spielten Rommé. Unser erster sorgenfreier Urlaubstag.
Auch am nächsten Tag ließen wir es uns gut gehen. Vormittags machten wir eine Bootstour, auf der es unter

anderem Delfine, Kormorane und Seerobben zu sehen gab. Einige der Robben kamen sogar auf das Boot und ließen sich anfassen oder machten verschiedene Tricks im Wasser. Es war schon beeindruckend, wie Mensch und Tier hier zusammenarbeiteten. Dazu die Delfine, die neben dem Boot her schwammen und immer wieder in die Luft sprangen. Hier schien es wirklich noch fast unberührte Natur zu geben. Nachmittags kletterten wir auf die nahe gelegenen Dünen und machten weitere tolle Fotos. Namibia gefiel mir super. Wir genossen noch ein paar weitere Tage das unbeschwerte Leben, schließlich war es jedoch an der Zeit, die Rückreise nach Windhoek anzutreten. Zurück in der Pension, erfuhren wir die erste schlechte Nachricht: Der Automechaniker hatte sich nicht mehr gemeldet. Der Vermieter konnte uns jedoch binnen kürzester Zeit einen Deckel für den Kühler besorgen. Zudem gab er mir die Adresse einer anderen Werkstatt und wir fuhren dort gleich vorbei. Wir waren noch nicht ganz angekommen, da schäumte auch schon wieder der Kühler über. Als man sich in der Werkstatt den Motor ansah, sagte man uns, dass es sich hier um ein komplexeres Problem handelte, das sich so auf die Schnelle nicht beheben ließ. Es würde wohl mindestens 5 Tage dauern, das für die Reparatur erforderliche Ersatzteil zu besorgen und dieses sollte um die 500 Euro kosten. Spätestens an diesem Punkt stand für mich fest, dass ich mich von dem Auto trennen würde. Fünf Tage in Windhoek warten oder mit einer zweiten Person eine Woche später auf meine Kosten hierher zurückkehren und das Auto nach Südafrika zurückfahren? Nein, den Nerv hatte ich nicht. Dann lieber 2000 Euro als Lehrgeld abschreiben, das Auto loswerden und die ganze Angelegenheit schnellstmöglich vergessen. Meine Stimmung hatte jedoch den Nullpunkt erreicht. Am liebsten hätte ich alles hingeschmissen und die Heimreise nach Deutschland angetreten. Abends telefonierte ich mit meiner Mutter. Sie hörte sofort, dass irgendwas nicht

stimmte. Sie meinte jedoch, ich solle den Kopf nicht hängen lassen, da es im Leben halt immer Höhen und Tiefen gäbe. Nach zwei schönen Monaten in Südafrika hätte ich jetzt halt einmal einen dieser Tiefpunkte erreicht, es würde jedoch bestimmt bald wieder bergauf gehen. Und siehe da, nach dem Telefonat ging es mir tatsächlich besser.
Am nächsten Morgen gab es auch schon den ersten Lichtblick. Ich unterhielt mich mit der Vermieterin unserer Pension. Am Vorabend hatte ich ihr von meinen Plänen, das Auto in Namibia zu verkaufen, erzählt. Sie meinte nun, dass sie mit ihrem Mann gesprochen hatte und die beiden bereit wären, mir den Wagen abzukaufen. Sie wollten mir dafür die Hälfte dessen geben, was ich damals bezahlt hatte. Erleichtert stimmte ich zu. Ich wollte die Schrottkiste einfach nur noch loswerden und zwar so schnell wie möglich. Aus den Augen, aus dem Sinn! Wir vereinbarten, dass ich in Südafrika alles Notwendige veranlassen und die Papiere nach Namibia schicken würde. Das Geld würden sie mir dann auf mein deutsches Konto überweisen.
Als nächstes ging es für uns ins Reisebüro, da wir mit dem Bus zurück nach Südafrika fahren wollten. Wir hatten Glück und bekamen noch Tickets für denselben Abend. Den Rest des Tages verbrachten wir mit Sightseeing. Wir besuchten jede noch so uninteressante Sehenswürdigkeit von Windhoek und machten zahlreiche Fotos. Gegen 5 Uhr holten wir unsere Sachen aus der Pension und fuhren mit dem Taxi zur Bushaltestelle. Das Taxi war sogar noch klappriger als mein eigenes Auto. Da der Kofferraum mit unseren Unmengen von Gepäck nicht mehr zuging, blieb er einfach offen. Wie gut, dass meine Reisetasche unten lag.
Eine Stunde später verließen wir dann mit Greyhound Windhoek und ich kann nicht sagen, dass ich darüber traurig war.

Ja, der Kauf eines eigenen Wagens bringt immer ein gewisses Risiko mit sich. In Australien war ich schlauer und mietete von Anfang an ein Fahrzeug. Ohne Hindernisse verlief jedoch auch dieser Trip nicht.
Während meines Jahres in Down Under wollte ich es mir natürlich nicht entgehen lassen, mir das Land in all seiner Vielfalt anzusehen. Schon in Sydney schloss ich Freundschaft mit zwei Schwedinnen, die in etwa dieselben Reisepläne wie ich hatten. Wir beschlossen, gemeinsam einen Camper zu mieten und mit diesem den Kontinent zu erkunden. Wir trafen uns damals in Adelaide und nahmen dort unser Fahrzeug in Empfang. Die Reise konnte also beginnen. Perth, die Westküste, Darwin, Ayers Rock und zum Abschluss Cairns. Mit 15.000 Kilometern innerhalb von sechs Wochen hatten wir uns ganz schön was vorgenommen, laut unserem Reiseplan war die Route aber durchaus machbar.
Um Zeit zu gewinnen, beschlossen wir, die Strecke von Adelaide bis nach Perth schnellstmöglich zurückzulegen. Mit anderen Worten: Wir wollten auch nachts fahren. Immerhin waren wir ja drei Fahrerinnen, so dass stets eine von uns im hinteren Bereich schlafen konnte, während die anderen beiden fuhren bzw. den Fahrer mit Gesprächen wach hielten.
Wir waren den ganzen Tag gefahren und ein Blick auf die Uhr verriet mir, dass es kurz nach Mitternacht war. Ich hatte die letzten Stunden tief und fest geschlafen und war nun ausgeruht und bereit, das Steuer zu übernehmen. Emma und Idha, meine beiden Weggefährtinnen, erklärten mir jedoch, dass ich ruhig weiterschlafen könne, da wir ziemlich bald eine unfreiwillige Pause einlegen würden. Unser Tank war so gut wie leer. Die rote Lampe leuchtete wohl bereits seit den letzten 80 Kilometern. Angeblich schlossen hier im Outback wohl über Nacht die Tankstellen und die beiden hatten es versäumt, den Tank rechtzeitig zu füllen.

Wir beschlossen, den Rest der Nacht etwas entfernt von der Straße zu schlafen und am nächsten Morgen eine Lösung für unser Problem zu finden.
Am Morgen machten wir uns gleich nach Sonnenaufgang auf die Weiterreise. Es dauerte keine fünf Minuten und das Fahrzeug kam zum Stillstand. Jetzt hieß es also, auf fremde Hilfe hoffen! Die wenigen Autos, die vorbeikamen, hielten zwar an, mit einem Reservekanister mit Benzin konnte uns jedoch niemand weiterhelfen. Ein Truckfahrer bot uns schließlich an, eine von uns bis zur nächsten Tankstelle – immerhin noch weitere 70 Kilometer entfernt – mitzunehmen. Die Entscheidung fiel auf mich. Schlimm fand ich den Zwischenfall übrigens überhaupt nicht. Im Gegenteil, ich freute mich auf das Erlebnis, einmal im Leben in einem der riesigen Trucks durchs australische Outback zu fahren. An der Tankstelle lieh man mir einen Kanister und ich fuhr dann in einem in die entgegengesetzte Richtung fahrenden Truck wieder zurück. Wir füllten den Tank mit Hilfe eines aus einer aufgeschnittenen Wasserflasche gebastelten Trichters und konnten unsere Reise wenig später fortsetzen. Der Vorfall hatte uns in unserem Zeitplan zwar um Stunden zurückgeworfen, aber dafür hatten wir schon mal eine witzige Geschichte zu erzählen. Und am ersten Tag konnte so etwas ja auch mal passieren, da lernten wir schließlich noch. Merke also: Ein Auto benötigt zum Fahren Benzin!
Auf Nachtfahrten verzichteten wir an diesem Tag und füllten den Tank bei jeder Gelegenheit, sprich: alle 150 Kilometer. Man konnte ja nie wissen!
Am dritten Tag näherten wir uns dann endlich Perth. Höchste Zeit, denn das linke Vorderrad gab ziemlich komische Laute von sich. Wie gut, dass wir sowieso vorhatten, bei der Zweigstelle unseres Autovermieters vorbeizusehen und das Fahrzeug dort überprüfen zu lassen. Bevor wir diese

erreichten, wurde das Geräusch jedoch so laut, dass wir beschlossen, anzuhalten und den Pannendienst zu rufen. Als dieser kurze Zeit später erschien, erklärte er uns, dass eine Schraube im Radkasten ausgewechselt werden musste. Angeblich bedurfte es dazu wohl lediglich weniger Minuten Arbeit, fahren konnten wir den Wagen in diesem Zustand jedoch nicht mehr.

Wir sahen also zu, wie unser Gefährt auf den Abschleppwagen geladen wurde und man brachte uns zur Mietfirma. Eigentlich war das ganz praktisch, denn so mussten wir uns wenigstens nicht selbst mit dem Stadtplan durchs Stadtzentrum quälen und Benzin sparten wir auch. Wir waren uns jedoch schon darüber im Klaren, dass wir unheimliches Glück hatten, dass dieses Problem erst in Perth aufgetreten war. Nicht auszudenken, wenn uns dies bereits mitten in der Pampa passiert wäre.

Man brachte unser Fahrzeug wieder auf Vordermann und die folgenden zwei Wochen verliefen ohne weitere Zwischenfälle.

Irgendwann passierte dann jedoch das, worauf ich eigentlich vom ersten Tag an gewartet hatte. Wir waren einmal wieder nach Einbruch der Dunkelheit unterwegs, da wir es unbedingt noch am selben Tag ins nur noch 10 Kilometer entfernte Broome schaffen wollten. Peng! Da sprang uns ein Känguru ins Auto. Emma, die zu diesem Zeitpunkt am Steuer saß, bremste scharf und brachte das Auto schließlich zum Stillstand. Wir stiegen aus und begutachteten den Schaden. Im ersten Moment sah unser Fahrzeug ziemlich mitgenommen aus. Die Stoßstange war abgefallen und wir hatten sie über viele Meter auf dem Asphalt vor uns her geschoben. Von der Lackierung war da nicht mehr viel zu erkennen und auch die Ziffern auf dem Nummernschild konnte man nur noch erahnen. Das Känguru schien es weniger schlimm erwischt zu haben. Von diesem fehlte jede

Spur, so dass wir annahmen, dass es einfach weitergehüpft war. Wir verstauten die Stoßstange im Fahrzeug und begaben uns nach Broome. Die genauen Ausmaße des Schadens würden wir uns besser bei Tageslicht zu Gemüte führen.
Als wir am nächsten Morgen aufwachten und aus dem Camper krabbelten, hatte sich unser Campingplatznachbar bereits unserer ramponierten Stoßstange angenommen und bot an, diese mit etwas Draht wieder anzubringen. Dankbar nahmen wir seine Hilfe an. Bei Licht betrachtet sah die Sache auch gar nicht mehr so schlimm aus. Allerdings würden wir bei der Rückgabe des Wagens wohl die ein oder andere Frage beantworten müssen und ganz billig würde der Spaß mit Sicherheit auch nicht werden.
Beim nächsten Check-Up des Wagens in der Zweigstelle in Darwin erzählten wir von unserem Missgeschick. Die Angestellten lachten lediglich darüber, befestigten die Stoßstange wieder anständig mit Schrauben und wünschten uns eine gute Weiterfahrt. Als wir das Fahrzeug am Ende unseres Trips in Cairns zurückgaben, war man dagegen weniger erfreut. Zahlen mussten wir am Ende allerdings nichts. Offenbar wäre es wohl die Aufgabe der Mitarbeiter in Darwin gewesen, uns für den Schaden zur Kasse zu bitten. Da sie dies jedoch versäumt hatten, kamen wir noch einmal ungeschoren davon.

Fazit: Ich werde mich wohl auch künftig eher dafür entscheiden, ein Fahrzeug zu mieten. Man reist entspannter und billiger ist es am Ende (zumindest, wenn es unterwegs zu Pannen kommt) auch.

Obwohl ich grundsätzlich ja am liebsten allein unterwegs bin, halte ich längeres Alleinreisen mit dem Auto übrigens nicht für empfehlenswert. Du wirst unterwegs nur selten andere Backpacker treffen und das Reisen kann schnell langweilig werden. Zudem musst du für sämtliche Kosten wie Benzin, Miete etc. allein aufkommen. Nie solltest du allein in das australische Outback reisen. Du begegnest hier oft stundenlang keiner Menschenseele, was im Falle einer Panne zum Problem werden kann. In solch einer Situation möchte wohl niemand allein sein. Zudem kann das ewige Fahren, ohne auf der Landkarte wirklich was an Strecke geschafft zu haben, mitunter ziemlich aufs Gemüt schlagen.

In Südamerika, wo ich grundsätzlich mit dem Bus unterwegs war, schloss ich mich hin und wieder mit anderen Backpackern zusammen und wir mieteten für einen Tag ein Auto, um damit die Umgebung zu erkunden. Oft lässt sich so Geld für teure Touren sparen. In Ländern wie etwa Peru oder Venezuela ist hiervon jedoch abzuraten, da der Straßenverkehr das reinste Chaos ist und Regeln so gut wie nicht existieren.

d. Hop on Hop off/Backpacker Bus

Eine attraktive Möglichkeit zu reisen, besonders für diejenigen, die allein unterwegs sind. Wer mit dem so genannten Backpacker Bus reisen möchte, erwirbt in der Regel einen Streckenpass und kann dann an vorgegebenen Stopps aussteigen, beliebig lange verweilen und den Trip später fortsetzen (Hop on Hop off). Im Gegensatz zu normalen Bussen steuern Backpacker Busse auch Sehenswürdigkeiten oder Nationalparks an, die außerhalb der Städte liegen.

In Südafrika gibt es den so genannten BazBus, einen Tür-zu-Tür-Service, der Backpacker von einem Hostel zum nächsten bringt. Eine interessante Alternative für diejenigen, die nicht mit dem eigenen Auto/Mietwagen reisen, da auch abgelegenere Gebiete angesteuert werden.

Eine entscheidende Rolle spielt zudem der Sicherheitsfaktor im nicht ganz ungefährlichen Land.
In Australien und Neuseeland operieren Oz-/Kiwi-Experience. Die verschiedenen Routen dieser Anbieter beinhalten unter anderem Besuche von Nationalparks oder Farmaufenthalte. Das Problem „Wo übernachten?" entfällt auch hier, da der Anbieter eine Reihe von Hostels im jeweiligen Ort vorschlägt und die Teilnehmer hinbringt bzw. abholt. Die Kosten für die Unterkunft sind jedoch vom Reisenden selbst zu tragen.

Backpacker Busse bieten eine Reihe von Vorteilen. Du wirst schnell Freundschaft mit anderen Reisenden schließen, gelangst auch an Orte, die von den normalen Bussen nicht angesteuert werden und die Suche nach einer Unterkunft sowie lästiges Gepäckschleppen entfallen. Andererseits lernst du jedoch nur Backpacker und kaum Einheimische kennen, kannst nur an den vorgegebenen Stopps aus- bzw. wieder einsteigen und der Spaß kostet um einiges mehr. Zudem fahren die Busse nur tagsüber. Geld- und Zeitsparen durch Nachtfahrten ist somit nicht möglich.

e. Fahrrad

Das Reisen mit dem Fahrrad ist eine weitere Alternative, um aus den Stadtzentren in abgelegenere Gebiete, Nationalparks etc. zu gelangen. Weiterer Vorteil: Du erlebst die Natur hautnah und siehst sie nicht nur aus dem Bus/Auto an dir vorbeiziehen. In Bolivien traf ich eine Gruppe von Amerikanern, die über mehrere Monate mit dem Fahrrad durch ganz Südamerika reisten. Sie fanden es toll, ich vermute jedoch, dass mir persönlich bei dem ewigen Bergauf- und Bergabgefahre in den Anden schnell die Lust vergehen würde. Und dann auch noch täglich bei Wind und Wetter gezwungen zu sein, das Zweirad zu besteigen? Nein, da belasse ich es lieber bei meinem bisherigen Vorgehen und miete mir tageweise ein Fahrrad vor Ort. Eine Freundin von mir kaufte sich damals in Australien ein Fahrrad. Längere Strecken legte sie zwar im Bus zurück, brach dann aber immer mal wieder zu mehrtägigen Touren mit dem Rad auf. Sie war damit zwar unabhängig und sparte viel Geld für organisierte Touren, lernte allerdings unterwegs kaum Leute kennen. Wer also Ähnliches plant, sollte überlegen, ob er nicht vorher schon über Foren im Internet oder das schwarze Brett im Hostel nach einer Reisebegleitung sucht.

f. Trampen

Hiervon halte ich grundsätzlich gar nichts! Trampen ist nie 100%ig sicher und kann fatale Folgen haben. Falls du trotzdem vor hast, per Anhalter zu fahren, dann solltest du dies zumindest nicht allein tun, sondern in Begleitung.

Nur weil ich das Trampen generell ablehne, bedeutet das natürlich nicht, dass ich nicht auch schon bei wildfremden Leuten mitgefahren wäre. Allein! Geplant war das im Voraus jedoch nie, sondern hat sich eher aus der Not heraus ergeben.

Ich reiste aus der Ukraine nach Rumänien und wollte dabei einen eintägigen Zwischenstopp in Moldawien einlegen. In Kiew nahm ich den Nachtzug nach Moldawiens Hauptstadt Chisinau und stellte bereits nach einer halben Stunde fest, dass es dort wirklich nichts gab, was mich interessierte. Um 17.45 Uhr sollte mein Zug nach Rumänien weiterfahren, allerdings war es gerade mal 8.30 Uhr, als ich mein Sightseeing für beendet erklärte. Ich hätte mich natürlich den ganzen Tag in den Stadtpark setzen und ein Buch lesen können, aber ehrlich gesagt, war mir meine Zeit dazu zu schade. Warum sinnlos irgendwo einen Tag absitzen, wenn mir dieser später wahrscheinlich an einem anderen Ort fehlte? Ich suchte also nach einer Alternative und fand diese auch schnell. Ich konnte einen Bus in das an der rumänischen Grenze gelegene Ungheni nehmen und von dort gab es dann bestimmt eine Möglichkeit, nach Iasi zu kommen. Laut Karte lagen die beiden Orte keine 10 Kilometer voneinander entfernt. Ein Besuch in Iasi hatte zudem den Vorteil, dass ich von dort direkt in den Bus nach Brasov steigen konnte und nicht erst wie mit dem Zug den Umweg über Bucharest machen musste. Ich beschloss, meine Idee in die Tat umzusetzen. Gegen 10 Uhr ging es für mich nach Ungheni. Dort angekommen, fand ich schnell einen Bus, der mich nunmehr nach Iasi bringen sollte. Und wie billig der war! Meist kosteten internationale Strecken ja ein wenig mehr, in diesem Fall handelte es sich jedoch um ein echtes Schnäppchen. Ich gab noch schnell im Tante-Emma-Laden an der Ecke mein letztes Geld aus und freute mich, Moldawien in wenigen Minuten auf Nimmerwiedersehen zu verlassen.

Nach 45 Minuten Fahrt drehte sich der Busfahrer zu mir um und meinte, dass es nunmehr Zeit für mich war, den Bus zu verlassen. Wie jetzt? Hatten wir etwa schon die Grenze überquert? Ich hatte doch noch gar keinen Ausreisestempel bekommen. Aber Rumänien gehörte ja zur EU, was zumindest den Einreisestempel entbehrlich machte.

Offenbar hatten wir Moldawien allerdings doch noch nicht verlassen, sondern befanden uns kurz vor der Grenze. Der Bus schien diese jedoch nicht zu überqueren. Stattdessen stoppte der Fahrer ein Paar in einem Mercedes und überredete dieses, mich mit nach Rumänien zu nehmen. Die beiden öffneten die hintere Wagentür und meinten, ich solle einsteigen. Wieso? Ich hatte doch einen Bus nach Iasi gebucht. Warum musste ich denn jetzt bei wildfremden Leuten im Auto weiterfahren? Gut, diese Fragen brauchte ich hier niemandem stellen, denn weder der Busfahrer noch meine neuen Reisebegleiter sprachen Englisch. Ich stieg also ins Auto und der Mann meinte: „Un momento". Dann verschwanden er und seine Frau erst einmal. Offenbar versuchten sie, jemanden telefonisch zu erreichen, was ihnen jedoch nicht gelang. Daraufhin gingen sie in das nahe gelegene Restaurant, der Mann kam immer mal wieder zum Telefonieren hinaus und verschwand dann erneut. Ich nutzte die Zeit, um mir auf der Karte mal anzusehen, wo ich überhaupt war. Ah ja! Offensichtlich gab es unmittelbar zwischen Ungheni und Iasi zwar eine Straße, aber keinen Grenzübergang. Stattdessen musste man erst ein ganzes Ende Richtung Norden fahren, konnte dort die Grenze überqueren und in Rumänien führte dann wieder eine Straße gen Süden nach Iasi. Wir hatten also noch ein bisschen Weg vor uns. Von mir aus konnte es jetzt auch so langsam losgehen. Mittlerweile wartete ich schon fast eine Stunde. Zumindest schien das rumänische Paar mir zu vertrauen, denn die Autoschlüssel steckten. Ich war mir allerdings nicht so ganz sicher, ob das mit dem Vertrauen auf Gegenseitigkeit beruhte. Die zwei kamen jetzt nämlich zurück, setzten sich ins Auto, versicherten mir nochmals, dass es gleich losgehen würde und begannen, ein Bündel 50-Euro-Scheine zu zählen. Was ging hier eigentlich ab? Waren die beiden etwa nach Moldawien gekommen, um hier irgendwelche zwielichtigen Geschäfte abzuwickeln? Die Lust, mit den beiden die Grenze zu überqueren, war mir jedenfalls vergangen. Andererseits hatte ich wohl keine andere Wahl. Außerdem waren sie ja eigentlich ganz nett. Sie fingen jetzt nämlich damit an, ihr mitgebrachtes Essen mit mir zu teilen. Oder waren da vielleicht irgendwelche Betäubungsmittel untergemischt und die zwei würden meinen narkoseartigen Zustand ausnutzen, um mich auszurauben. Aber nein, sie hatten die Kekspackung ja frisch geöffnet und aßen selbst auch daraus. Das Ehepaar

verstaute seine Einkäufe im Kofferraum und wir fuhren endlich los. Zugegeben, ein wenig Angst hatte ich schon, dass sie mir da vielleicht gerade etwas ins Gepäck gesteckt hatten, was man besser nicht mit nach Rumänien bringen sollte. Meine Reisetasche befand sich nämlich ebenfalls im Kofferraum – bei ihren Einkäufen! Hatten die zwei da eben gerade nicht auch verdächtig lange hinten herumgekramt? Ich fragte mich jetzt jedenfalls schon, was ich hier eigentlich tat und hoffte, dass die Sache gut ausging.
Letztlich überquerten wir die Grenze und es gab keine Probleme. Die Zollbeamten hatten zum Glück darauf verzichtet, das Auto zu durchsuchen und ließen uns ziemlich schnell passieren. Die Frau zählte nun nochmals das Geldbündel und ließ es dann in ihrem BH verschwinden. Ich beschloss, nicht weiter darüber nachzudenken, was da wohl gerade abgelaufen war. Die beiden ließen mich in Iasi im Stadtzentrum aussteigen und setzten dann ihre Fahrt fort. So viel Aufregung und das, obwohl ich doch eigentlich nur einen Bus über die Grenze nehmen wollte.
Für mich war jetzt aber erst mal Sightseeing angesagt. Ich spazierte zwei Stunden durch die Gegend und beschloss dann, zum Bahnhof zu gehen und mich nach Bussen nach Brasov zu erkundigen. Hier erfuhr ich, dass der letzte Bus schon vor ein paar Stunden abgefahren war und ich bis zum nächsten Morgen warten musste. Von der Idee, die Nacht in Iasi zu verbringen, war ich wenig begeistert. Ich hatte mich fest drauf eingestellt, mit einem Nachtbus weiterzufahren und morgens ausgeschlafen in Brasov auszusteigen, um den Tag für Unternehmungen frei zu haben. Noch einen ganzen Tag im Bus zubringen? Nein, danach war mir wirklich nicht zumute. Zudem gab es in Iasi auch keine günstigen Übernachtungsmöglichkeiten.
Ich beschloss deshalb, mich am Schalter über Zugverbindungen zu informieren. Und siehe da, ich hatte Glück. Es gab einen

Nachtzug nach Bucharest und ich würde dann eben doch von dort nach Brasov weiterfahren. Das war immer noch besser, als in Iasi 50 Euro für eine Nacht im Hotel auszugeben und dann den ganzen nächsten Tag im Bus zu sitzen. Gegen 23 Uhr verließ ich schließlich Iasi – übrigens in dem Zug, den ich mich in Chisinau geweigert hatte zu nehmen.

VI. Wie und was packen?

Der Entschluss zum Reisen ist gefasst, du hast dich für ein Reiseziel entschieden und es dreht sich nunmehr alles um die Frage „Was nehme ich mit?"
Was benötigst du unbedingt und was ist eher überflüssig? Welche Dinge solltest du von zu Hause mitnehmen und was kannst du auch noch unterwegs kaufen? Das nächste Kapitel gibt Aufschluss.

1. Gepäckstücke

a. Rucksack, Reisetasche oder Trolley
Bevor es ans Packen geht, ist zunächst einmal die Frage zu klären, mit welchem Gepäckstück du reisen möchtest. Ob du dich für Rucksack, Reisetasche oder Trolley entscheidest, hängt ganz davon ab, wie der von dir geplante Trip aussieht. Reist du viel herum oder bleibst du die meiste Zeit am selben Ort? Planst du lange Wanderungen mit deinem gesamten Gepäck oder bewegst du dich überwiegend mit Bus, Bahn oder dem eigenen PKW fort?
Hier eine Übersicht der sich auf dem Markt befindlichen Varianten sowie deren Vor- und Nachteile.

(1) Trekking-Rucksack
Der Trekking-Rucksack ist lang und schmal. Er wird von oben gefüllt und mit einem Band zugezogen. Danach klappst du eine Art Deckel darüber und befestigst diesen durch einen Verschluss mit dem übrigen Rucksack.

Vorteile:
- auf Grund der ergonomischen Anpassungsform rückenfreundlich

- lang und schmal, du kannst somit also auch enge Bus- und Bahngänge problemlos passieren

Nachteile:

- von oben zu befüllen – macht das Packen umständlich und es fällt schwer, auf Reisen Ordnung zu halten
- lässt sich nicht abschließen – im Handel erhältst du jedoch Netze, in die du den Rucksack „einpacken" und somit vor dem Zugriff Unbefugter schützen kannst

Fazit: Perfekt für diejenigen, die ihr Gepäck ständig herumtragen müssen (etwa auf längeren Trekking-Touren). Für diejenigen, die sich auch mal längere Zeit am selben Ort aufhalten, jedoch ungeeignet.

(2) Kofferrucksack

Der Kofferrucksack lässt sich mit einem Rundum-Reißverschluss öffnen. Gurte lassen sich mit einem Reißverschluss hinter einer Klappe verstecken.

Vorteile:

- ermöglicht übersichtliches Packen
- du kannst die Gurte verschwinden lassen, so dass der Rucksack wie eine Reisetasche aussieht und auch mal längere Zeit als „Kleiderschrank" dienend am selben Ort stehen kann
- Wegbinden der Gurte schützt beim Transport in Bus, Flugzeug etc.

Nachteile:

- weniger bequem zu tragen – für längere Wanderungen daher ungeeignet

Fazit: Ideal für diejenigen, die lediglich zwischen Bus/Bahn und Hostel pendeln.

(3) Kofferrucksack auf Rollen
Wie (2), hat jedoch zusätzlich Räder und einen ausziehbaren Griff zum Hinterherrollen.

Vorteile: neben den unter (2) Aufgelisteten
- lässt sich auf ebenem Untergrund einfach hinterher ziehen; auf Sandboden, beim Treppensteigen etc. schnell in einen Rucksack umzuwandeln
- auf dem Rücken ist die meiste Zeit über Platz für den kleinen Rucksack

Nachteile:
- verfügt auf Grund der Räder bereits über ein erhebliches Leergewicht
- durch die Räder in der Rückengegend nicht wirklich bequem und daher nicht lange als Rucksack nutzbar

Fazit: Perfekt für diejenigen, die hauptsächlich in Städten reisen, häufig ihren Aufenthaltsort wechseln und keine Lust haben, ihr Gepäck durch die Gegend zu schleppen.

Ich reiste selbst lange Zeit mit einem Kofferrucksack auf Rollen. Da ich mein Gepäck so gut wie nie auf dem Rücken tragen musste, neigte ich jedoch dazu, stets mehr mit mir herum zu schleppen, als ich tatsächlich brauchte. Bei meiner Ankunft in Bangkok brach dann aber der Griff, so dass ich die Tasche nur noch als Rucksack verwenden konnte. Zum ersten Mal seit Monaten wurde mir bewusst, wie viel sinnloses Zeug ich durch die Gegend trug. Ich mistete ordentlich aus und kaufte mir dann einen Kofferrucksack (Modell Nummer 2). Da in Asien ja fast überall rund um die Uhr tropische Temperaturen herrschen und man hier wirklich mit superwenig Gepäck auskommt, stellte sich dies schnell als richtige Entscheidung heraus.

(4) Trolley
Koffer auf Rollen mit Vorrichtung zum Hinterherziehen

Vorteile:
- meist stabile Außenwände – Gepäck somit vor Stößen beim Transport gesichert
- übersichtlich zu packen – ermöglicht organisiertes Reisen
- Rücken wird entlastet und ist frei für den kleinen Rucksack
- preiswerteste Variante

Nachteile:
- vom Grundgewicht her schwerer
- Transport auf unebenem Untergrund problematisch

Fazit: Ideal wohl nur für diejenigen, die etwa im Auto unterwegs sind und selten mit dem Gepäck durch die Gegend ziehen müssen.

Egal, für welche Variante du dich letztlich entscheidest, du solltest in jedem Fall auf Qualität achten. Auch wenn du nur wenig Geld zur Verfügung hast, solltest du beim Kauf des Gepäckstückes nicht sparen. Lass dir im Geschäft die verschiedenen Modelle zeigen und probiere sie aus, und das nicht nur im leeren Zustand. Nur wenn der Rucksack mit ordentlich Gewicht bepackt ist, lässt sich feststellen, ob er bequem zu tragen ist oder ob irgendwelche Gurte drücken oder einschnüren. Wichtig ist ein gutes Tragesystem. Der Großteil des Gewichtes sollte auf der Hüfte und nicht auf den Schultern sitzen. Ein guter Rucksack sollte von daher neben angenehm zu tragenden Schultergurten über einen breiten Hüftgurt verfügen.
Zu beachten ist auch das Leergewicht der Tasche. Außentaschen bieten zusätzlichen Stauraum und erleichtern so das übersichtliche Packen, sie erhöhen aber auch Gewicht

und Preis. Ein einfacher Rucksack ohne modische Extras ist zudem haltbarer. Häufiger Transport setzt das Gepäckstück ständigen Strapazen aus – es sollte deshalb von robustem Material sein. Auf die Qualität der Nähte an den Trageriemen ist besonders zu achten, da diese durch das ständige Auf- und Absetzen viel aushalten müssen.
Zu der Tasche kaufst du am besten gleich eine Schutzhülle dazu, die du bei Regen einfach überstülpst.

b. Daypack
Bei dem Daypack handelt es sich um einen kleinen Rucksack, in dem sich all das befindet, was du während der Fahrt in Bus, Bahn und Flugzeug als Handgepäck mit dir führst. Im Daypack befinden sich unter anderem Kamera, Reiseführer und sonstige Reiselektüre, Snacks etc.
Auf Flügen ist darauf zu achten, dass das Handgepäckstück die Maße 55x40x20 cm nicht überschreitet, da es sonst Probleme bei der Unterbringung im Overhead-Compartment gibt.

c. Tasche für Strand und sonstige Ausflüge
Weiterhin bietet es sich an, eine leichte Baumwolleinkaufstasche etwa für Ausflüge an den Strand oder mehrtägige Touren mitzunehmen, da das Daypack hierfür in der Regel zu klein ist.

d. Kleine Umhängetasche
Unter Umständen empfiehlt sich auch die Mitnahme einer kleinen Handtasche für den Stadtbummel und das Ausgehen am Abend, sofern du hierfür nicht schon das Daypack verwenden willst.

e. Kosmetiktasche für Toilettenutensilien
Sehr praktisch sind Kosmetiktaschen zum Aufhängen am Haken. Du hast stets alles übersichtlich beieinander und nach Gebrauch lässt sich die Tasche Platz sparend zusammenklappen.

f. Extraflache Bauchtasche
Mein ständiger Reisebegleiter. Es handelt sich hierbei um eine sehr flache Bauchtasche, die nach außen unsichtbar unter der Hose getragen wird. Bargeld, EC-Karten, Flugticket und Reisepass finden darin ihren Platz. Meiner Meinung nach die beste Möglichkeit, Wertsachen von einem Ort an den nächsten zu transportieren.
Wichtig: die Sachen vorher in eine Plastiktüte packen, um sie so vor dem Nasswerden zu schützen.

2. Was nehme ich mit?
Eine der wichtigsten Fragen bevor es losgeht: „Was nehme ich mit?"

a. Kleidung
Zunächst einmal gilt es zu entscheiden, was du an Kleidungsstücken einpackst. In jedem Fall sollte es sich um bequeme, leichte und problemlos zu reinigende Sachen handeln.
Alle Kleidungsstücke sollten sich miteinander kombinieren lassen. Ein Oberteil etwa, welches nur zu einer bestimmten Hose passt, lässt du lieber gleich zu Hause. Zudem solltest du dich für Stoffe entscheiden, die auch nach längerem Herumtragen im Rucksack noch mehr oder weniger knitterfrei aussehen und nach dem Waschen nicht gebügelt werden müssen. Klarer Favorit: Baumwolle!
Von weißer Kleidung ist abzuraten, da du viel Zeit in nicht immer 100%ig sauberen Bussen und staubigen Gegenden

verbringen wirst. Deo und Schweiß hinterlassen zudem unschöne gelbe Spuren und die Reinigung ist nicht immer einfach. In vielen Ländern gibt es nur Kaltwäsche oder du bist gar auf Handwäsche angewiesen. Schwarze Kleidung ist ebenso unpraktisch, da sie sich bei Sonneneinstrahlung schneller erwärmt und Ungeziefer anzieht. Auch Kleidung mit militärischen Tarnmustern hat auf Reisen nichts zu suchen. Was bei uns modisch ist, kann in anderen Ländern mitunter sogar zur Verhaftung führen. Am besten eignet sich wohl Kleidung in Braun- und Olivtönen. Grün und meine Lieblingsfarbe Blau haben sich auf Reisen ebenfalls bewährt.

Weiterhin solltest du von vornherein darauf achten, welche Sachen du zusammen in die Waschmaschine stecken kannst. Du solltest deine Kleidungsstücke so wählen, dass du hinsichtlich Farbe, Waschtemperatur und Schleuderbarkeit mit zwei, maximal drei Waschmaschinenladungen hinkommst. Je sorgfältiger die Farbauswahl im Vorfeld, desto unbeschwerter die Waschtage. Ich wähle meine Kleidung stets so, dass ich alles in eine Maschine werfen kann. In Südafrika oder Südamerika kann es nämlich durchaus mal vorkommen, dass man zwei getrennte Haufen an Schmutzwäsche in die Reinigung gib, diese dann aber trotzdem in derselben Maschine landen. In Australien und den USA stellt sich dieses Problem in der Regel nicht, da es in fast allen Hostels Waschmaschinen und Trockner gibt und du deine Wäsche selbst waschen kannst.

Unpraktisch sind neue Kleidungsstücke, die beim Waschen eventuell an Farbe verlieren. Auch Kleidung, die einer chemischen Reinigung bedarf, solltest du besser zu Hause lassen.

Welche Kleidungsstücke nun also im Einzelnen mitnehmen? Hier eine Liste der Dinge, die ich persönlich für notwendig erachte.

(1) Oberteile
- 4 bis 6 T-Shirts: Die Shirts sollten nicht zu eng am Körper anliegen (bei Hitze unangenehm) und möglichst Schultern und Rücken bedecken, um so bei stundenlangen Wanderungen vor Sonneneinstrahlung zu schützen.
- 1 Schlaf-Shirt
- 2 Langarm-Shirts
- 1 Pullover: am besten Fleece – kuschelig, warm und leicht
- 1 Ausgeh-Oberteil für Disko-Besuche, Dinner etc.

(2) Untenrum
- Jeans oder Trekking-Hose: Der Letzteren ist wohl der Vorzug zu geben, da eine Jeans relativ schwer und weniger bequem ist. Bei mir befindet sie sich trotzdem im Gepäck und kommt auch ständig zum Einsatz, da ich mich in diesem Kleidungsstück ganz einfach am wohlsten fühle.
- 2 Capri-Hosen oder Leggings: Nehmen so gut wie keinen Platz weg, sind super bequem und spenden bei kühleren Temperaturen unter anderen Hosen getragen zusätzliche Wärme.
- 2 Paar kurze Shorts
- 1 leichter, luftiger Rock/Kleid

(3) Jacke
1 Jacke: möglichst aus wasserabweisendem Material

(4) Regencape
Ob du ein Regencape mitnimmst, ist Geschmackssache. Ich trennte mich damals schnell von meinem, hatte ich es doch im entscheidenden Moment eh nie dabei. Stattdessen platzierte ich einen kleinen handlichen Regenschirm in meinem Daypack und konnte damit bei schlechtem Wetter nicht nur mich, sondern auch mein Gepäck vor dem Nasswerden schützen.

(5) Schuhe

- festes, Wasser abweisendes Schuhwerk: Ob Trekking-Boots oder einfache Turnschuhe hängt vom persönlichen Geschmack und dem Maß der geplanten Wanderungen ab. Für meine Zwecke reichten Turnschuhe bisher aus. In jedem Fall solltest du den Schuhkauf noch vor Reisebeginn erledigen, um diese bereits in Deutschland einzulaufen. Niemand will sich seine Urlaubsfreuden durch Blasen an den Füßen vermiesen lassen.
- Trekking-Sandalen: Erhältlich in Outdoor-Geschäften. Zwar nicht ganz billig, das Geld jedoch wert, da man sie auf Reisen ständig trägt.
- Ausgeh-Schuhe: Viele Diskos, feinere Restaurants, Theater etc. gestatten den Zutritt mit Turnschuhen, Flipflops und Sandalen nicht (zumindest in Australien, USA und Südafrika; in Südamerika ist man diesbezüglich weniger streng). Wenn du vor hast, während deiner Reise des Öfteren auszugehen, solltest du möglichst auch ein paar neutrale Schuhe einstecken.

(6) Unterwäsche

Die Anzahl der Unterhosen bestimmt, wie oft du Wäsche waschen musst. Ich habe immer so ungefähr 15 Stück dabei, muss also alle zwei Wochen meine Wäsche waschen. BHs habe ich 5 dabei, wovon 3 jedoch gleichzeitig auch als Bikini-Top dienen. Socken trägst du nur in festen Schuhen, 3 bis 4 Paar sollten ausreichen.

Wichtig ist, dass du ein paar warme Kleidungsstücke dabei hast, selbst wenn du in heißen Gegenden unterwegs bist. In den Bergen oder in der Wüste herrschen nachts nämlich nicht selten Minusgrade. So besuchte ich in der Atacama-Wüste in Chile beispielsweise in den frühen Morgenstunden bei minus 20 Grad einen Geysir und nachmittags ging es bei plus 30 Grad zum Sandboarden.

b. Kosmetikprodukte
Einen nicht zu unterschätzenden Gewichtsfaktor stellen Kosmetikprodukte wie Shampoo, Body-Lotion, Sonnencreme etc. dar. Langes Reisen mag zum Kauf großer Tuben verleiten, davon ist jedoch abzuraten. Je kleiner, umso leichter. Ich sammle vor Reisen stets kleine Plastikfläschchen und fülle diese mit Shampoo auf. Die großen Verpackungen lasse ich zu Hause. Unterwegs fülle ich die Fläschchen dann wieder auf und verschenke den Rest bzw. kaufe die großen Verpackungen gleich mit anderen Backpackern zusammen. Statt Duschbad benutze ich Seife – die wiegt weniger, reicht länger und ich erhalte im Hotel immer wieder Nachschub. Make-up kommt unterwegs nur selten zum Einsatz. Von daher nur das Nötigste fürs Ausgehen am Abend mitnehmen.
Praktisch ist es, stets eine Rolle Toilettenpapier dabei zu haben. In einigen Ländern stellen weder Hotels noch Hostels Toilettenpapier zur Verfügung. Neben dem offensichtlichen Zweck dient es übrigens auch zum Reinigen von Oberflächen, zum Abschminken, als Taschentuch oder als Kaffeefilter beim Campen. Bewährt haben sich auch feuchte Kosmetiktücher – besonders, wenn du mal über längere Zeit keine Gelegenheit zum Duschen hast.

Nicht zuletzt: Tampons! In größeren Städten erhältst du diese auch unterwegs. In abgelegeneren Gefilden sieht es da schon schwieriger aus. In Venezuela machte ich eine Tour ans Orinocco-Delta und sollte dort einige Tage bei einer Familie leben. Nur mit dem Allernotwendigsten ausgestattet, machte ich mich auf den Weg. An meinem zweiten Tag im Dschungel stellte ich mit Erschrecken fest, dass meine Periode im Anmarsch war. Bei dem ständigen Hin- und Hergependel zwischen Nord- und Südhalbkugel gerät mein monatlicher Zyklus schon mal durcheinander und es kommt häufiger vor, dass ich meine Periode überhaupt nicht bekomme. So

auch in diesem Falle, mit der Folge, dass ich weder Tampons noch Binden, Slip-Einlagen oder irgendetwas auch nur ansatzweise zu diesem Zwecke Verwendbares eingesteckt hatte.
Nun hatte der Guide, der mich am Vortag in der Einöde abgesetzt hatte, mir bereits berichtet, wie man im Dschungel Frauen während der Menstruation behandelte: Man ignorierte sie vollkommen. Die meisten Frauen versteckten sich einfach für ein paar Tage im Wald und kamen erst wieder hervor, wenn der ganze Spuk vorbei war, denn im Dorf sprach mit ihnen während dieser Zeit sowieso niemand.
Vor meinem geistigen Auge sah ich auch mich mit einem Körbchen gespickt mit Palmenfrüchten in den Wald ziehen, um hier das Ende meiner Periode abzuwarten. Nichts mit gemütlichem Beisammensitzen mit den Einheimischen am Lagerfeuer. Schon gar keine menstruationsbedingten Heißhunger-Attacken mit Schokolade und Eiscreme. Nein, ich würde irgendwo einsam im Wald sitzen und hatte nicht einmal ein Buch dabei, um mir irgendwie die Zeit zu vertreiben. Und ein winziger Tampon, für den ich scheinbar nicht genug Platz in der Tasche hatte, hätte mich vor all dem bewahren können. Eines stand jedenfalls fest: Anvertrauen würde ich mich hier mit meinem Problem niemandem. Stattdessen stopfte ich mir mein letztes Taschentuch in die Unterhose und überlegte, wie ich weiter vorgehen würde.
Glücklicherweise fand sich am Nachmittag eine Lösung für mein Problem. Die Einheimischen veranstalteten nämlich am Ufer des Flusses einen kleinen Markt und boten vorbeikommenden Touristen Hängematten und Souvenirs an. Es dauerte nicht lange und es hielt ein Boot mit amerikanischen Touristen. Ich zögerte nicht lange und schilderte den Frauen meine Lage. Und siehe da, man konnte mir helfen. Die Amerikanerinnen beförderten beim Durchforsten ihrer Taschen einiges an Monatshygieneartikeln

zu Tage. Die folgenden Tage waren damit gesichert und die Geschichte noch mal gut ausgegangen. Trotzdem werde ich das Haus wohl bis an mein Lebensende nie wieder ohne Tampon verlassen.

c. Sonstiges

(1) Waschzeug
Niemand kommt auf Reisen ums Wäschewaschen herum. Egal ob „Rei-in-der-Tube" oder die gute alte Kernseife – du solltest das Waschzeug stets griffbereit haben. Unterwäsche und T-Shirts lassen sich schnell mal im Hotelwaschbecken durchs Wasser ziehen (meist nicht erlaubt, also nicht erwischen lassen). Bei Jeans und Pullovern mach ich mir die Mühe dagegen nur, wenn es in der Unterkunft einen Waschtisch und Leinen zum Trocknen der Sachen gibt.
Ansonsten gibt es fast überall Wäschereien. Die meisten Hostels stellen zudem Waschmaschinen zur Verfügung oder bieten es an, die Wäsche für die Gäste zu reinigen. Die Kosten hierfür variieren von Land zu Land. In Asien und Südamerika ist die Reinigung preisgünstig, in Europa fallen schon mal 10 Euro pro Maschine an.

(2) Handtuch, Strandtuch etc.
Auf Reisen bestens bewährt hat sich mein Mikrofaser-Handtuch. Du erhältst es in jedem Sport- und Outdoor-Geschäft, es nimmt wenig Platz weg und trocknet innerhalb kürzester Zeit. Mich begleiten unterwegs stets zwei dieser Handtücher: ein kleines fürs Gesicht und ein etwas größeres zum Duschen.
Für meine Ausflüge an den Strand habe ich einen Sarong (ein großes Tuch aus Baumwolle) im Gepäck. Ein Sarong bietet viele Vorteile. Er ist größer aber leichter als die meisten Badehandtücher, Sand vom Strand lässt sich leichter

herausschütteln als aus einem Frottee-Handtuch und der Sarong fängt auch nicht so schnell zu müffeln an. Daneben lässt sich ein Sarong auch toll als Kleidungsstück, leichte Decke in warmen Nächten sowie zum Abdunkeln des Zimmers verwenden.

(3) Schlafsack
Durch Südamerika reiste ich damals mit Schlafsack und habe diese Entscheidung im Laufe der Reise auch nie bereut. In den Bussen läuft die Klimaanlage oft auf Hochtouren. Wie angenehm ist es da, sich in einen warmen Schlafsack zu kuscheln. In den Bergen stellen Hotels oft nicht genügend Decken für die teils eisigen Nachttemperaturen zur Verfügung und mehr als einmal war ich auf Grund zweifelhafter Hotelhygiene froh, keinen direkten Kontakt mit dem Bett haben zu müssen, sondern meinen Schlafsack schützend um meinen Körper zu wissen.
Ein Schlafsack ist zwar praktisch, in vielen Unterkünften verbieten die Hygienebestimmungen jedoch die Benutzung. Der Schlafsack bietet Wohnraum für allerhand Ungeziefer (so genannte Bedbugs) und diese lassen sich so leicht von einem Hostel zum nächsten verbreiten.
Wer in den Sommermonaten reist, sollte überlegen, ob er statt dem Schlafsack nicht lieber ein oder zwei Bettlaken mitnimmt. Dies tat ich zum Beispiel bei meinem Trip durch Osteuropa. In vielen Hostels ist die Benutzung der Bettwäsche nämlich nicht im Preis inbegriffen, sondern kostet einige Euro extra. Wer seine eigenen Laken mitbringt, kann also auf Dauer viel Geld sparen. Auch bei meinem Trip durch Asien reiste ich mit Laken statt Schlafsack, sehnte mich bei den frostigen Temperaturen im Nachtbus jedoch so manches Mal nach Letzterem.

(4) Elektronische Geräte

(a) Kamera
Ganz wichtig ist natürlich die Kamera. Ob Spiegelreflexkamera mit drei verschiedenen Objektiven oder die kleine handliche Digi-Cam bleibt natürlich jedem selbst überlassen. Mein Favorit ist in jedem Fall klein und handlich. Schließlich willst du die Kamera überall mit hinnehmen, dich jedoch möglichst nicht sofort als Tourist outen. Je kleiner die Kamera, desto einfacher kannst du sie verstecken und so zum Beispiel auch zum nächtlichen Diskobesuch mitnehmen. Zudem schlage ich vor, beim Kauf nicht das teuerste Gerät im Laden zu wählen. Schnell passiert auf Reisen das ein oder andere Missgeschick: Die Kamera fällt runter und die Linse bricht (so passierte es mir mit meiner heiß geliebten Kamera in Taiwan), wird feucht und funktioniert nicht mehr (so geschehen auf einem Bootstrip in Mosambik), sie bekommt einen Sandkorn in die Linse und lässt sich nicht mehr öffnen (Mexiko), man packt sie sich während der nächtlichen Clubtour in die Hosentasche und stellt am nächsten Morgen fest, dass das Display zu Bruch gegangen ist (Australien) oder sie wird gestohlen (Südafrika und Brasilien). Mittlerweile bin ich bei Kamera Nummer 7 angelangt.

(b) Handy
Ein weiteres elektronisches Gerät, das ich auf Reisen in der Regel dabei habe, ist mein Handy. Ist das wirklich notwendig? Nun, es kommt drauf an. Wenn du dich längere Zeit im selben Land aufhältst, wirst du dir wahrscheinlich vor Ort eine Prepaid-SIM-Card kaufen, um mit deinen neuen Freunden zu kommunizieren. Zudem gibt es eine Reihe von Billigvorwahlen, mit denen du dich von Familie und Freunden für wenige Cent pro Minute aus dem deutschen Festnetz anrufen lassen kannst (mehr Informationen dazu

findest du im Kapitel Kontakt nach Hause). Meine deutsche SIM-Card nutze ich unterwegs nicht. Zumeist kommt mein Handy auf Reisen als Wecker zum Einsatz, da Hostels in der Regel keinen Weck-Service anbieten und auch in Hotels nicht immer auf diesen Verlass ist.

(c) Laptop

Falls du vor hast, einen Laptop mit auf Reisen zu nehmen, solltest du dir im Vorfeld in jedem Fall bewusst sein, dass das Gerät immer eine zusätzliche Verantwortung bedeutet. Wenn du planst, häufig deinen Aufenthaltsort zu wechseln und überwiegend in Hostels zu übernachten, solltest du auf die Mitnahme wohl eher verzichten, da es unterwegs nicht überall Locker zum Verschließen der Wertgegenstände gibt. Das Reisen mit Laptop ist zwar bequem und fast alle Hostels verfügen über einen Wireless-Anschluss, wirklich notwendig ist ein eigenes Notebook aber nicht. In fast jedem Hostel gibt es einen Computer zur gemeinschaftlichen Nutzung und du findest zudem überall auf der Welt Internetcafés.
Entscheidest du dich dennoch, mit Laptop zu reisen, solltest du diesen in jedem Fall gegen Diebstahl oder sonstigen Verlust versichern. Beim Abschluss einer Reisegepäckversicherung ist der Laptop nicht automatisch mitversichert, da er nicht zum klassischen Reisegepäck gehört. Am besten lässt du dich vor der Abreise von deinem Versicherer beraten.

(5) Bücher

Auf Reisen ebenfalls unentbehrlich: Reiseliteratur! Ich bin unterwegs vielen Backpackern begegnet, die sich gerade im Ausland danach sehnen, mal wieder etwas in der eigenen Sprache zu lesen. Ein deutsches Buch stellt ja irgendwie doch so ein kleines Stückchen Heimat dar. Bei mir ist es dagegen eher umgekehrt. Wenn ich mich in einem fremden Land befinde, dessen Sprache ich mehr oder weniger beherrsche, möchte ich möglichst auch in dieser Sprache lesen. Irgendwie integriert man sich so ja noch ein bisschen mehr in die fremde Kultur und es gibt wohl keinen besseren Weg, die bereits vorhandenen Sprachkenntnisse weiter auszubauen.

Das Beschaffen neuer Reiseliteratur, ganz egal in welcher Sprache, stellt auf Reisen kein Problem dar. In den meisten Hostels gibt es ein Bücherregal, wo du deine ausgelesenen Wälzer gegen neuen Lesestoff eintauschen kannst. Deutsche Werke befinden sich dabei erstaunlich oft in der Auswahl. Zusätzlicher Tipp: solche Bücher mitnehmen, von denen du dich nach dem Lesen leichten Herzens trennen kannst. Wer will schon monatelang einen dicken Wälzer mit sich herumschleppen, nur weil es sich hierbei um ein Geschenk der Lieblingsoma handelt.

Schwer zu beantworten ist die Frage, ob du ein Wörterbuch mitnehmen solltest. Von meinem englisch-deutschem Wörterbuch trennte ich mich in Australien schnell, da meine Englischkenntnisse bereits gut genug waren, um unbekannte Begriffe zu umschreiben, bzw. mir von Anderen erklären zu lassen. Mein Spanisch-Wörterbuch führte ich dagegen fast bis zum Ende meiner Reise mit mir herum. Schließlich war es Ziel meines Trips, die Sprache so intensiv wie möglich zu erlernen und mir ein umfassendes Vokabular anzueignen. In meinen übrigen Reiseländern mache ich mir normalerweise nicht die Mühe, ein Wörterbuch zu kaufen. Schließlich kommt man fast überall auf der Welt mit Englisch weiter und die wichtigsten Ausdrücke in der Landessprache findet man in der Regel im Reiseführer oder ich lasse sie mir von den Einheimischen aufschreiben.

Zu einem unentbehrlichen Reisebegleiter ist allerdings mein Bilder-Wörterbuch geworden (z.B. „OhneWörterBuch“ von Langenscheidt). Thema sind Zeichnungen aus sämtlichen Lebensbereichen, die auf Reisen von Bedeutung sind. Statt sich mit Vokabeln in der Landessprache abzukämpfen, zeigt man einfach, was man braucht. Vorteil: Das Buch ist weltweit einsetzbar. Mitunter dauert es aber schon mal eine gewisse Zeit, bis man eine Auskunft erhält, da die Leute fast überall von dem Buch fasziniert sind und es erst einmal von vorn bis hinten durchblättern.

Ob du einen Reiseführer mitnimmst und welcher das ist, bleibt dir überlassen. Auf meinen Reisen begleitet mich eigentlich stets ein solcher, da es bequem ist, bereits vor Ankunft am Ziel einen Stadtplan zur Hand zu haben. Zudem macht es mir Spaß, meine Reiseroute zu planen, obgleich es mich später meist doch an ganz andere Orte als ursprünglich geplant verschlägt. Wichtig ist jedoch, dass du dich nicht zu sehr von einem Reiseführer abhängig machst. Nur weil ein Hotel besonders empfohlen wird und ein anderes nicht, heißt das nicht, dass Letzteres schlechter ist und Standard und Preis in Ersterem noch immer der Beschreibung im Reiseführer entsprechen. Im Gegenteil! Ich habe schon mehrmals die Erfahrung gemacht, dass die Hotels, die in den Reiseführern so eifrig angepriesen werden, schnell im Standard nachlassen, da man sich hier ja eh auf die Ankunft zahlreicher Backpacker verlassen kann. Weniger populäre Hotels müssen sich ihren Ruf dagegen erst erarbeiten, was oft besseren Service zur Folge hat.

Bereist du mehrere Länder, so bieten sich Reiseführer an, die eine Vielzahl von Ländern abdecken. Zwar enthält das Buch etwa für Südamerika weniger detaillierte Ausführungen zum Land als das für Argentinien allein, allerdings findest du auch darin die wichtigsten Informationen zu den Sehenswürdigkeiten, Stadtpläne größerer Städte etc. Weiterer Vorteil: Es fällt leichter, eine Auswahl zu treffen, denn alles kannst du dir unterwegs ja sowieso nicht ansehen. Zudem stehst du nicht nach Verlassen eines jeden Landes vor der Entscheidung, ob du das nicht ganz billige Buch zurücklässt, nach Hause schickst oder für den Rest der Reise weiter mit dir herumschleppst, obwohl du es ja gar nicht mehr brauchst. In Australien und Südamerika besorgte ich mir damals einfach gebrauchte Exemplare. Da diese bereits durch die Hände zahlreicher Backpacker gegangen waren, befanden sie sich am Ende meines Trips ohnehin in einem Zustand, bei dem mir der Abschied wenig Probleme bereitete. Die Tatsache, dass es sich hierbei nicht um die neueste Auflage handelte und Buspläne somit nicht mehr aktuell oder einige Hotels mittlerweile Pleite gegangen waren, störte mich dabei wenig. Schließlich beherrschte ich ja die Sprache und konnte mir Tipps und Informationen bei den Einheimischen holen. In Osteuropa sah es da anders aus. In jedem Land eine andere Sprache und jede davon ein Buch mit sieben Siegeln für mich – keine Frage, da erwarb ich die neueste Auflage, um aus dieser bereits möglichst verlässliche Informationen zu erhalten, statt auf fremde Hilfe angewiesen zu sein.

Ein weiterer ständiger Reisebegleiter: mein Tagebuch. Nie hätte ich es vor meiner Abreise aus Deutschland für möglich gehalten, dass ich nach Vollendung des 13. Lebensjahres noch mal anfangen würde, meine Erlebnisse zu Papier zu bringen. Auf Reisen gehört das aber irgendwie dazu. Klar, du machst Erinnerungsfotos. Oft wirst du die Kamera jedoch im entscheidenden Moment nicht dabei haben oder es handelt sich um Situationen, in denen das Fotografieren unangebracht ist. Wer will schon mit der Kamera auf Menschen halten, die in für europäische Verhältnisse unvorstellbarer Armut leben oder etwa auf Leute, die in Indien einfach so am Straßenrand ihr Geschäft erledigen. Oder du hast ein interessantes Gespräch geführt und möchtest deine Gedanken und Gefühle hierzu schriftlich festhalten.

Auf meinem Trip durch Lateinamerika fing ich gleich am ersten Tag an, mein Tagebuch auf Spanisch zu schreiben.

Anfangs dauerte das ewig. Andererseits war ich so gezwungen, alle unbekannten Vokabeln im Wörterbuch nachzuschauen und im richtigen Zusammenhang zu verwenden. Das übte natürlich ungemein. Wurde ich dann am nächsten Tag von einem Einheimischen gefragt, was ich denn am vergangenen Tag so getrieben habe, konnte ich in nahezu perfektem Spanisch antworten, hatte ich doch am Vortag bereits alles ausformuliert und aufgeschrieben.
Ich habe es mir übrigens zur Gewohnheit gemacht, im englischsprachigen Ausland auf Englisch zu schreiben, in Südamerika auf Spanisch etc. Wenn sich sämtliche Alltagssituationen im Leben in einer anderen Sprache abspielen, finde ich es einfach leichter, meine Gedanken auch in dieser Sprache zu Papier zu bringen. Weiterer Vorteil: Ich kann meiner Mutter bei ihren Besuchen stets meine Tagebücher mitgeben, ohne Angst haben zu müssen, dass sie vielleicht doch einmal von Neugier gepackt in meinem Leben herumschnüffelt. Sie spricht nämlich weder Englisch noch Spanisch.
In mein Tagebuch kommen neben meinen Erlebnissen und Gefühlen übrigens auch Infos zum Reiseland, Eintrittskarten und Bustickets, zudem Adressen von Personen, die ich unterwegs kennen lerne und mit denen ich in Kontakt bleiben will oder auch mal der ein oder andere Erinnerungseintrag von einer Reisebekanntschaft.

(6) Campingausrüstung
Ob es sich lohnt, die Campingausrüstung von zu Hause mitzunehmen, hängt davon ab, ob du überwiegend zelten oder in Hostels/Hotels übernachten willst. Um Zelt, Isomatte, Kocher etc. nicht monatelang umsonst durch die Gegend zu schleppen, solltest du dich im Vorfeld erkundigen, wie es am Reiseziel mit Campingplätzen aussieht. Oft liegen diese außerhalb der Orte und sind mit öffentlichen Verkehrsmitteln

nur schwer bzw. gar nicht erreichbar. Hostels befinden sich dagegen im Stadtzentrum und du triffst hier immer auch andere Backpacker. Mit dem eigenen Zelt bist du dagegen unabhängiger, hast aber auch mehr Gepäck.
Du kannst das Camping-Equipment natürlich auch vor Ort anschaffen. Bei einer Gepäckgrenze von 20 Kilogramm macht dies durchaus Sinn, denn Zelt, Isomatte, Schlafsack stellen einen gehörigen Gewichtsfaktor dar. Vor der Heimreise kannst du die Ausrüstung entweder an andere Backpacker verkaufen (Kontakte über das schwarze Brett im Hostel) oder per Post nach Hause schicken. Wer nur hin und wieder campen will, sollte das Equipment wahrscheinlich lieber vor Ort mieten.
Wer in Südamerika auf dem Amazonas unterwegs ist, benötigt eine Hängematte. Diese hängst du dann auf dem Boot auf und die Fahrt kann beginnen. Hängematten gibt es in Südamerika überall billig zu kaufen, von daher in jedem Fall erst vor Ort anschaffen. Auch Hostels bieten manchmal als preisgünstigste Variante das Schlafen in der Hängematte an, stellen diese dann aber zur Verfügung.

(7) Reiseapotheke

Weiterhin sollte die Reiseapotheke nicht fehlen. In diese gehören in jedem Fall:

- Schmerz- und Fiebermittel
- Medikamente gegen Durchfall/Verstopfung
- Medikamente gegen Reiseübelkeit (besonders bei Bootstouren und kurvenreichen Fahrten durchs Gebirge)
- Fieberthermometer (gerade in Malaria-Risikogebieten)
- Verbandmaterial zur Versorgung von Wunden (Pflaster, Mullbinden, evtl. elastische Binden sowie Klebeband und Schere)
- Desinfektionsmittel
- individuell notwendige Medikamente
- Sonnenschutzmittel

- Insekten abweisende Mittel
- ggf. Malaria-Tabletten bzw. Stand-By Mittel
- Tabletten zum Desinfizieren von Leitungs-/Flusswasser

(8) Was du sonst noch gebrauchen kannst
- Nähzeug, Sicherheitsnadel
- Reisewecker (sofern du hierfür nicht schon das Handy verwenden willst)
- Feuerzeug/Streichhölzer (auch für Nichtraucher, z. B. oft Gasherd in den Hostels)
- Taschenlampe (für Nachtwanderungen, im Nachtbus etc.)
- Taschenmesser (zum Schälen von Obst etc.)
- Taschenrechner
- Adapter
- aufblasbares Kissen (für Busfahrten)
- Kopfbedeckung und Sonnenbrille
- Vorhängeschloss (oft Locker zum Verstauen der Wertgegenstände im Hostel) sowie kleinere Schlösser zum Verschließen der Reißverschlüsse am Rucksack

3. Gewicht

Die meisten Fluggesellschaften erlauben die Mitnahme von 20 Kilogramm. Bei Übergepäck von bis zu 5 Kilogramm steht es im Ermessen des Beamten am Schalter, ob er den Passagier bereits zur Kasse bittet oder noch mal ein Auge zudrückt. Alles über 25 Kilo kostet in jedem Fall – und das nicht wenig. So fallen auf Langstreckenflügen teilweise Kosten von 50 Euro pro Kilogramm Mehrgepäck an.

Wer in/über die USA bzw. Kanada fliegt, darf 60 Kilo – verteilt auf zwei Gepäckstücke – mitnehmen. Bevor du dieses verlockende Angebot annimmst, solltest du jedoch bedenken, dass auf Inlandsflügen, die du im Laufe der Reise eventuell dazu buchst, wieder nur 20 Kilogramm Freigepäck gestattet sind.

Die Gepäckbestimmungen von Busunternehmen sind unterschiedlich. Australische Busgesellschaften gestatten zumeist die Mitnahme von zwei Gepäckstücken von je 20 Kilogramm. In Südamerika sind lediglich 20 Kilogramm zulässig, unabhängig davon, auf wie viele Gepäckstücke sich dieses Gewicht verteilt. Übergepäck muss als Fracht aufgegeben werden und kostet entsprechend.

Zu bedenken ist, dass du das Gepäck für die gesamte Dauer des Trips von einem Ort zum nächsten tragen musst. Alle Sachen sollten deshalb in einem Gepäckstück plus Daypack Platz finden und 20 Kilogramm in keinem Fall überschreiten. Dem, der mehr mitnimmt, entstehen zusätzliche Kosten. So wird es etwa problematisch, mit öffentlichen Verkehrsmitteln vom meist außerhalb gelegenen Busterminal ins Stadtzentrum zu gelangen. Es ist zwar möglich, sich vom Taxi bis zur Unterkunft bringen zu lassen, auf Dauer stellt dies aber einen nicht unerheblichen Kostenfaktor dar.

In Südamerika traf ich mal jemanden, der lediglich mit einem 30-Liter-Rucksack unterwegs war. Bewundernswert und auf den ersten Blick auch unglaublich praktisch, konnte er diesen doch stets als Handgepäck mit sich führen. Kein Schlangestehen am Check-In und das ständige Zittern, ob sein Gepäckstück am Ziel ankommt, blieb ihm damit auch erspart. Andererseits hatte solch ein Reisen aber auch Nachteile: der junge Mann musste sich vor jedem Flug von spitzen Gegenständen wie Schere, Taschenmesser etc. trennen, da diese ja bekanntlich nicht ins Handgepäck gehören. Da er zudem kein Daypack besaß, musste er auf Tagestouren, Wanderungen etc. entweder stets das gesamte Gepäck mitnehmen oder in Plastiktüten verstaut im Hotel lassen.

Ich selbst brach damals mit fast 25 Kilo Gepäck nach Südafrika auf: den 20 erlaubten, wirklich notwendigen (?) und weiteren 5, von deren unbedingter Notwendigkeit ich einen vorzugsweise männlichen Angestellten am Check-In ebenfalls zu überzeugen hoffte. Ich setzte dabei auf Charme und juristische Argumentationstechnik – zu irgendetwas mussten die fünf Jahre Studium schließlich gut gewesen sein. Für den Fall, an eine schlechtgelaunte, weibliche Angestellte zu geraten, hatte ich einige Kleidungsstücke bereits separat verpackt und hätte mich von diesen auch noch im letzten Augenblick trennen können. Aber damals hatte ich mein Gepäck ja auch nur vom Flughafen bis zu meiner Wohnung zu transportieren. Bei meiner Weltreise sah es da schon anders aus: nie mehr als drei Nächte am selben Ort, sprich, alle drei Tage mit Sack und Pack durch die Gegend ziehen. Da ändert sich die Einstellung zum Thema „Notwendig oder nicht?" schon gewaltig. Als ich meine Tasche dann am Flughafen auf die Waage stellte, zeigte diese stolze 12 Kilo an. Innerhalb weniger Wochen konnte ich das Gewicht sogar noch weiter reduzieren. Zu Bestzeiten reiste ich mit gerade mal 7,5 Kilogramm. Ich befolgte dabei stets zwei Regeln:

1. Sachen, die ich binnen drei Wochen nicht einmal getragen habe, gehören offenbar nicht in die Kategorie „Überlebensnotwendig" und werden von irgendeinem Einheimischen bestimmt nötiger gebraucht als von mir.
2. Für jedes im weiblichen Kaufrausch neu erworbene Teil wird ein altes ausrangiert. Da überlegte ich mir dann schon zweimal, ob ich ein heiß geliebtes, bequemes, Tag wie Nacht getragenes Kleidungsstück wirklich für ein Neues aufgeben wollte.

Erstaunlicherweise bereitete mir das Befolgen dieser beiden Regeln überhaupt keine Schwierigkeiten. Im Gegenteil: Ich sah mich anfangs eine Menge Sachen weggeben, ohne neue anzuschaffen. Als Grundsatz gilt: die Hälfte von dem mitnehmen, was du glaubst, an Kleidung, Kosmetikartikeln etc. zu benötigen, dafür jedoch das Doppelte an Geld. Hast du Zweifel, ob du etwas auf Reisen brauchst oder nicht, lass es zu Hause. Stellst du unterwegs fest, dass wirklich etwas fehlt, kannst du es auch später noch anschaffen. Im Allgemeinen kommt man auf Reisen jedoch mit weitaus weniger zurecht, als man im Vorfeld für möglich gehalten hätte.

4. Wie packe ich?

Du hast das passende Gepäckstück gewählt und dich entschieden, welche Sachen du mit auf Reisen nehmen willst. Zeit, sich der nächsten Herausforderung zu stellen, denn nun dreht sich alles um die Frage „Wie packe ich am praktischsten?"

Dinge, die du ständig benötigst, solltest du allzeit griffbereit haben (etwa in den Seitentaschen und dem oberen Drittel des Hauptfaches). Zudem empfehle ich, den Rucksack stets nach demselben System zu packen. Haben sämtliche Dinge ihren festen Platz in der Tasche, so findest du diese schnell wieder, kannst alles binnen kürzester Zeit wieder zusammenpacken und unter Umständen auch mal andere dirigieren.

Leichte Gegenstände gehören nach unten, Schweres möglichst weit nach oben und dicht an den Körper. Viele Rucksäcke verfügen über ein Bodenfach. In diesem verstaust du deinen Schlafsack, da er im Verhältnis zum Volumen wenig wiegt. Kleidung, Hygieneartikel, Lebensmittel etc. gehören ins Hauptfach. Dinge des täglichen Bedarfs sollten jederzeit problemlos erreichbar sein. Das, was du seltener benötigst, kommt nach unten.

Der Rucksack sollte bei Reiseantritt keinesfalls komplett gefüllt sein. Durch den Kauf von Lebensmitteln erhält das Gepäckstück unterwegs automatisch mehr Gewicht und

Volumen. Zudem sollte immer auch etwas Platz für dazu gekaufte Kleidung und Reiseandenken bleiben.
Alle Reiseutensilien sollten im Gepäckstück Platz finden. Auf das Von-außen-Behängen des Rucksacks solltest du möglichst verzichten, auch wenn moderne Modelle mit ihren vielen Extra-Befestigungsgurten förmlich dazu einladen. Zeug, das außen am Rucksack hängt, stört, wenn es beim Gehen hin und her baumelt, würde bei Regen nass und kann leicht verloren gehen oder gestohlen werden.
Weiterhin ist zu bedenken, dass der Rucksack nicht wasserdicht ist. Das Material ist, wenn gut imprägniert, allenfalls Wasser abweisend. Stärkeren Schauern hält es aber kaum Stand. Sachen, die nicht nass werden dürfen, solltest du deshalb immer zusätzlich in Plastiktüten packen. Diese helfen zudem, Ordnung im Rucksack zu halten. Auch ist es ratsam, beim Kauf des Gepäckstücks eine passende Schutzhülle mitzuerwerben, die du dann bei Regen einfach über den Rucksack stülpst.
Im Gegensatz zu einem Hartschalenkoffer ist ein Rucksack nicht stoßfest. Gerade bei Flügen werden die Gepäckstücke ab und zu etwas gröber behandelt. Zerbrechliche Gegenstände gehören deshalb ins Handgepäck. Bei Rucksäcken besteht zudem die Gefahr, dass sie auf dem Gepäckband hängen bleiben und dann nicht am Ziel ankommen. Um das Risiko zu minimieren, solltest du vor dem Check-In alle Schnallen schließen, die Riemen so weit wie möglich zuziehen und die Tragegurte verschwinden lassen.
Wertsachen wie Geld, Reisepass, Kamera etc. kommen ins Handgepäck. Auf längeren Reisen habe ich es mir zudem zur Gewohnheit gemacht, meine Waschtasche sowie einmal Kleidung zum Wechseln im Handgepäck mitzuführen. Sollte meine große Tasche wirklich einmal nicht/verspätet ankommen, so muss ich zumindest nicht tagelang in denselben Sachen herumlaufen. Vorsicht jedoch mit Flüssigkeiten in

der Kosmetiktasche: Seit dem 11. September 2001 erlauben die meisten Fluggesellschaften nur noch das Beisichführen von Liquiden bis zu 100 ml. Auch spitze Gegenstände wie Nagelschere/-feile haben im Handgepäck nichts verloren.

VII. Was es sonst noch zu bedenken gibt

Bevor es endlich soweit ist und du ins große Abenteuer starten kannst, gibt es noch eine Reihe von weiteren Fragen zu klären. Welche Versicherungen schließe ich ab? Gegen welche Krankheiten lasse ich mich impfen? Benötige ich für mein Reiseland ein Visum und falls ja, erhalte ich dieses bei der Ankunft oder muss ich es vorher bei der ausländischen Botschaft in Deutschland beantragen? In diesem Kapitel findest du eine Liste dessen, was es vor der Abreise zu organisieren gibt.

1. Reisepass

Für Reisen innerhalb der Europäischen Union genügt ein gültiger Personalausweis. Wer eine Reise ins außereuropäische Ausland plant, benötigt einen Reisepass. Dieser sollte noch mindestens 6 Monate gültig sein und über genügend freie Seiten verfügen. So lassen beispielsweise Lateinamerikas Einwanderungsbehörden keine Gelegenheit aus, Reisenden Stempel in den Pass zu drücken. Da kommen schnell mal vier neue Einträge dazu, selbst wenn man sich auf der Durchreise befindet und nur wenige Stunden im Land verbringt. Für Russland und einige Ländern Asiens benötigst du ein Visum und dieses nimmt oft eine ganze Seite im Reisepass ein.
Weiterhin solltest du darauf achten, dass du der Person auf dem Passbild noch mehr oder weniger ähnlich siehst. Solange du keine komplette Typveränderung vorgenommen hast, sollte dies jedoch kein Problem sein. Von Langeweile geplagt, kamen meine Freundin Petra und ich damals an der Grenze zwischen Südafrika und Mosambik auf die Idee, unsere Pässe zu tauschen. Selbst nach eingehender Prüfung durch die Beamten ließen uns diese ohne Widerworte passieren, und das, obwohl wir außer den blonden Haaren wirklich nichts gemeinsam haben.

Wer erst noch einen Reisepass beantragen muss, sollte dies rechtzeitig tun. Pässe und Ausweise werden in Deutschland von der Bundesdruckerei ausgestellt und das dauert 4 bis 6 Wochen. In eiligen Fällen kann auch ein vorläufiges Dokument ausgestellt werden. Dieses bekommst du dann sofort ausgehändigt und es ist ein Jahr lang gültig. Wer den Express-Service nutzt, erhält seinen Pass bereits nach 2 Tagen, zahlt jedoch fast das Doppelte des normalen Preises. Den Antrag auf einen Reisepass stellst du beim Einwohnermeldeamt deiner Stadtverwaltung. Der Antrag muss persönlich vor Ort unterschrieben werden und du benötigst ein biometrisches Passbild. Neuerdings wird auch der Fingerabdruck gespeichert. Bei einem vorläufigen Dokument ist das nicht der Fall, du kannst mit Letzterem jedoch nicht in die USA einreisen.

2. Visa

Vor der Abreise solltest du unbedingt daran denken, Informationen über die Einreisebestimmungen deiner Reiseländer einzuholen. Informationen erhältst du unter anderem auf der Website des Auswärtigen Amtes (www.diplo.de unter Reise- und Sicherheitshinweise).

Staatsbürger der Europäischen Union benötigen nur in wenigen Ländern ein Visum. Visa werden bei der Botschaft des jeweiligen Reiselandes beantragt, oft kannst du dir das benötigte Visum aber auch bei der Ankunft am Reiseziel ausstellen lassen. Working Holiday und Touristenvisa für Australien können auf der Website der australischen Botschaft online beantragt werden.

Beim Ausfüllen der Formulare solltest du als Reisegrund stets „Tourismus" angeben. Ins Feld „Beruf" schreibst du möglichst nichtssagende Bezeichnungen wie Student, Arbeiter, Angestellter etc. Berufsbezeichnungen wie „Journalist" oder „Fotograf" erwecken schnell Misstrauen und können in einigen Ländern sogar zur Verweigerung des Visums führen.

3. Versicherungen
Nicht zuletzt benötigst du auf Reisen eine Reihe von Versicherungen. Der nächste Abschnitt gibt dir einen Überblick darüber, welche Versicherungen unbedingt notwendig bzw. empfehlenswert sind.

a. Auslandskrankenversicherung
Wer längere Zeit im Ausland unterwegs ist, benötigt eine Langzeit-Reisekrankenversicherung. Deutsche Krankenkassen übernehmen keine Ausgaben für Arzt- und Zahnarztbehandlungen, Krankenhausaufenthalte etc. im Ausland. Die Kosten für eine Auslandskrankenversicherung belaufen sich, je nach Anbieter, auf 350 bis 500 Euro im Jahr. Auf die preiswerten Angebote zahlreicher Versicherer von 20 Euro/Jahr kann in der Regel nicht zurückgegriffen werden, da es sich hierbei zwar um Jahresversicherungen handelt, die Reisedauer jedoch 6 Wochen nicht überschreiten darf.
Bei der Auswahl der Versicherung ist darauf zu achten, dass nicht alle Anbieter das Arbeiten im Ausland gestatten. Wer jedoch nicht bzw. nur ehrenamtlich zu arbeiten plant, ist mit diesen (oft preiswerteren) Anbietern gut bedient. Unter den Versicherern, die das Arbeiten am Reiseort erlauben, befinden sich unter anderem die Deutsche Krankenversicherung (DKV), der ADAC-Auslands-Krankenschutz Langzeit (auch für Nichtmitglieder, der Beitrag ist dann aber höher) und Victoria Versicherungen.
Bevor du dich für einen Versicherer entscheidest, solltest du die unterschiedlichen Angebote genau vergleichen. Der Versicherungsschutz sollte neben der Erstattung von Ausgaben für Arzt- und Zahnarztbesuche auch eventuelle

Rücktransporte nach Deutschland abdecken. Wenn du dich bei der Deutschen Krankenkasse abmeldest, stellt die DKV eine attraktive Variante für dich dar, da du mit dieser auch zurück in Deutschland bis zu 3 Monate gegen akute Fälle versichert bleibst, sofern der Versicherungszeitraum noch nicht überschritten ist.
Viele Versicherungen zahlen nicht, wenn während der Reise Erkrankungen auftreten, wegen denen du schon vor der Reise in Behandlung warst. Bei manchen Anbietern entsteht zudem eine Selbstbeteiligung pro Schadensfall. Einige Anbieter ermöglichen es, die Auslandskrankenversicherung mit anderen Leistungen wie Reiserücktrittskostenversicherung, Reisegepäckversicherung, Unfallversicherung etc. zu kombinieren.
Wichtig: Viele Backpacker entschließen sich unterwegs, ihren Trip um einige Monate zu verlängern/verkürzen. Du solltest deshalb einen Versicherer wählen, der das Verlängern des Versicherungsschutzes problemlos und kostengünstig zulässt und bei vorzeitigem Reiseabbruch einen Teil der Versicherungssumme zurückerstattet.

b. Deutsche Krankenkasse
Wie bereits erwähnt, kommen die Deutschen Krankenkassen für Behandlungen im Ausland nicht auf. Wer sich über längere Zeit im Ausland aufhält, meldet sich bei der heimischen Krankenkasse für diesen Zeitraum ab und muss folglich auch keine Beiträge leisten. Nach der Rückkehr meldest du dich einfach wieder an. Einer Anwartschaftsversicherung bedarf es seit der Gesundheitsreform im April 2007 nicht mehr. Bedingung ist lediglich, dass du dich wieder bei der Krankenversicherung anmeldest, bei der du zuletzt versichert warst.
Bis zur Vollendung des 23. Lebensjahres besteht die Möglichkeit, während des Auslandsaufenthaltes beitragsfrei

bei den Eltern familienversichert zu bleiben, sofern mindestens ein Elternteil bei der Deutschen Krankenkasse pflichtversichert ist. Studenten, die während des Auslandsaufenthaltes an der Universität, Fachhochschule etc. eingeschrieben bleiben, müssen für den Zeitraum ihrer Abwesenheit weiterhin die regulären Beiträge entrichten.

c. Reisegepäckversicherung
Empfehlenswert ist unter Umständen auch der Abschluss einer Reisegepäckversicherung. Versichert sind Gegenstände des persönlichen Reisebedarfs, die du auf der Reise dabei hast und am Körper oder in der Kleidung trägst bzw. die durch ein Transportmittel befördert werden. Technische Geräte wie Notebook, Kamera, Handy etc.; Fahrkarten und Ausweispapiere; Fahrräder und Surfboards sowie in unbeaufsichtigt abgestellten Kraftfahrzeugen befindliche Gegenstände sind nur gemäß besonderer Vereinbarungen versichert.
Gezahlt wird bei Abhandenkommen, Zerstörung oder Beschädigung der versicherten Sache durch Diebstahl, Einbruchdiebstahl, Raub, Verlust (nicht Liegen-, Hängen- oder Stehenlassen), vorsätzlicher Sachbeschädigung Dritter, Transport, bestimmungswidrig eintretendes Wasser (einschließlich Regen und Schnee), Sturm, Brand, Blitzschlag und höherer Gewalt. Zu den ausgeschlossenen Gefahren gehören unter anderem Krieg, Bürgerkrieg und Schäden während des Zeltens.
Entschädigt wird mit dem Zeitwert. Der Wiederbeschaffungswert mindert sich pro Gebrauchsjahr um 15 bis 20%. Eine Entschädigung zum Neuwert kann jedoch vereinbart werden. Je höher Neuwert und Versicherungsumfang, umso teurer die Versicherung.
Nach allgemeiner Empfehlung der Stiftung Warentest sind Reisegepäckversicherungen weitgehend sinnlos, da kaum

gezahlt wird. Standardverträge enthalten in der Regel strenge Auflagen. So gilt es zum Beispiel als fahrlässig, Sachen im unbeaufsichtigten Auto (bewachter Parkplatz genügt nicht) zurückzulassen. Kommt es zu einem Schaden, kann eine solche Nachlässigkeit zur Leistungsfreiheit des Versicherers führen. Zudem sind Dinge in Hotelzimmern und Ferienwohnungen bereits weltweit über die Hausratversicherung abgesichert.

Wichtig: im Vorfeld prüfen, ob der Schutz weltweit gilt. Dies sollte sich eindeutig aus dem Versicherungsvertrag ergeben, da die Allgemeinen Geschäftsbedingungen den Schutz auf Europa beschränken.

Fazit: Eine Reisegepäckversicherung lohnt sich nur, wenn die Haftung für wertvolle Gepäckstücke wie Notebook, Kamera etc. auf Grund eines Einzelvertrages individuell verhandelt worden sind. Ich persönlich verzichte stets auf den Abschluss einer solchen Versicherung und nehme stattdessen lieber von vornherein preisgünstige Sachen mit auf Reisen, so dass ein etwaiger Verlust leichter zu verkraften ist.

d. Haftpflichtversicherung
Deutsche Haftpflichtversicherungen bieten in der Regel weltweiten Versicherungsschutz. Besser aber im Einzelfall noch mal erkundigen.

e. Unfallversicherung
Die meisten Unfallversicherungen haften auch für Schäden im Ausland. Wer keine Unfallversicherung in Deutschland hat, sollte es trotzdem in Erwägung ziehen, eine solche fürs Ausland abzuschließen, da man unterwegs ja doch eher dazu neigt, auch mal gefährlichere Dinge zu unternehmen. Fast alle Anbieter schließen Unfälle mit Extremsportarten

aus. Die Auslegung dieses Begriffes variiert zwischen den einzelnen Anbietern, zum Teil werden selbst Mountainbiking und Trekking als Extremsport verstanden. Vertragsklauseln deshalb sorgfältig durchlesen.

4. Welches Zahlungsmittel auf Reisen?
EC-Karte, Reiseschecks oder doch lieber die Kreditkarte? Reisenden steht unterwegs eine Vielzahl von Zahlungsmitteln zur Verfügung. Aber welche sind am praktischsten?

a. Euro-Zone
Der Zahlungsverkehr innerhalb der EU ist mit der Einführung des Euros einfacher geworden. In den Ländern, die zur Währungsunion gehören, entfällt das Geldtauschen – du bezahlst wie gewohnt weiter mit dem Euro. Für die Bezahlung mit EC- und Kreditkarte dürfen innerhalb des EU-Auslandes seit 2002 keine Gebühren mehr erhoben werden, für Geldabhebungen am Automaten fallen dagegen meist weiterhin Kosten an.

b. Geldabheben mit und ohne Gebühren
Gebühren hin oder her, der Gang zum Geldautomaten ist auf Reisen die schnellste und unkomplizierteste Art und Weise, an Bargeld zu kommen. Bei Abhebungen mit der EC-Karte fallen in der Regel Gebühren von 2,50 bis 5 Euro an. Meist handelt es sich hierbei um einen festen Gebührensatz, so dass es Sinn macht, gleich einen größeren Betrag abzuheben. Bist du mit mehreren Leuten unterwegs, sollte möglichst immer nur einer von euch und dann abwechselnd Geld abheben, so dass sich die Gebühren auf mehrere Personen verteilen.
Einige Banken ermöglichen das kostenlose Abheben von Bargeld im Ausland. So besteht beispielsweise für Kunden der Deutschen Bank die Möglichkeit, bei den Partnern der Deutschen Bank Gruppe gebührenfrei Geld abzuheben.

Neben eigenen Filialen in Italien, Belgien und Spanien bestehen Kooperationen mit BNP Paribas (Frankreich), Bank of America (USA), Barclay's Bank (Großbritannien), Westpac (Australien) und Scotia-Bank (in Kanada und einigen Ländern Lateinamerikas).
Mein klarer Favorit: Das Online-Konto bei der Deutschen Kreditbank (DKB). Mit der zum Konto gehörenden Kreditkarte kannst du an allen Automaten weltweit kostenlos Geld abheben. Auf meinem Trip durch Osteuropa verbrachte ich manchmal nur zwei Tage in einem Land, bevor ich mich wieder auf eine neue Währung einstellen musste. Ich bereiste insgesamt 15 Länder, von denen jedes seine eigene Währungseinheit hatte. Wie froh war ich damals, dass ich nicht auch 15-mal Gebühren fürs Geldabheben zu zahlen hatte. Weiterer Vorteil: Du kannst kleine Beträge abheben und musst nicht Unsummen von Bargeld mit dir herumschleppen.
Vor der Abreise solltest du deine Bank in jedem Fall davon in Kenntnis setzen, dass du deine EC-/Kreditkarte im Ausland nutzen wirst, da einige Banken die Karten nach dreimaliger Auslandsabhebung sperren.

c. Kreditkarte
Eine Kreditkarte ist ein unentbehrlicher Reisebegleiter. Zum Anmieten eines Autos und für Online-Reservierungen ist sie unerlässlich. Auch wenn es die Einreisebestimmungen eines Landes erfordern, dass du bereits ein Rückreiseticket besitzt bzw. über ausreichende finanzielle Mittel zum Erwerb eines solchen verfügst, genügt es oft schon, wenn du eine Kreditkarte vorzeigen kannst. Zum Geldabheben solltest du die Kreditkarte auf Reisen aber nicht einsetzen, da dafür hohe Gebühren anfallen (10 Euro und mehr pro Abhebung). Ausnahme: Das DKB-Cash-Konto der Deutschen Kreditbank.

Die bekanntesten Vertreter sind VISA, Mastercard und American Express. Am besten erkundigst du dich vor der Abreise bei deiner Bank, welche Variante die in deinem Reiseland geläufigste ist.

d. Reiseschecks

Eine weitere Zahlungsmöglichkeit bieten Reiseschecks. Die Schecks können bei fast allen Banken gegen Bargeld eingetauscht werden. In vielen Geschäften kannst du mit Reiseschecks zahlen und bekommst dann die Differenz bar ausgezahlt. Am praktischsten sind Reiseschecks in US-Dollar. Der Vorteil von Reiseschecks gegenüber Bargeld besteht darin, dass sie bei Verlust ersetzt werden.

e. Cash

Für den Kauf kleinerer Artikel, Busfahrten etc. solltest du stets eine kleine Summe an Bargeld mit dir führen. Zudem bietet es sich an, immer ein paar US-Dollar in kleinen Noten dabei zu haben. Diese werden fast überall auf der Welt akzeptiert und du kannst damit oft für Lebensmittel und Transport zahlen, wenn du dir noch kein Geld in der Landeswährung besorgen konntest.

Etwas Cash solltest du auch für den Fall einstecken, dass du unterwegs ausgeraubt wirst. 10 Euro bzw. der entsprechende Wert in der Landeswährung sollten genügen, um den Angreifer zufrieden zu stellen und nicht zu unbedachten Handlungen aus Frust über den Misserfolg zu verleiten.

f. Geld wechseln

Wer plant, erst unterwegs Geld zu wechseln, sollte möglichst schon einen kleineren Betrag in Deutschland tauschen, da Wechselstuben nicht überall rund um die Uhr geöffnet haben. Meist fallen für den Umtausch Gebühren von 2 bis 4% an.

Unproblematisch gestaltet sich das Umtauschen von Bargeld beim Pendeln zwischen den einzelnen Ländern Lateinamerikas, da an fast allen Grenzen Geldwechsler unterwegs sind. Praktisch ist dies vor allem, wenn du vor der Weiterreise ins nächste Land noch nicht alles Geld ausgegeben hast oder um sicherzustellen, dass du genügend Geld für die Busfahrt in den nächstgrößeren Ort hat, wo du dann an den Automaten gehst. Der von den Wechslern angebotene Umtauschkurs ist in der Regel in Ordnung, du solltest dich jedoch besser im Vorfeld erkundigen und das im Tausch entgegengenommene Geld genau nachzählen.

g. Western Union/Money Gram

Für den Fall, dass du im Laufe der Reise wirklich alles verlierst oder sämtliche Kontokarten mal nicht mehr funktionieren, kannst du dir immer auch Geld über Money Gram oder Western Union ins Ausland transferieren lassen. Der Geldübersender geht dafür entweder persönlich in die nächstgelegene Western Union/Money Gram Filiale und zahlt den entsprechenden Betrag bar ein oder erledigt dies mit wenigen Mausklicks online. Du kannst die Summe bereits wenige Minuten später unter Vorlage des Passes/ Personalausweises in jeder Filiale weltweit abholen. Wer sämtliche Ausweispapiere verloren hat, erhält das Geld bis zu einem bestimmten Betrag auch unter Nennung eines mit dem Übermittler vereinbarten Passwortes.

Tipp: Auf meinen Reisen habe ich in der Regel mehrere Kontokarten dabei (EC-Karten verschiedener Konten und VISA) und verstaue diese an verschiedenen Orten. Sollte unterwegs etwa mein Handgepäck gestohlen werden, so kann ich trotzdem noch auf die tief in meinem Hauptgepäckstück versteckte EC-Karte zurückgreifen und mit dieser Geld abheben.

5. Impfungen

Welche Impfungen in welchem Reiseland notwendig sind, lässt sich pauschal nicht sagen. Selbst innerhalb eines Landes kommt es oft darauf an, in welche Gebiete du im Speziellen reist. Informationen über die Gesundheitsrisiken in den einzelnen Ländern gibt es beim Auswärtigen Amt (www. diplo.de unter Reise- und Sicherheitshinweise) und bei den zentralen Impfstellen.
Seit der Gesundheitsreform 2007 übernehmen viele Krankenkassen die Kosten für Schutzimpfungen bei Auslandsreisen. Ist dies nicht der Fall, solltest du dich lieber beim Gesundheitsamt statt beim Hausarzt impfen lassen. Hier zahlst du nämlich lediglich für den Impfstoff, nicht jedoch für das Spritzen. Hierfür fallen weitere 30 Euro pro Impfung beim Hausarzt an, da es eine privat versicherte Leistung ist.
Wichtig ist, dass du dich rechtzeitig vor Abreise kümmerst. Eine Impfung braucht Zeit, um ihre Wirkung zu entfalten. Häufig ist auch eine Nachimpfung nötig, bevor voller Impfschutz gewährleistet ist.

a. Hepatitis A

Hepatitis A ist eine Infektionskrankheit, die durch verunreinigtes Wasser oder Lebensmittel übertragenen wird. Zu den Symptomen der Hepatitis A zählen Übelkeit, Erbrechen, Bauchschmerzen, Fieber, Durchfall und Abgeschlagenheit sowie – in schweren Fällen – cinc akute Entzündung der Leber. Hepatitis A tritt vor allem in Südasien, Zentralafrika, Mittel- und Südamerika auf. Der wirksamste Schutz gegen Hepatitis A ist eine Impfung. Schutz besteht nach zweimaliger Impfung für 10 Jahre. Möglich ist auch eine Kombinationsimpfung gegen Hepatitis A und B.

b. Hepatitis B

Hepatitis B ist eine Infektionskrankheit der Leber. Das Hepatitis-B-Virus wird durch Geschlechtsverkehr und Kontakt mit infiziertem Blut, etwa durch Bluttransfusionen oder infizierte Injektionsnadeln, übertragen. Hepatitis B kommt weltweit vor. Besonders betroffen sind China, Südostasien, Mittlerer und Naher Osten, Teile Afrikas aber auch der Mittelmeerraum. Die vorbeugende Impfung, bestehend aus drei Spritzen, ist die wirksamste Maßnahme, um eine Infektion zu verhindern. Impfschutz besteht für 10 Jahre. Die Immunisierung wird vor allem für Langzeitreisende empfohlen, die in ländlichen Gegenden unterwegs sind und physischen Kontakt zur lokalen Bevölkerung haben.

c. Tollwut

Tollwut ist eine Viruserkrankung, die bei Mensch und Tier eine akute lebensbedrohliche Gehirnentzündung verursacht. Der Virus wird über den Speichel infizierter Tiere wie Hund, Katze oder Fuchs, zumeist durch einen Biss, übertragen. Der Ausbruch der Krankheit kann durch rechtzeitige Impfung verhindert werden. In der Regel bleibt auch nach dem Biss noch genügend Zeit zur Nachimpfung. Es sollte in jedem Fall umgehend ein Arzt aufgesucht werden. Ohne vorherige Impfung bzw. Nachimpfung verläuft die Infektion immer tödlich. Grundsätzlich gilt: Abstand von freilaufenden Tieren halten und diese nicht streicheln.

d. Gelbfieber

Das Gelbfieber ist eine Viruserkrankung. 10 bis 20% aller Fälle verlaufen tödlich. Im Anfangsstadium treten schlagartiges Fieber, Kopf- und Gliederschmerzen, Schüttelfrost und Übelkeit auf. Die Krankheit heilt meist vollständig aus, in ca. 15% der Fälle kommt es jedoch zu einer zweiten Krankheitsphase, begleitet von einer Gelbsucht durch

Leberschwellung mit schwerer Nierenschädigung. Durch Blutungen im Magen-Darm-Trakt kann es zu Erbrechen von schwarzem Blut kommen. In besonders schweren Fällen kommt es zu einem toxischen Versagen der Leber. Gelbfieber wird durch die Aede-Mücke übertragen und tritt vorwiegend in tropischen und subtropischen Gebieten in Mittel- und Südamerika sowie in Afrika südlich der Sahara auf. Die Impfung gegen Gelbfieber gehört in vielen Ländern zu den Einreisebestimmungen und muss durch eine Impfbescheinigung nachgewiesen werden. Du erhältst sie in speziellen Gelbfieber-Impfstellen. Informationen zu Impfstellen in deiner Nähe findest du unter anderem unter www.crm.de/beratungsstellen. Impfschutz besteht für 10 Jahre.

e. Weitere Risiken

(1) Malaria
Malaria (auch Sumpf- oder Wechselfieber) ist eine meldepflichtige Tropenkrankheit. Die durch die Anopheles-Mücke übertragene Infektionskrankheit macht sich durch Symptome wie Fieber, Kopf- und Gliederschmerzen sowie Durchfall bemerkbar. Zu den Risikogebieten gehören Mittel- und Südamerika, Afrika und die Länder Ostasiens.
Schutz gegen Malaria bietet eine Chemoprophylaxe in Tablettenform. Auf dem Markt befindet sich eine Vielzahl von Anti-Malaria-Mitteln. Tabletten werden entweder täglich oder einmal wöchentlich verabreicht. Einige Mittel werden bereits eine Woche vor, während und 4 Wochen nach der Reise eingenommen, andere (z. B. Malerone) werden erst 1 bis 2 Tage vor der Reise ins gefährdete Gebiet verabreicht. Die vierwöchige Nachfrist (bei einigen Mitteln auch nur 7 Tage) ist besonders wichtig, da sich während dieser Zeit noch Erreger in der Leber weiterentwickeln können. Treten

bis zu 3 Monate nach Heimkehr Fieber oder grippeähnliche Erscheinungen auf, sollte unbedingt ein Arzt aufgesucht werden.
Anti-Malaria-Mittel sind in Deutschland verschreibungspflichtig, im Ausland erhältst du sie dagegen fast überall rezeptfrei. Bei diesen (meist preisgünstigeren) Anti-Malaria-Mitteln handelt es sich allerdings oft um „gestreckte" Medikamente, die nicht die volle Wirkstoffkonzentration haben. Präparate deshalb besser zu Hause kaufen. In jedem Fall solltest du vor Einnahme der Tabletten einen Arzt aufsuchen, damit dieser eventuelle Unverträglichkeiten gegen einzelne Wirkstoffe feststellen kann, die sich auf Grund der Einnahme anderer Medikamente, Vorerkrankungen etc. ergeben können.
Die medikamentöse Malaria-Prophylaxe senkt das Infektionsrisiko zwar deutlich, sie bietet jedoch keinen 100%igen Schutz. Vereinzelt kann es zudem zu starken Nebenwirkungen kommen. Das Risiko sollte deshalb sorgfältig abgewogen werden. Ist das Ansteckungsrisiko kleiner als 1:10 000, so kann es eventuell Sinn machen, auf die Prophylaxe zu verzichten, denn so groß ist auch die Wahrscheinlichkeit, dass eine schwere Nebenwirkung auftritt. So verzichten etwa die meisten Reisenden in Südamerika auf die Einnahme von Anti-Malaria-Mitteln. Für Reisen nach Afrika (außer Südafrika und Namibia) ist die Einnahme dagegen unbedingt anzuraten. Bevor du dich entscheidest, auf die Malaria-Prophylaxe zu verzichten, solltest du jedoch immer einen Tropenmediziner konsultieren. Zudem solltest du ein Notfallmittel (sog. Stand-by-Mittel) mitnehmen, so dass du dich bei plötzlich auftretendem Fieber selbst behandeln kannst. Das gilt vor allem dann, wenn ärztliche Versorgung unterwegs nicht erreichbar ist.
Das effektivste Mittel zur Vorbeugung der Malaria ist jedoch der Schutz gegen Insekten. Wer in Malariagebieten

unterwegs ist, sollte möglichst lange, helle Kleidung tragen und nachts in mückensicheren Räumen bzw. unter einem Mosquito-Netz schlafen. Haut und Kleidung sollten mit mosquitoabweisenden Mitteln (sog. Repellents) behandelt werden. Anti-Mücken-Sprays und Stifte sollten den Wirkstoff DEET enthalten (z. B. Autan). Kleidung und Mosquito-Netz können zusätzlich mit Permitherin behandelt werden.

(2) Dengue
Das Dengue-Fieber (auch Sieben-Tage-Fieber) ist eine Virusinfektionskrankheit, die durch die Aede-Mücke übertragen wird. Die Krankheit verläuft biphasisch mit zwei Fieberschüben, es kann jedoch auch zu inneren Blutungen kommen. 2 bis 5 % aller Krankheitsfälle enden tödlich. Zu den Hauptverbreitungsgebieten der Dengue zählen Lateinamerika, Zentralafrika, Indien und Südostasien. Einen Impfstoff gibt es bisher nicht, du kannst dich also nur durch mückenabweisende Mittel und hautbedeckende Kleidung schützen.

6. Get fit
Backpacken ist kein Erholungsurlaub. Es ist harte Arbeit. Stundenlange Busfahrten, kilometerweites Herumgerenne in der brütenden Hitze mit sämtlichem Gepäck, Schlafentzug und unregelmäßige Mahlzeiten. Auf Reisen kommt es öfter mal vor, dass man 24 Stunden lang mit Boot, Bus und Bahn unterwegs ist. Erreicht man dann endlich das Ziel, ist jedoch noch lange nicht Ruhe und Ausspannen angesagt. Vielmehr geht es nun daran, den Weg ins Stadtzentrum zu erfragen und eine preisgünstige Unterkunft ausfindig zu machen. Reisen fordert mitunter schon ziemlich.
Um im Laufe des Trips nicht schlapp zu machen, solltest du frühzeitig beginnen, deinen Körper „reisefit" zu machen. Das gilt besonders dann, wenn du nur selten sportlich aktiv bist.

Leichtes Krafttraining, Jogging oder Radfahren verbessern Ausdauer und Belastbarkeit, was dir auf Wanderungen und beim Marathon-Sightseeing in Großstädten zugute kommen wird. Körperliche Aktivität stärkt zudem das Immunsystem und du wirst weniger anfällig für lästige Erkältungen oder sonstige Erkrankungen.

Wichtig:
Beginne mit den Vorbereitungen so früh wie möglich! Aus Erfahrung weiß ich, dass die letzten Tage vor der Abreise super anstrengend sind. Die Tasche will gepackt werden, es stehen zahlreiche Abschiedsbesuche etc. an. Für den Vergleich von Versicherungsanbietern oder Ähnliches hast du da keinen Nerv mehr. Je organisierter deine Vorbereitungen, umso entspannter kannst du ins große Abenteuer starten.

VIII. Unterwegs

Die Reisevorbereitungen sind abgeschlossen, die Koffer gepackt und du steigst voller Vorfreude ins Flugzeug. Die nächsten Wochen und Monate werden viel Aufregung bringen. Doch das Backpacker-Dasein ist nicht immer ganz einfach. Gerade am Anfang musst du dich einer Reihe von Herausforderungen stellen. Du erlebst eine völlig fremde Kultur. Wie also am besten integrieren und was, wenn du einen Kulturschock erleidest? Welche Gefahren erwarten dich auf Reisen und wie gehst du ihnen am besten aus dem Weg? Wie bleibst du mit den Daheimgebliebenen in Kontakt und was, wenn alte und neue Welt plötzlich aufeinanderprallen und Besuch von deiner Familie oder Freunden ansteht? Antworten auf diese und weitere Fragen findest du im folgenden Kapitel.

1. Ankunft im fremden Land: Kulturschock

Endlich ist es soweit: Du kommst an deinem Reiseziel an. Dein erster Eindruck könnte kaum positiver sein: Die Menschen sind freundlich; du genießt es, durch die Straßen zu gehen, fremde Gerüche einzuatmen und exotische Speisen auszuprobieren; alles Neue erfüllt dich mit Aufregung und du freust dich darauf, eine völlig neue Kultur zu erfahren. Doch es dauert nicht lange und deine anfängliche Euphorie wandelt sich in das Gefühl, fehl am Platze zu sein. Du wirst dir des vollen Ausmaßes der kulturellen Unterschiede bewusst und trittst häufiger mal ins Fettnäpfchen. Du fühlst dich von den Mitgliedern der neuen Kultur abgelehnt und hast Angst, der neuen Herausforderung nicht gewachsen zu sein. Auch die Einheimischen kommen dir plötzlich nicht mehr so sympathisch vor, sondern aufdringlich, dumm und ungebildet. Das Erledigen ganz alltäglicher Handgriffe scheint im fremden Land ewig zu dauern. Dazu kommen Hitze, Straßenlärm und die ständige Präsenz von Bettlern. Du hast das Gefühl, mit der neuen Umgebung nicht klarzukommen und vermisst Familie und Freunde. Irgendwann im Laufe der Wochen bekommst du die neue Situation jedoch unter Kontrolle und erlangst dein altes Selbstbewusstsein zurück. Plötzlich macht es dir sogar Spaß, dich neuen Herausforderungen zu stellen. Du beginnst, kulturelle Unterschiede zu akzeptieren und übernimmst vielleicht auch die ein oder andere Verhaltensweise der Fremdkultur.

Bei dem soeben geschilderten Phänomen handelt es sich um den so genannten „Kulturschock". Der Begriff Kulturschock bezeichnet die Schwierigkeiten beim Zusammentreffen einer fremden Kultur mit der eigenen.

Bei der Ankunft in einem neuen Land wirst du dich oft erschöpft und ausgepowert fühlen. Die Tage vor der Abreise waren anstrengend und es gab viel zu organisieren: Tasche packen, Freunde verabschieden, Behördengänge usw. Du kommst an deinem Reiseziel an und fühlst dich reif für den Urlaub. Doch statt Erholung erwarten dich neue Herausforderungen: Zeitverschiebung, veränderte klimatische Verhältnisse, unbekannte Nahrungsmittel, eine dir fremde Sprache. Hinzu kommt die Sorge, sich Krankheiten einzufangen, überfallen oder als Tourist abgezockt zu werden. Du sehnst dich danach, deine Probleme mit einer dir vertrauten Person zu besprechen, doch Familie und Freunde sind weit weg und es gilt, neue Freundschaften zu schließen. Die Liste an Veränderungen, die es bei der Ankunft in einem fremden Land zu bewältigen gilt, ist endlos. Jede Einzelne bedeutet eine kleine Herausforderung und ist notwendiger Bestandteil des Reisens. Je mehr Veränderungen es zu bewältigen gilt, umso größer die Wahrscheinlichkeit, dass du dich überfordert und den Aufgaben nicht gewachsen fühlst. Die Intensität dieser Kulturkrise hängt somit also nicht unwesentlich davon ab, wie stark sich das Reiseland von deiner Heimat unterscheidet. Wer in die USA oder nach Australien reist, wird höchstwahrscheinlich weniger Probleme mit der Eingewöhnung haben als derjenige, der nach Indien oder Afrika reist. Du solltest die Möglichkeit eines Kulturschocks deshalb schon bei der Reiseplanung berücksichtigen. So macht es bei einem Trip durch Südamerika zum Beispiel Sinn, im westlich angehauchten Argentinien oder Chile zu starten, bevor es in schwierigere Länder wie etwa Peru oder Bolivien geht.

Aber wie bewältige ich denn nun eine Kulturkrise? Zunächst einmal solltest du dir vor Augen halten, dass das Erleiden eines Kulturschocks absolut normal und nicht etwa ein Zeichen von Schwäche ist. Die Überwindung ist eine der Aufgaben, welche dich im Laufe deiner Reise erwartet. Anders als 2-Wochen-All-Inclusive-Urlauber, die nur die schönen Seiten eines Landes zu Gesicht bekommen, versuchen wir nämlich, uns tatsächlich in eine fremde Kultur zu integrieren – und dieser Prozess dauert eine gewisse Zeit.
Grundvoraussetzung für die Verarbeitung der Kulturkrise ist zunächst, dass du die neue Kultur überhaupt verstehen willst. Trete Neuem aufgeschlossen gegenüber und vergiss deine eigenen Wertvorstellungen für eine Weile. Zeige Respekt für fremde Traditionen und Verhaltensweisen und versuche, Verständnis für die kulturellen Unterschiede aufzubringen. Sei geduldig und nimm dir Zeit, dich an die neuen Gegebenheiten anzupassen. Versuche jeden Tag aufs Neue, dich in die neue Kultur zu integrieren, statt gegen diese anzukämpfen. Verkrieche dich nicht, sondern werde aktiv. Nimm Kontakt zu Personen auf, die das neue System kennen und lass dir Sitten und Bräuche erklären. Lass dir bei alltäglichen Erledigungen wie etwa dem Einkauf von Lebensmitteln helfen. Probiere Neues (Essen, Kleidung

etc.) aus und erlerne die (Körper-) Sprache. Nimm dir eine Auszeit und verwöhn dich selbst ein wenig. Ein paar Nächte in einem schönen Hotel, ein Essen in einem guten Restaurant oder ein Kinobesuch bewirken oft Wunder. Unwahrscheinlich gut tun mir persönlich auch Ausflüge in große Einkaufszentren, denn egal wo du dich auf der Welt befindest, Einkaufszentren sehen fast überall gleich aus. Südamerika, Asien oder Europa – ein Shopping-Center gibt keinen Aufschluss darüber, in welchem Land du dich gerade befindest. Wenn mir die fremde Kultur mal wieder über ist und ich mich nach unseren westlichen Standards sehne, verbringe ich hier ein paar Stunden. Und nach meinem Ausflug in die Zivilisation bin ich dann auch wieder bereit, mich der neuen Kultur zuzuwenden.

2. Wie gehe ich mit der fremden Kultur um?
Je mehr du über dein Reiseland weißt, umso leichter wird es dir fallen, dich in die neue Kultur zu integrieren. Am besten beliest du dich schon vor der Abreise ausführlich über dein Ziel und die dort herrschenden Sitten und Bräuche. Wer bereits gut informiert ankommt, beugt damit von vornherein Missverständnissen vor, die sich auf Grund kultureller Unterschiede ergeben können.
Viele kulturelle Verhaltensweisen haben einen religiösen Ursprung. So solltest du zum Beispiel Buddhisten nie am Kopf berühren, da dieser als höchster Teil des Körpers und damit als heilig gilt. Den Fuß als niederstes Körperteil nie auf andere richten oder dazu benutzen, auf etwas zu zeigen. Frauen sollten nie direkten Körperkontakt zu buddhistischen Mönchen haben, da diese sich bereits nach der kleinsten Berührung einer komplizierten Reinigungszeremonie unterziehen müssen. Im Bus deshalb nie neben einen Mönch setzen oder ihm etwas in die nackte Hand geben. In muslimischen Ländern solltest du Gegenstände nie mit

der linken Hand überreichen oder annehmen, da diese als unrein gilt. Auch zum Essen nie die linke Hand verwenden, sondern sie stattdessen unter dem Tisch halten. Vor dem Betreten von Moscheen, Geschäften etc. zieht man die Schuhe aus und lässt sie vor der Tür stehen.

In vielen Ländern ist es unangemessen, in freizügiger Sommerkleidung herumzulaufen. Einige Teile Südostasiens sind streng muslimisch und nahezu alle Frauen tragen ein Kopftuch. Zwar ging ich selbst damals nicht so weit, wählte aber zumindest meine Outfits so, dass Beine und Schultern bedeckt waren. Oben-ohne-Sonnen und Nacktbaden ist fast überall tabu. Auch öffentliche Gefühlsäußerungen werden in vielen Ländern nicht gern gesehen und du solltest von diesen eher Abstand nehmen.

Die Gastfreundschaft, auf die du unterwegs treffen wirst, ist oft riesig. Es passiert unterwegs fast täglich, dass mir Einheimische im Bus kleine Geschenke bereiten, mitgebrachtes Essen teilen, mich zum Tee oder Dinner einladen oder mir gar ein Nachtquartier zur Verfügung stellen. Natürlich will ich meinem Dank dann in irgendeiner Art Ausdruck verleihen und eine Art „Gegenleistung" erbringen. Da das Anbieten von Geld von den meisten Leuten wahrscheinlich als Beleidigung aufgefasst würde, ist es besser, sich mit kleinen Geschenken erkenntlich zu zeigen. Ich nehme deshalb stets gezielt ein paar Sachen mit, die ich später verschenken kann. Das können Kugelschreiber, Seifen-Proben aus dem Hotel, Freundschaftsbänder oder auch ein Foto oder eine Postkarte aus Deutschland sein.

Wer zu einem Einheimischen nach Hause eingeladen wird, sollte ein Gastgeschenk mitbringen. Bei der Auswahl ist jedoch Vorsicht geboten. In China sollte man dem Gastgeber keinesfalls Blumen mitbringen, da man diese nur den Toten überreicht. Uhren sind als Geschenk ebenfalls tabu, da sie das Ende des Lebens symbolisieren. Vorsicht auch beim

Verschenken von Schneidegegenständen: Diese signalisieren, dass man eine Verbindung lösen will. Geschenke werden mit beiden Händen überreicht und erst ausgepackt, wenn der Gast wieder gegangen ist. Wer zu einem Moslem eingeladen ist, sollte diesem keinen Alkohol mitbringen. Stattdessen eignen sich etwa Obst oder Schokolode.
Wichtig sind auch die Tischmanieren. In China wird beim Essen nach Herzenslust gerülpst und geschmatzt. Dies gilt als Wertschätzung des Essens. In Thailand isst man mit Löffel und Gabel. Die Gabel wird allerdings lediglich dazu benutzt, das Essen zu zerteilen oder auf den Löffel zu schieben, zum Mund geführt wird dagegen nur der Löffel. Essstäbchen werden nach dem Essen neben die Schüssel gelegt. Stecke die Stäbchen nie aufrecht in die Schüssel, da dies an die Duftstäbchen erinnert, die man in Tempeln für die Toten aufstellt. Du deutest damit an, dass du den Anderen am Tisch den Tod wünschst. In vielen asiatischen Ländern wird dir der Gastgeber den Teller immer wieder von neuem füllen, solange du keinen Rest übrig lässt. Wer alles aufisst, signalisiert damit, dass er noch immer Hunger hat. Wenn du satt bist, solltest du deshalb etwas Reis auf dem Teller lassen.
Viele Einheimische werden dich über deine Reise ausfragen. Warum reist du? Für wie lange? Welche Länder besuchst du und wie viel kostet der Flug? Gerade in Entwicklungsländern wollte ich natürlich niemandem auf die Nase binden, dass ich eine einjährige Weltreise mache, dabei über dreißig Länder bereise und allein für den Flug mehr bezahle, als mein Gesprächspartner im Jahr verdient. Stattdessen erzählte ich lieber, dass ich gerade meinen Jahresurlaub hatte und lediglich für zwei Wochen unterwegs war.
Auch Gespräche über religiöse und politische Themen meidest du unterwegs am besten. Im südlichen Afrika solltest du Gesprächen über Rassismus aus dem Weg gehen.

Auch Themen wie Sexualität und damit AIDS gilt es besser nicht anzuschneiden. Unterhalte dich stattdessen lieber über Belangloses wie Sport oder die schöne Landschaft.
Du wirst dich wahrscheinlich fast überall auf der Welt mehr oder weniger auf Englisch verständigen können. Nichtsdestotrotz solltest du stets versuchen, auch ein paar Worte in der Landessprache zu erlernen. Ein einfaches „Hallo" genügt oft schon, um das Eis zu brechen und den Einheimischen zu zeigen, dass du dich für Land und Kultur interessierst.
Wichtig ist auch die Körpersprache. Diese ist nämlich keinesfalls eine globale Universalsprache, sondern kann von Land zu Land stark variieren. So bedeutet beispielsweise in Bulgarien ein Kopfnicken „nein" und Kopfschütteln „ja". Das Zu-Boden-Schauen während des Gesprächs deutet in der westlichen Welt auf Scheu oder Verlegenheit hin. In Afrika gilt es dagegen als Zeichen des Respekts und direkter Blickkontakt wird als grob unhöflich empfunden. Auch das Lachen ist nicht überall Ausdruck von Freude, sondern dient in asiatischen Ländern dazu, über Unsicherheit und Nervosität hinwegzutäuschen. Vorsicht ist bei Gesten geboten. So bedeutet etwa der mit Daumen und Zeigefinger geformte Ring in vielen Ländern „Alles okay". In einigen Ländern wird diese Geste jedoch als Beleidigung – etwa „Du Arschloch" – verstanden. Auch ein aufgerichteter Daumen bedeutet nicht überall, dass alles super ist. Wer in Australien per Anhalter fährt, sollte auf diese Geste besser verzichten. Hier bedeutet sie nämlich schlicht und einfach „Verpiss dich". In China steht der aufgerichtete Daumen für die Zahl „Fünf".

Nirgends in der Welt solltest du Personen fotografieren, ohne vorher ihr Einverständnis eingeholt zu haben. Die meisten Einheimischen werden bereitwillig posieren und sich sogar

geehrt fühlen, wenn du sie auf einem Foto ablichten willst. In Entwicklungsländern wird man eventuell Geld verlangen oder dich darum bitten, Abzüge der Bilder zuzuschicken. Da die Einheimischen in den meisten Fällen keine Chance haben, selbst Fotos aufzunehmen, liegt ihnen hieran sehr viel und du solltest nichts versprechen, was du später nicht hältst. Da ich auf monatelangen Reisen schon mal zur Vergesslichkeit neige, lasse ich oft sofort Abzüge im Fotoshop an der Ecke machen und die Einheimischen können sich diese dann selbst abholen.
In vielen Ländern ist es verboten, militärische Einrichtungen, Polizeistationen, Grenzübergänge sowie uniformierten Personen zu fotografieren.

Und wie verhältst du dich am besten, wenn du von Bettlern und Straßenkids nach Geld gefragt wirst? Zumindest für Kinder gilt grundsätzlich die Regel, dass du ihnen mit gut gemeinten Almosen eher schadest als Gutes tust. Einmal ans Betteln gewöhnt, vernachlässigen sie nämlich oft Schule und Ausbildung. Warum auch abmühen und einen Job erlernen, wenn es doch so viel einfacher ist, Geld von den Touristen zu nehmen? Behinderte sind dagegen meist auf Unterstützung durch die Gesellschaft angewiesen und Spenden bilden ihre einzige Einkommensquelle. Natürlich weißt du auch hier nie, ob das Geld wirklich für Nahrungsmittel oder nicht doch eher für Alkohol und Drogen ausgegeben wird. Es gibt also keine Faustregel. Ein guter Rat ist es zu schauen, wie sich die Einheimischen verhalten. Geben diese Geld, dann ist es wohl auch für den Touristen in Ordnung. Einen kleinen Beitrag kannst du auch leisten, indem du deine Einkäufe beim etwas teureren Straßenhändler statt im Supermarkt tätigst, dir einmal mehr als nötig vom Jungen im Park die Schuhe reinigen lässt oder dem Sänger im Bus etwas in den Hut wirfst.

Wer seine Einkäufe auf dem Markt tätigt, wird wahrscheinlich versuchen, die begehrten Waren durch Feilschen zu einem niedrigeren Preis zu erhalten. Das ist in Ordnung und wird in den meisten Fällen sogar erwartet. Handeln sollte jedoch beiden Seiten Spaß machen und sich im Bereich des Möglichen halten. Du solltest immer im Hinterkopf behalten, dass kleine Ersparnisse in deinem Geldbeutel oft einen großen Unterschied beim Händler machen. Versuche also nicht auf Teufel komm raus, jeden noch so geringen Preis noch weiter herunter zu handeln. Andererseits brauchst du dich aber auch nicht schuldig zu fühlen, etwas zum Spottpreis erstanden zu haben. Kein Händler willigt in den Verkauf seiner Waren ein, ohne dabei einen Gewinn zu erzielen.

Auch was Trinkgelder anbelangt, lassen sich keine allgemein gültigen Aussagen treffen. In Restaurants in den USA und Südafrika ist das Trinkgeld fast Pflicht und sozusagen fester Bestandteil der Rechnung. In Europa wird es dagegen eher als Bonus für guten Service erachtet. In Japan sind Trinkgelder unüblich und können sogar als beleidigend aufgefasst werden, da man signalisiert, dass man für guten Service erst zahlen muss. In Entwicklungsländern werden Trinkgelder in der Regel nicht erwartet, sind aber durchaus willkommen und verbessern den Service um ein Vielfaches. Du solltest deshalb überlegen, ob du dem Hotelpersonal nicht schon bei der Anreise einige Münzen zusteckst.

Du siehst also, dass die Sitten und Bräuche so vielfältig wie die Länder selbst sind. Bedingt durch kulturelle Unterschiede warten unterwegs eine Reihe von Fettnäpfchen. In den meisten Fällen kannst du diesen jedoch schon mit minimalem eigenen Aufwand aus dem Weg gehen und so vermeiden, dass du negativ auffällst. Wichtig ist, dass du gut informiert in dein Abenteuer startest. Nur wer über das notwendige Hintergrundwissen verfügt, kann sein Verhalten dem der Einheimischen anpassen und so dafür sorgen, dass Missverständnisse gar nicht erst auftreten.

3. Reisen - Ist das nicht gefährlich?

Wie alles im Leben bringt auch das Reisen gewisse Risiken mit sich. Doch wie gefährlich ist mein Reiseland wirklich? Welche Gefahren sind es, die mich unterwegs erwarten und wie kann ich mich am besten schützen? Dieses Kapitel soll dir helfen, das richtige Maß zwischen Vorsicht und Spaß zu finden. Auf dich aufpassen ist eine Sache. Andererseits solltest du dir aber auch nicht durch zu viel Angst die Chance vergeben, Land und Leute kennen zu lernen.

a. Wie gefährlich ist mein Reiseland wirklich?

Wer seinen Reiseentschluss Freunden und Bekannten kund tut, wird von diesen sicherlich ausführlich darüber aufgeklärt, wie gefährlich das Reiseland doch ist. Diebstahl, bewaffnete Raubüberfälle, Kidnapping und was da nicht noch so alles an Risiken auf dich wartet. Zunächst einmal heißt es jedoch Entwarnung, denn in 99,9% der Fälle kommen diese Ratschläge von Leuten, die das entsprechende Land noch nie selbst bereist haben. Ich erinnere mich noch gut an die Horrorgeschichten, die ich mir vor meinem Trip nach Kolumbien anhören musste – immer (!) von Leuten, die noch nie selbst dort waren. Fragte ich dagegen Backpacker, die gerade aus Kolumbien kamen, erzählten mir diese ausschließlich positive Dinge und auch mein Aufenthalt dort verlief schließlich ohne die geringsten Probleme.
Je exotischer das von dir gewählte Ziel, desto stärker werden wahrscheinlich die Reaktionen deines Umfeldes ausfallen. Nach meinen persönlichen Erfahrungen sind Reisen in weniger touristische Gegenden jedoch oft die besten Erlebnisse. Die Menschen sind noch vom Massentourismus

unverdorben und man trifft auf echte Gastfreundschaft. Die Einheimischen sind zwar zumeist überrascht, dass sich Fremde in ihr Land verirrt haben, tun aber alles, um den Aufenthalt für den Besucher so angenehm wie möglich zu gestalten. So zum Beispiel auch während meiner Reise durch Albanien. Am Anfang war ich mir gar nicht sicher, ob ich das Land überhaupt in meine Reiseroute aufnehmen sollte. Grund: mein Vater, der mich vor meiner Abreise zur Seite nahm und mir eindringlich ans Herz legte, in Albanien gut auf mich aufzupassen. Das gab mir zu denken. Normalerweise ist mein Vater nämlich gar nicht der Typ, der sich Sorgen macht. Und wenn er sich nicht nur sorgte, sondern seine Bedenken auch noch offen aussprach, dann war die Reise nach Albanien vielleicht wirklich keine so gute Idee.
Ich machte mich jedoch erst mal auf den Weg nach Osteuropa und beschloss, mich bei den anderen Backpackern umzuhören, wie es in Albanien mit der Sicherheit aussah. Ich traf unterwegs allerdings nicht viele Personen, die sich dorthin gewagt hatten. Ein Zeichen oder bloßer Zufall? Scheinbar war die Neuseeländerin aus meinem Hostel in Sarajevo die Einzige, die das Land besucht hatte. Sie fand es jedoch toll. Sie war wie ich allein unterwegs und hatte sich während ihres gesamten Aufenthaltes sicher gefühlt. Ich entschied schließlich, ebenfalls ein paar Tage in Albanien zu verbringen. Wohin mich mein Weg dabei genau führen sollte, wusste ich allerdings noch nicht, denn mein Reiseführer gab nicht viel an Informationen her. Aber Einzelheiten würden sich dann schon vor Ort ergeben.
Zunächst musste ich von Montenegro nach Albanien kommen. Es gab einen Bus ins 40 Kilometer von der Grenze entfernte Ulcinj und von dort fuhr angeblich zweimal täglich ein Minibus weiter. Allerdings wusste niemand so richtig, wann und wo. Aber gut, einen Schritt nach dem anderen.

Ich beschloss, erst mal nach Ulcinj zu fahren und dann weiterzusehen. Und siehe da, ich hatte Glück. Gleich auf dem Busbahnhof machte ich Bekanntschaft mit Rudi, einem älteren Herrn, der täglich Leute in seinem Privatwagen über die Grenze brachte. Außer mir waren auch noch zwei Mädels aus Dänemark interessiert, allerdings wollten die zwei nur für ein paar Stunden nach Albanien und dann wieder mit Rudi zurückfahren. Rudi sprach ziemlich gut Deutsch und ich übersetzte für die Däninnen. Kommunikationsprobleme gab es also keine. An der Grenze gelang es Rudi sogar, die bei der Einreise fällige Gebühr von 10 Euro auf 5 herunterzuhandeln. Zwar hatte man diese Gebühr im letzten Jahr offiziell abgeschafft, an diesem Grenzübergang schien das jedoch niemanden zu interessieren. Auch mein Versuch, mich vor der Zahlung zu drücken, indem ich eine Quittung verlangte, scheiterte. Hier war man vorbereitet und händigte mir ohne Diskussion ein Stück Papier aus, das einen mehr oder weniger offiziellen Eindruck erweckte. Nachdem wir unsere Stempel im Pass hatten, setzten wir unsere Fahrt fort und erreichten auch schon bald Shkoder. Hier gab es wohl eine interessante alte Festung und Rudi bot an, uns dort abzusetzen und eine Stunde später wieder abzuholen. Danach wollte er mich dann zum Bus nach Tirana bringen. Wir nahmen sein Angebot freudig an, besichtigten die Festung und trafen Rudi dann wieder am abgemachten Ort. Wie versprochen brachte er mich ins Zentrum und half mir bei der Suche nach dem Bus. In den meisten Städten Albaniens gibt es keinen zentralen Busbahnhof, vielmehr fahren die Busse und Sammeltaxis zu mehr oder weniger festen Zeiten an verschiedenen Orten ab. Ohne die Hilfe der Einheimischen ist man da natürlich aufgeschmissen. Aber zum Glück hatte ich ja Rudi. Es dauerte nicht lange und er hatte einen Platz nach Tirana für mich gefunden. Ich fuhr im Furgon, einem Minibus, der dann abfährt, wenn

genug Passagiere an Bord sind. Das war bequemer als der Bus und ich musste nicht erst auf die fahrplanmäßige Abfahrtszeit warten. Kaum saß ich im Wagen, kam auch schon ein albanisches Ehepaar vorbei und erkundigte sich in perfektem Deutsch, wohin meine Reise ging, wie lange ich im Land bleiben würde usw. Sie gaben mir auch gleich ein paar Tipps, wo ich in Tirana günstig ein Nachtquartier finden würde und wünschten mir dann eine gute Reise. Die Leute hier waren schon verdammt nett.
Der Fahrer, mit dem ich nunmehr auf Französisch kommunizierte, bot mir den Platz auf dem Beifahrersitz an, da ich von dort die beste Sicht hatte. Schon bald ging es los nach Tirana. Albanien war landschaftlich echt schön: Blauer Himmel, Seen, Felder und im Hintergrund die Berge. Nur an den chaotischen Straßenverkehr würde ich mich wohl erst noch gewöhnen müssen. Südamerika fand ich ja mitunter schon ziemlich krass, aber hier hatte ich wirklich Angst. Man überholte, ohne Rücksicht auf den Gegenverkehr zu nehmen, bremste grundlos, so dass der Hintermann beinahe auffuhr und Geschwindigkeitsbegrenzungen schien es auch nicht zu geben. Ich würde es in Albanien also künftig wie in Lateinamerika handhaben und mich im Bus immer schön weit nach hinten setzen, so dass ich vom Geschehen draußen möglichst wenig mitbekam. Um mich abzulenken, vertiefte ich mich ins Gespräch mit dem Fahrer. Dass ich das letzte Mal Französisch gesprochen hatte, war ziemlich lange her und ich musste mich ganz schön konzentrieren. Es gelang mir jedoch, allerhand Informationen über das Land in Erfahrung zu bringen. Der Fahrer wollte wissen, welche Orte Albaniens ich besuchen wollte. Ich erklärte ihm, dass ich das noch nicht so genau wisse und wahrscheinlich von Tirana nach Mazedonien weiterreisen würde. Er meinte jedoch, dass die Küste einfach traumhaft sei und ich mir diese auf keinen Fall entgehen lassen sollte. Angeblich fuhren von

Tirana viele Busse und Furgons nach Vlora und von dort konnte ich dann problemlos nach Saranda weiterreisen. Der Weg dorthin führte wohl über eine wunderschöne Panorama-Straße und am Ziel erwarteten mich Sonne, Strand und Meer. Ich schlug meinen Reiseführer auf und schaute mir auf der Landkarte an, wohin er mich da schicken wollte. Ja, Strände schien es an der Küste wirklich genügend zu geben. Ich würde zwar vermutlich viele Stunden im Bus zubringen, um diese zu erreichen, aber wenn die Küstenstraße hübsch anzusehen war, dann nahm ich dieses Opfer gern auf mich. Wie sagt man so schön: „Der Weg ist das Ziel." Ich ließ mir noch schnell erklären, wie ich später von Saranda nach Mazedonien gelangte und entschied spontan, am nächsten Tag an die Küste zu reisen.
In Tirana angekommen, erklärte mir der Fahrer, von wo am nächsten Tag mein Minibus abfuhr und dann verabschiedeten wir uns. Schnell fand ich eine Unterkunft und machte dann einen Spaziergang durch die Stadt. Viel zu sehen gab es hier nicht. Schon nach einer Stunde kehrte ich ins Hotel zurück und stürzte mich in die Planung meiner weiteren Reiseroute. Gut, in meinem Reiseführer hatte man diesen Teil Albaniens einfach mal komplett ausgelassen und auch im Internet fand ich kaum Informationen. Hostels schien es hier jedenfalls nicht zu geben. Aber egal, ich würde schon irgendwo ein Schlafquartier finden.
Am nächsten Morgen machte ich mich in aller Frühe auf den Weg. Nach etwa drei Stunden erreichte ich Vlora. Ich schaute mich dort in aller Ruhe um und beschloss dann, die Weiterreise nach Saranda anzutreten. Ich ging zurück zu dem Platz, an dem das letzte Furgon mich herausgelassen hatte. Offenbar fuhren von hier Busse an verschiedene Orte. Da es mir allein nicht gelang, ein Fahrzeug nach Saranda ausfindig zu machen, fragte ich einen Einheimischen. Dieser beherrschte viele Sprachen: Griechisch, Italienisch,

Serbokroatisch und natürlich Albanisch. Ich war ziemlich beeindruckt von seinem Sprachtalent, welches mir allerdings nicht weiterhalf. Letztlich zeichnete er mir jedoch auf, wie ich zu meiner Bushaltestelle kommen würde und ich wanderte los. Unterwegs fragte ich weitere Personen nach dem Weg und alle deuteten in dieselbe Richtung. Etwa 20 Minuten später erreichte ich dann auch den Ort, wo mein Bus nach Auskunft der Einheimischen abfahren sollte. Gut, Busse gab es hier zur Genüge. Aber welcher davon war meiner? Ich wendete mich an zwei Busfahrer, die im Schatten saßen und in ein Gespräch vertieft waren und fragte „Autobusi Saranda?". Sie begannen daraufhin, ohne Punkt und Komma auf mich einzureden. Nur mit Mühe gelang es mir, sie in ihrem Redefluss zu stoppen und ihnen zu erklären, dass ich nichts verstand. Ich hatte noch nicht ganz ausgeredet, da plapperten sie auch schon pausenlos weiter. Jedenfalls schien es hier keinen Bus zu geben, der in der nächsten Zeit nach Saranda fahren würde. Während wir da so in unsere „Diskussion" vertieft waren, kam ein junger Mann auf uns zu und fragte: „Do you speak English?" Yes! Dich schickt der Himmel! Danke! Ich erklärte ihm, wohin ich wollte und er versprach, mir zu helfen. Der junge Mann, der sich mir als Mustafa vorstellte, unterhielt sich kurz mit den Busfahrern und meinte dann, dass ich hier falsch sei. Angeblich musste ich wohl zu dem Platz mit der Moschee zurück. Ich sagte ihm, dass man mich von dort gerade hierher geschickt hatte, woraufhin er sein Telefon zückte und die Nummer eines in Vlora wohnenden Freundes wählte. Dieser erklärte ihm, dass es einen Bus gab, der in einer halben Stunde im Stadtzentrum abfahren würde. Mustafa meinte, wir würden einfach einen Kaffee trinken gehen und ich würde dann in aller Ruhe in meinen Bus steigen. Genau das taten wir und kurze Zeit später hielt tatsächlich ein Bus mit der Aufschrift „Saranda" direkt vor unserem Café. Mustafa ging zum

Fahrer, um sich nach der Abfahrtszeit zu erkundigen, erfuhr dabei jedoch, dass der Bus gerade aus Saranda kam und erst am nächsten Tag zurückfahren würde. Er versprach jedoch, dass wir einen anderen Bus für mich finden würden. Ich war inzwischen ganz entspannt. Wenn ich heute nicht mehr weiter nach Saranda kam, dann würde ich halt in Vlora übernachten. Oder zurück nach Tirana fahren und von dort weiter nach Mazedonien reisen, wie ich es ursprünglich sowieso vorhatte. Ich hatte ja keinen festen Plan, wurde nirgends erwartet und konnte somit ganz spontan machen, wonach mir gerade war. Wir bestellten einen zweiten Kaffee und wenig später gesellte sich auch Mustafas Cousin zu uns. Der kam zwar aus Vlora, von Bussen nach Saranda wusste aber auch er nichts. Er versicherte mir jedoch, wie auch schon der Busfahrer am Vortag, dass die Küstenstraße dorthin einfach traumhaft sei und ich mir diese auf jeden Fall ansehen sollte. Allerdings nutzten die Busse dorthin wohl zwei verschiedenen Routen und man müsse aufpassen, dass man die Richtige wählt. Die zwei versprachen jedoch, dafür zu sorgen, dass ich im richtigen Bus landete. Kurz darauf machte sich der Cousin auf den Weg, um sich im Ort nach Bussen und deren Abfahrtszeiten zu erkundigen. Mustafa und ich bestellten einen weiteren Kaffee und setzten unser Gespräch über Leben und Leute in Albanien fort.

Als der Cousin wenig später zurückkehrte, erklärte er uns, dass er einen Bus gefunden hatte, dieser jedoch nur bis Himala fahren würde. Himala lag genau zwischen Vlora und Saranda, hatte auch einen Strand und den schönsten Teil der Panorama-Straße würde ich bereits auf dem Weg dorthin zu Gesicht bekommen. Am nächsten Tag konnte ich dann von dort nach Saranda weiter reisen. Der Bus sollte gegen 12.30 Uhr abfahren. Bis dahin war es nicht mehr lange und Mustafas Cousin bot an, mich auf dem Motorrad zur Bushaltestelle zu bringen. Angesichts der Tatsache, dass sich

die Außentemperaturen um die 40 Grad Celsius bewegten, nahm ich dieses Angebot dankend an. Mustafa meinte, er würde zu Fuß nachkommen und dann mit uns gemeinsam auf den Bus warten. Gesagt, getan. Beim Abschied bedankte ich mich herzlich bei den beiden, denn ohne ihre Hilfe wäre es mir wohl nie und nimmer geglückt, Vlora zu verlassen. Wir tauschten noch schnell Email-Adressen aus und dann ging es für mich ab nach Himala.
Im Bus hatte ich gleich noch mal Glück. Neben mir saß Gente, ein Albaner, der ebenfalls gut Englisch sprach. Wir kamen ins Gespräch und ich erzählte ihm, dass ich nach Himala wollte. Er meinte, dass er auf dem Weg ins Nachbardorf Borshi war, da er dort ein paar Ferienwohnungen besaß. Seit Beginn der Woche standen die Wohnungen wohl wieder leer, da die Hauptferienzeit bereits vorbei sei. Gente schlug mir vor, mit nach Borshi zu fahren und umsonst in einem der Apartments zu wohnen. Die Zimmer standen ja sowieso frei und er würde sich freuen, mir zu helfen. Gut, ich fuhr also nach Borshi. Die Straße dorthin war wirklich bezaubernd. Wir überquerten einen Bergpass und nachdem wir dessen Spitze erreicht hatten, eröffnete sich uns die Sicht auf kilometerlange Strände, türkisfarbenes Meer und zahlreiche kleine Inseln. Bei klarem Himmel konnte man von hier bis nach Griechenland sehen. Man hatte mir wirklich nicht zu viel versprochen. Albaniens Küste war einfach traumhaft und ich war froh, dass ich beschlossen hatte, mir außer der Hauptstadt auch noch einen anderen Teil des Landes anzuschauen.
Als wir in Borshi ankamen, zeigte mir Gente mein Nachtquartier. Die Lage war einfach traumhaft. Keine zwei Minuten und schon war ich am Strand. Kristallklares Meer und dazu die Berge im Hintergrund – ein wahres Paradies auf Erden. Am Abend traf ich Gente in einem der Restaurants am Strand und er stellte mich seinen Freunden vor. Wir saßen gemütlich bei einem Glas Wein zusammen und unterhielten

uns über alles Mögliche. Konnte es wirklich sein, dass ich gerade mal ein paar Stunden hier war und mich schon wie zu Hause fühlte? Später gingen wir in die Disko nebenan und tanzten zu albanischer und griechischer Musik. Egal ob jung oder alt, hier war wirklich alles vertreten und jeder machte auf der Tanzfläche mit.
Ich beschloss, einen weiteren Tag in Borshi zu verbringen und einfach am Strand auszuspannen. Den Abend verbrachte ich wieder mit Gente und seinen Freunden. Als ich am darauf folgenden Morgen mit dem Bus nach Vlore zurückkehren wollte, holte mich der Fahrer sogar direkt vor der Haustür ab. Auch die Weiterfahrt nach Mazedonien verlief dank Hilfe der freundlichen Albaner ohne Probleme. Ich musste zwischendurch mehrmals irgendwo auf der Landstraße den Bus wechseln und hoffte stets, dass mir der Fahrer auch Bescheid sagen würde, wenn es so weit wäre. Meine Angst, eine Haltestelle zu verpassen, erwies sich jedoch als unbegründet. Den anderen Passagieren war meine Aufregung offenbar nicht entgangen und sie sorgten dafür, dass ich meine Haltestelle nicht verpasste.

Vier Tage Albanien und meine Erlebnisse hätten kaum positiver sein können. Ich erfuhr Gastfreundschaft, wie man sie heutzutage wohl nur noch selten antrifft. Ich bin froh, mich entgegen der Warnungen meines Umfeldes mal in ein Gebiet jenseits des Touristenrummels begeben zu haben. Es wird wahrscheinlich nicht mehr lange dauern und man wird auch diesen Teil unseres Planeten mit riesigen Hotels zubauen und die Touristen in Massen einfliegen. Ob die Menschen dort dann immer noch so freundlich zu Fremden sein werden? Ich wage es zu bezweifeln.

b. Welche Gefahren erwarten dich unterwegs?
Es ist also erst einmal Entwarnung angesagt. So schrecklich,

wie man es dir vor deiner Abreise wahrscheinlich einreden wird, ist dein Reiseziel mit Sicherheit nicht. Lass dich in keinem Fall von den Schauergeschichten der Anderen einschüchtern oder möglicherweise gar von deinen Reiseplänen abbringen. Viele der potentiellen Gefahren, von denen man dir berichten wird, existieren lediglich in den Köpfen der unwissenden Daheimgebliebenen.
Nichtsdestotrotz bringt das Reisen natürlich gewisse Risiken mit sich. Mit gesundem Menschenverstand und dem richtigen Maß an Vorsicht lässt sich diesen jedoch weitgehend aus dem Weg gehen. Die wohl wichtigste Regel: Vertraue deinen Instinkten und gehe keine Risiken ein, die du nicht auch zu Hause auf dich nehmen würdest.

(1) Diebstahl, Überfälle etc.
Die häufigste Form von Kriminalität ist Diebstahl: Jemand greift dir in einem unbeobachteten Moment in die Tasche, schneidet diese auf und bedient sich oder nimmt sie gleich ganz mit. Zudem gibt es eine Reihe von Maschen, mit denen Diebe ihre ahnungslosen Opfer zunächst ablenken und dann zuschlagen. So ist zum Beispiel Vorsicht geboten, wenn ein Fremder plötzlich seine Hilfe anbietet, eine fragwürdige Substanz von deinem Rücken zu entfernen. Deine Verwirrung ausnutzend, wird der Täter oder ein Komplize im nächsten Augenblick wahrscheinlich versuchen, sich mit deinen Wertsachen aus dem Staub zu machen.
Die meisten Diebstähle lassen sich glücklicherweise vermeiden. Lasse Wertgegenstände möglichst im Hotel(-safe) oder transportiere diese vor den Augen anderer geschützt am Körper. Teuren oder teuer wirkenden Schmuck lässt du am besten gleich ganz zu Hause. Ins Portemonnaie bzw. die Hosentasche gehört nur soviel Geld, wie du für den Tag benötigst. Vorsicht bei dichtem Menschengedränge. Deinen Rucksack trägst du in dieser Situation besser auf dem Bauch

statt auf dem Rücken. Zusätzlich kannst du diesen durch ein kleines Vorhängeschloss vor dem Zugriff Unbefugter schützen. Auch wenn du dich mal verläufst, solltest du nach außen immer den Anschein erwecken, genau zu wissen, wo du gerade bist und wohin du gehst. Laufe nie mit Reiseführer oder Stadtplan in der Hand durch die Gegend, da man dich so sofort als Touristen erkennt und du leicht zum Opfer wirst. Ich fertige mir meist vor Verlassen des Hostels einen kleinen Spickzettel mit der Wegbeschreibung zu meinem Ziel an und werfe dann hin und wieder unauffällig einen Blick drauf. Muss ich doch einmal meinen Stadtplan zücken oder nach dem Weg fragen, so tue ich das in einem Geschäft oder Café, wo es nur wenige Leute mitbekommen.
Helfen alle Sicherheitsvorkehrungen nichts und es kommt zu einem Überfall, so solltest du die geforderten Gegenstände ohne Diskussion herausgeben. Versuche, Ruhe zu bewahren und hake das Ganze als Erfahrung ab. Du solltest keinesfalls körperlichen Widerstand leisten oder hinter dem Dieb herlaufen. Du weißt nie, ob der Täter nicht vielleicht bewaffnet ist und zu welch unüberlegten Handlungen er aus Angst oder Frust über einen etwaigen Misserfolg bereit ist. Zu verlieren haben diese Leute letztlich nämlich nichts.

Nach all den Jahren des Reisens kann ich natürlich auch einen Überfall auf meinem Erfahrungskonto verbuchen. Ich spazierte damals durch die Straßen von Rio de Janeiro und bemerkte dabei gar nicht, dass ich mich immer weiter von den Menschenmassen entfernte, bis sich schließlich keine Menschenseele mehr um mich herum aufhielt. Wie aus dem Nichts tauchten plötzlich zwei Straßenkinder neben mir auf, drängten mich gegen die Wand und versuchten, mir meine Tasche abzunehmen. Reflexartig riss ich diese an mich und übergab den beiden stattdessen das Bargeld, das sich in meiner Hosentasche befand. Leider begnügten die zwei sich damit nicht und fummelten auch weiterhin an meiner Tasche herum. Einer der beiden fand darin meine Kamera und mit dieser machten sie sich schließlich aus dem Staub. Glück im Unglück: Ich hatte gerade erst am Vortag sämtliche Fotos auf eine CD brennen lassen und verlor zumindest kaum Fotos. Und nochmals Glück im Unglück: Ich war kurz zuvor ordentlich shoppen und hatte kaum Bargeld übrig.

Erfreulich ist solch ein Zwischenfall natürlich nicht, du solltest dir aber dadurch nicht deinen Trip vermiesen lassen. Verbuche das Geschehene einfach als Erfahrung. Das tat ich selbst damals auch. Denn ein Gutes hatte der Vorfall letztlich doch: Er öffnete mir die Augen für andere potentielle Gefahren. Nach dem Überfall überlegte ich zweimal, ob bestimmte Gegenden wirklich sicher waren oder ob es nicht vielleicht doch besser war, umzukehren. Ich verhielt mich fortan wieder vorsichtiger und entging so eventuell Schlimmerem.

Die Gefahr, bestohlen zu werden, besteht jedoch nicht nur außerhalb des Hostels. Leider kommt es auch immer wieder vor, dass Backpacker sich untereinander beklauen. Wer sich entscheidet, im Dorm zu übernachten, sollte seine Wertsachen nie unbeaufsichtigt lassen. Oft gibt es im Hostel Schließfächer, in denen du deine Sachen sicher verwahren kannst. Ist dies nicht der Fall, kannst du deine Wertgegenstände meist an der Rezeption hinterlegen.
Ebenfalls keine Seltenheit: Einbrüche in Hotelzimmer während der Abwesenheit des Gastes. Gib Fremden nie Auskunft darüber, in welchem Hotel/-zimmer du dich aufhältst. Fragt dich jemand, sage entweder, dass du dich nicht erinnerst oder gib den Namen eines anderen (billigen!) Hotels an.

Ich rate auch jedem dringend davon ab, Fremde mit aufs Zimmer zu nehmen. Die meisten Hotels/Hostels verbieten das ohnehin. Nichtsdestotrotz traf ich unterwegs so einige Backpacker, die nach einer feurigen Liebesnacht aufwachten und die Bekanntschaft der letzten Nacht war samt Geld, Kamera und anderer Wertsachen fort.

Jeder von uns hofft natürlich, seine Reise unbeschadet ohne Überfälle oder sonstige Verluste zu überstehen. Dennoch solltest du auf Zwischenfälle dieser Art vorbereitet sein. Schon mit wenig Aufwand kannst du sicherstellen, dass du im Ernstfall nicht völlig hilflos dastehst.
Vor der Abreise solltest du unbedingt Kopien von deinem Reisepass, Führerschein, Flugticket und anderen wichtigen Dokumenten machen und diese dann unterwegs, getrennt von den Originalen aufbewahrt, mit dir führen. Besser noch: sämtliche Dokumente scannen und in deinem Email-Account speichern. So kannst du die Daten stets abrufen. Solltest du auf Reisen wirklich mal alles verlieren, kannst du immerhin noch deine Identität darlegen.
Bei meiner Ankunft in Mexiko ließ ich mir eine kleine Tasche ins Innere meines Hosenbeines nähen. In dieser befinden sich eine Kopie meines Reisepasses (im Falle, dass ich mich auf der Straße ausweisen muss) und eine zusammengerollte 20-Dollar-Note. Werde ich beispielsweise während einer Clubtour bestohlen, so kann ich trotzdem noch die Rückfahrt zum Hostel bezahlen.

Wirst du unterwegs bestohlen, solltest du dies immer der Polizei melden. Nicht, weil Aussicht darauf besteht, dass du deine Sachen wieder bekommst, sondern weil du die Anzeige später deiner Versicherung vorlegen musst. Ist die Schadensmeldung in einer anderen Sprache verfasst, bemühe dich am besten gleich vor Ort um eine mehr oder weniger

offizielle Übersetzung. Mögliche Anlaufstelle hierfür sind Universitäten.
In keinem Fall solltest du dir von einem negativen Erlebnis den Reisespaß verderben lassen oder deinen Trip gar ganz abbrechen. Du bist nicht der erste Reisende, der bestohlen wurde und gewiss auch nicht der letzte. Lass dir von anderen Backpackern vorübergehend mit dem Nötigsten aushelfen. Entscheide, was du wirklich brauchst und kaufe Ersatz.
Viele Backpacker empfinden nach dem ersten Schock sogar ein seltsam befreiendes Gefühl und sind überrascht, mit wie wenig sie eigentlich auskommen können. So erzählte mir beispielsweise ein junges Mädchen, dass ihr in Australien die Reisetasche mit ihrer gesamten Kleidung gestohlen wurde. Sie schaffte damals jedoch wenig Neues an und ließ sich stattdessen von Leuten versorgen, die sie unterwegs kennen lernte. Dies hatte nicht nur den Vorteil, dass sie mit wenig Gepäck reiste, sie trug zudem auf fast jedem Erinnerungsfoto ein anderes Outfit. Eine andere junge Dame war mit ihrer Tochter im Zug nach Polen unterwegs. Während eines nächtlichen Stopps stiegen Leute durch die Fenster ein und erleichterten sie um Ausweis, Bargeld, EC-Karte etc. Dennoch mussten die zwei ihren Urlaub nicht abbrechen. Die übrigen Passagiere schenkten den beiden damals 50 Euro – genug für eine Woche Camping.
Drei Wochen vor unserer Rückkehr aus Südafrika erwischte es meine Mitbewohner und mich auch übel. Am hellichten Tag wurde in unsere Wohnung eingebrochen und Laptops, Kameras und andere elektronische Geräte gestohlen. Pech, dass meine Hausratversicherung damals nicht für den Schaden aufkam. Glück, dass ich zu diesem Zeitpunkt bereits meine Masterarbeit eingereicht hatte und nicht noch einmal von vorn anfangen musste. Was das Wiederbeschaffen der Erinnerungsfotos anbelangte, erwiesen sich meine Kommilitonen als äußerst hilfsbereit. Fast jeder, mit dem ich

im Laufe des Jahres auch nur flüchtig zu tun hatte, fertigte mir eine CD an, so dass ich am Ende sogar mehr Fotos als vorher hatte.
Mein Gesamteindruck nach einem Jahr in Südafrika war trotzdem sehr positiv. Materielles relativiert sich unterwegs eben schnell und negative Erlebnisse sind bei der Heimkehr längst vergessen. Was bleibt ist die Erinnerung an die vielen schönen Erlebnisse, der Zugewinn an Erfahrungen und viele neue Freunde in allen Teilen der Erde.

(2) Der Tourist als Opfer
Ob Taxifahrt oder Einkauf auf dem Markt - als Tourist zahlt man oft ganz einfach mehr. In Südamerika gibt es in vielen Ländern ein duales Preissystem. So zahlen Touristen etwa für Eintritte in Nationalparks und Museen, mitunter aber auch für die Übernachtung im Hotel einen höheren Preis als die Einheimischen. Aber auch dort, wo nicht offiziell unterschiedliche Preise Anwendung finden, zahlt man als Tourist schon mal das Doppelte oder Dreifache des eigentlichen Preises.
Natürlich habe ich, verglichen mit dem Großteil der Bevölkerung meiner Urlaubsländer wahrscheinlich mehr Geld, das bedeutet jedoch nicht, dass ich auch überall mehr zahlen will. Auf Märkten, wo es keine festen Preise gibt, sondern man diese vielmehr durch Feilschen aushandeln muss, ist meine Toleranzschwelle relativ hoch angesiedelt. Zahle ich hier mehr als die Einheimischen, ist das für mich in Ordnung, denn schließlich ist der Preis ja das Ergebnis meiner Verhandlungskünste. Nichtsdestotrotz ist es eine gute Idee, sich im Vorfeld nach den ungefähren Preisen bestimmter Waren zu erkundigen, um nicht völlig blauäugig in die Verhandlungen zu starten.
Was das Aushandeln von Preisen für Taxifahrten angeht, bin ich dagegen weniger nachsichtig. Ich habe manchmal

das Gefühl, dass Taxifahrer im Ausland nur darauf warten, dass endlich ein Tourist kommt, den sie dann abzocken können. Grundsätzlich verzichte ich auf Reisen ohnehin auf die Inanspruchnahme von Taxis und nehme stattdessen lieber den Bus. Hier hat die Fahrt einen festen Preis und dieser ist für alle Insassen derselbe. Taxifahrten lassen sich jedoch nicht immer und überall vermeiden. In Peru gibt es beispielsweise kaum öffentliche Transportmittel zwischen den Busstationen und Stadtzentren. Bei jeder Ankunft in einem neuen Ort musste ich deshalb zunächst einen angemessenen Preis für die Beförderung zum Hostel aushandeln. Je touristischer das Gebiet, umso schwieriger gestaltete sich diese Aufgabe. In Cusco, einem Ort nahe der berühmten Inca-Ruinen Machu Picchu, versicherte mir die Taxifahrermafia bei der Ankunft am Busbahnhof, dass die Fahrt ins Zentrum 10 Soles kosten würde. Glücklicherweise befand ich mich zu diesem Zeitpunkt bereits lange genug im Land, um mich nicht blind auf diese Aussage zu verlassen. Bevor ich mich für ein Taxi entschied, erkundigte ich mich bei einem neutralen Einheimischen, wie viel eine solche Fahrt tatsächlich kostete und erfuhr, dass es nicht mehr als 3 Soles sein sollten. Mit dieser Information im Hinterkopf verließ ich die Busstation und begab mich hinaus auf die Straße, da es hier in der Regel einfacher ist, einen günstigen Preis auszuhandeln. Die Taxifahrer an der Busstation wissen ja doch, dass früher oder später ein unwissender Tourist ankommt, der sich zum dreifachen Preis chauffieren lässt und warten natürlich lieber ab. Aber auch außerhalb des Busbahnhofs gelang es mir nicht, einen ehrlichen Fahrer zu finden. Das beste Angebot, das man mir hier machte, waren 6 Soles. Letztlich stieg ich einfach in ein Taxi ein und erklärte dem Fahrer, dass die Fahrt 3 Soles kosten würde und ich nicht bereit war, mehr zu zahlen. Er meinte daraufhin, dass er mich für 4 Soles an mein Ziel bringen könnte. So langsam näherten wir uns ja dem wirklichen Preis, was meinen Verhandlungsehrgeiz weiter anstachelte. Auf der anderen Seite war ich mittlerweile schon ziemlich wütend darüber, dass man als Tourist scheinbar keine Chance hatte, sich zum wahren Preis befördern zu lassen. Wie gut, dass ich wenigstens Spanisch sprach, denn so konnte ich den Fahrer vor die Entscheidung stellen, mich entweder für 3 Soles ins Zentrum zu fahren oder an der nächsten Ecke wieder aussteigen zu lassen. Und siehe da, es wirkte.

Natürlich bin ich auf Reisen nicht immer so energisch und willensstark – schon gar nicht, wenn ich 20 Stunden im Bus verbracht und kaum geschlafen habe. Oft ist es mir auch ganz einfach zu doof, mich eine halbe Ewigkeit wegen weniger Cents herumzustreiten. Das Problem ist jedoch ein ganz anderes: Je mehr Leute sich von den Taxifahrern abzocken lassen, desto dreister werden diese und die Preise, die man von uns Touristen verlangen wird, werden auch weiterhin in die Höhe schießen. Viele Touristen machen sich gar nicht erst die Mühe, sich nach den wirklichen Preisen zu erkundigen und zahlen einfach den Betrag, den man ihnen bei der Ankunft nennt. Oft sind diese Leute ja auch nur für zwei Wochen im Urlaub und es stört sie kaum, ob sie hier und da ein paar Euro mehr zahlen. Wir Backpacker sind dagegen monatelang unterwegs und haben ein begrenztes Budget. Bei uns macht es sich auf Dauer schon in der Reisekasse bemerkbar, ob wir uns täglich um ein paar Euro übers Ohr hauen lassen oder auf unserem Recht beharren und diskutieren.

Du solltest auf jeden Fall immer im Voraus Preise für Taxifahrten aushandeln. Dies gilt auch dann, wenn ein Taximeter benutzt wird. Einige Fahrer werden dich nämlich nicht auf direktem Weg ans gewünschte Ziel bringen, sondern vorher mit dir eine unfreiwillige Stadtrundfahrt unternehmen, für die du dann ebenfalls zur Kasse gebeten wirst. Du solltest deshalb nie zugeben, dass du das erste Mal in einer Stadt bist. Gib vor, genau zu wissen, wo du bist, wohin du willst und wie viel die Fahrt kostet (erkundige dich vorher im Reiseführer oder bei den Ortsbewohnern). Verlangt der Taxifahrer am Ziel mehr als ursprünglich vereinbart, so beharre auf dem dir zugesicherten Preis und drohe notfalls an, die Polizei zu rufen. Der Fahrer wird wahrscheinlich spätestens dann nachgeben.

Taxifahrer erhalten oft eine Provision, wenn sie Reisende zu bestimmten Hotels bringen. Vorsicht ist deshalb geboten, wenn dein Taxifahrer dir erzählt, dass das von dir gewählte Hotel vor ein paar Monaten geschlossen hat, er aber ein günstiges anderes Quartier kennt. Oder du weißt noch nicht, wo du die Nacht verbringen wirst und der Fahrer bietet dir an, dich zu einem Hotel zu bringen, wo du zu einem günstigen Preis übernachten kannst. Dort angekommen, kostet das Zimmer oft ein Vielfaches von dem, was man dir vorher zugesichert hat, da angeblich alle billigen Zimmer belegt sind.

Der Taxifahrer als Feind des Touristen. Es gibt natürlich auch aufrichtige Fahrer, die einfach nur ihren Job erledigen, oft sind diese jedoch schwer zu finden. Um Problemen von vornherein aus dem Weg zu gehen, fahre ich fast ausschließlich mit öffentlichen Verkehrsmitteln. Das ist billiger, die Fahrt hat einen festen Preis und ich komme zudem mit Einheimischen in Kontakt, die mir eine ehrliche Auskunft darüber geben, wo ich preisgünstig übernachten kann.

Anders sieht das jedoch aus, wenn ich erst nach Einbruch der Dunkelheit irgendwo ankomme. Ich versuche unterwegs stets, dies zu vermeiden, manchmal ist das jedoch nicht möglich. Spät abends oder nachts nehme ich nie den Bus, sondern immer ein Taxi. An vielen Flughäfen und Busstationen gibt es hier übrigens einen Prepaid-Taxi-

Service. Du zahlst bereits im Voraus für die Taxifahrt und erhältst einen Gutschein, dem du den Fahrer überreichst. Abzocke ausgeschlossen.

Vorsicht ist auch vor Trickbetrügern geboten. Besonders in Großstädten operieren oft ganze Netzwerke von Betrügern, die Touristen gleich reihenweise abzocken.
So werden zum Beispiel in Bangkok seit vielen Jahren ahnungslose Opfer in Juweliergeschäfte gelockt und zum Kauf von angeblich hochwertigen Edelsteinen überredet. Nach Auskunft der Betrüger können diese in Deutschland mit hohem Gewinn weiterverkauft werden. Zu Hause angekommen stellt sich die Ware natürlich als wertlos heraus. Wer Opfer eines solchen Versuchs wird, sollte den Laden am besten sofort verlassen. Seriöse Juweliergeschäfte arbeiten ohne Schlepper.
In Moskau auf dem Roten Platz lassen Trickbetrüger scheinbar versehentlich ihr Portemonnaie fallen. Nachdem das hilfsbereite Opfer die Geldbörse aufgehoben und zurückgegeben hat, zählt der Betrüger das darin befindliche Geld und stellt fest, dass etwas fehlt. Der Tourist wird nun beschuldigt, beim Aufheben Geld aus der Brieftasche genommen zu haben. Nicht selten wird sich dabei ein vermeintlicher, zufällig vorbeigehender Polizist einschalten und die Betrüger werden das Opfer nunmehr gemeinsam zwingen, das angeblich fehlende Geld zurückzuzahlen.
Eine beliebte Masche in Peking ist es, den Touristen zu einer Tee-Zeremonie „einzuladen“. Ein Betrüger freundet sich mit dem Opfer an und bringt dieses in ein Restaurant, wo verschiedene Köstlichkeiten aufgetragen werden. Ein Menü bekommt der ahnungslose Tourist nicht zu Gesicht, er wird jedoch annehmen, dass dies so üblich sei. Wird am Ende die Rechnung serviert, so belaufen sich die Kosten nicht selten auf 100 Dollar pro Kopf. Der vermeintliche

Freund wird dem Komplizen eine Banknote überreichen, um seinen Teil der Rechnung zu begleichen und vom Touristen wird nunmehr dasselbe erwartet.
Ebenfalls beliebt: Jemand gibt sich als Zivilpolizist aus und fordert eine Geldstrafe für ein vermeintliches Vergehen. Gerätst du in eine solche Situation, verlange stets, dass ihr euch gemeinsam auf das nächste Polizeirevier begebt. In den meisten Fällen wird sich das Problem ganz einfach in Luft auflösen.

In vielen Ländern existiert neben dem offiziellen Wechselkurs ein Schwarzmarkt. Du kannst dein Geld hier zwar zu einem besseren Kurs tauschen, allerdings ist dies illegal und die Teilnahme an Transaktionen kann Geld- oder gar Gefängnisstrafen nach sich ziehen. Wer vom Schwarzmarkt Gebrauch macht, unterstützt damit den Verfall der lokalen Währung und läuft zudem Gefahr, übers Ohr gehauen zu werden. Präparierte Taschenrechner, die falsche Ergebnisse anzeigen, falsche Banknoten oder mehrmaliges Vorzählen der Scheine und beim letzten Durchgang verschwindet der untere Stapel der Banknoten, vom Opfer unbemerkt, im Ärmel des Betrügers – die Palette der Tricks ist endlos.
Anders sieht es dagegen aus, wenn du dich in abgelegenen Gebieten befindest und weit und breit keine Bank/ Wechselstube auffindbar ist. Hier bietet der Schwarzmarkt oft die einzige Möglichkeit, Geld zu tauschen und du kannst die Transaktionen oft sicher und diskret in einem Hotel oder Geschäft abwickeln. Grundsätzlich solltest du vom Schwarzmarkt jedoch nur Gebrauch machen, wenn du dich bereits lange genug im Land befindest, um potentielle Risiken abschätzen zu können.

(3) Als Frau allein unterwegs

Oft werde ich gefragt, ob es denn nicht gefährlich sei, als Frau ganz allein durch die Weltgeschichte zu reisen. Jein! Klar wäre ich wahrscheinlich zu Hause bei meiner Mutter auf dem Sofa sicherer aufgehoben – oder vielleicht auch nicht, denn bekanntlich passieren ja die meisten Unfälle innerhalb der eigenen vier Wände. Aber ganz im Ernst, ich kann mich nicht erinnern, unterwegs jemals wirklich in Gefahr gewesen zu sein.

Mein Jahr in Südafrika war in jedem Fall ein gutes Training in punkto Vorsicht für meine späteren Reisen. Nachts allein in irgendwelchen abgelegenen Ecken herumlaufen? Wertsachen wie Kamera, MP3-Player oder Schmuck offen zur Schau stellen? So etwas tut man auf Reisen einfach nicht. In Südamerika machte ich es mir zur Gewohnheit, mein Ziel stets vor Einbruch der Dunkelheit zu erreichen. Reiste ich in Nachtbussen, begab ich mich schon gegen 18 Uhr zur Busstation, auch wenn diese erst um Mitternacht abfuhren. Ob ich nun im Hostel herumsaß und wartete oder auf dem Busbahnhof, machte keinen Unterschied, ob ich bei Tag oder in der Nacht mit Sack und Pack durch die Gegend zog dagegen schon.

Die vielen Monate in den „gefährlichen" Ländern haben mich insgesamt um einiges wachsamer gemacht. Statt leichtsinnig durch die Gegend zu reisen, bin ich heute eher übervorsichtig. Im Anschluss an meinen Südamerika-Trip verbrachte ich einige Tage in Madrid. An der Rezeption im Hostel zeigte man mir auf dem Stadtplan, welche Stadtviertel ich mir unbedingt anschauen sollte. Auf meine Frage, ob denn all diese Gegenden auch sicher seien, schaute man mich damals schon reichlich merkwürdig an. Ähnlich auch in Schweden. Meine Schwester und ich hatten spontan beschlossen, für drei Tage nach Stockholm zu reisen. Als wir gegen 22 Uhr noch immer in der Stadt herumliefen, wurde ich so langsam unruhig und meinte, dass es an der Zeit wäre, zum Hostel zurückzukehren. Schließlich würde es ja bald dunkel. Meine Schwester erklärte mir jedoch, dass ich mich wieder im mehr oder weniger sicheren Europa befand und wir uns hier auch noch nach Sonnenuntergang frei bewegen konnten.

Als alleinreisende junge Frau wird einem natürlich reichlich männliche Aufmerksamkeit zuteil. Harmloser Flirt, Einladung zum Sex oder Heiratsantrag – in vielen Ländern dieser Erde gilt man als Single-Frau leider als Freiwild. In der Regel bediene ich mich auf Reisen dehalb der Notlüge, am Ziel meinen Ehemann zu treffen. Die ganz hartnäckigen Fälle – „Was, du bist verheiratet? Macht nichts, ich auch." – wurde ich spätestens dann los, wenn ich von meinem drei Kindern zu Hause in Deutschland erzählte.
Ziemlich nervig ist auch der Machismus in Lateinamerika. Der wohl übelste Ort, den ich in dieser Hinsicht je besuchte, ist Pucallpa im Dschungel Perus. Kaum betrat ich die Straße, versuchten auch schon Unmengen von Männern durch Zischen oder Pfeifen meine Aufmerksamkeit auf sich zu ziehen. Vorbeikommende Autofahrer hupten ständig und verursachten beinahe Auffahrunfälle, da sie sich mehr auf mich als auf den Verkehr konzentrierten. Selbst Jugendliche ließen es sich nicht entgehen, ihr spärliches englisches Vokabular – „Hello baby! I love you! Nice arse!" – endlich mal anzuwenden. Die Folge war, dass ich augenblicklich schlechte Laune hatte, sobald ich die Straße betrat und selbst unaufdringlichen Personen gar keine Chance gab, sondern gleich auf unfreundliche Art und Weise abwimmelte. Ich machte mir auch schon bald nicht mehr die Mühe, mich konservativ zu kleiden. Unerwünschte Aufmerksamkeit wurde mir eh zu Teil, da konnte ich ebenso gut meine luftige Sommerkleidung tragen und musste so wenigstens nicht

schwitzen. Freudig stieg ich einige Tage später in den Bus nach Mancora. Das kleine Örtchen an der Küste lebte vom Tourismus und die Leute hier mussten einfach an westliche Frauen gewöhnt sein. Hier würde man mich bestimmt in Ruhe lassen. Falsch! Es vergingen keine zehn Minuten und schon gesellte sich am Strand ein Latino zu mir, um mir nunmehr das Blaue vom Himmel zu versprechen. Die Gespräche liefen natürlich schnell auf eine Einladung zu einem nächtlichen Treffen hinaus. Gut, dachte ich, wenn man mich am Strand nicht in Ruhe lässt, dann geh ich halt zurück ins Hostel. Doch auch hier blieb ich vom Latino-Charme nicht verschont. Der Besitzer Angelo erzählte mir, dass er Massagen gab und er sich gern mal auch um meine Verspannungen kümmern könnte. Natürlich kostenlos. Das durfte doch echt nicht wahr sein! War das nicht seine Frau, die da hin und wieder mit einem Kleinkind an der Hand über das Gelände spazierte? Auf meine Frage, was die wohl dazu sagen würde, lachte er nur. Auch am nächsten Tag ließ Angelo nichts unversucht, um mir in irgendeiner Art und Weise näher zu kommen. Diesmal war er es, der am Strand neben mir saß und mich mit Komplimenten überhäufte. Ich sagte ihm, dass ich eigentlich ganz gern in Ruhe mein Buch lesen würde und keinen gesonderten Wert auf Gesellschaft legte. Kein Problem für Angelo, er meinte jedoch, dass wir am Nachmittag unbedingt zu den Thermalquellen in der Nähe fahren sollten. Er hatte ja ein Auto und würde auf mich warten. Ich gab mir Mühe, Angelo für den Rest des Tages aus dem Weg zu gehen und trat am nächsten Tag die Weiterreise nach Ecuador an. Ich begab mich in ein Dorf tief in den Anden, wo die Bevölkerung fast ausschließlich aus Indios bestand. Diese schenken Frauen nämlich überraschenderweise kaum Beachtung.

Zugegeben, so manches Mal wünschte ich mir in Südamerika schon, ein Mann zu sein. Wie schön musste es sein, einfach unbeachtet durch die Straßen zu laufen, ohne dass einem ständig irgendwelche Latinos hinterherpfiffen oder in sonstiger Weise versuchten, ihre Männlichkeit unter Beweis zu stellen. Durchs Land reisen, ohne ständig angegafft und angequatscht zu werden, einfach mal in Seelenruhe an den Strand zu gehen, ohne gleich zu jemandem aufs Hotelzimmer eingeladen zu werden.

Der Machismus nervt zwar, die meisten Männer sind jedoch harmlos. Je weniger Aufmerksamkeit man ihnen schenkt, umso schneller verlieren sie das Interesse. Und ist man als Frau wirklich mal auf Hilfe angewiesen, etwa weil man nach dem Weg fragen muss, zeigen sich viele Männer plötzlich von einer ganz anderen Seite: zurückhaltend, freundlich, hilfsbereit. Wie sagt man so schön: Hunde die bellen, beißen nicht.

Oft kommt mir die Tatsache, dass ich als Frau allein reise, aber auch zugute. In vielen Ländern denken die Einheimischen ganz einfach, dass man als Frau allein nicht zu Recht kommt und versuchen zu helfen, wo es nur geht. So nahm mich etwa bei meiner Ankunft in Nicaragua sofort eine ältere Dame unter ihre Fittiche, als ich ihr sagte, dass ich allein unterwegs war. Sie erklärte mir, dass ihr Land ziemlich gefährlich ist, ich aber Glück hatte, an sie geraten zu sein. Sie versprach, mir bei der Suche nach einem Nachtquartier behilflich zu sein. Daraufhin zogen wir quer durch die Stadt, denn ihrer Meinung nach konnte ich nicht irgendwo übernachten, sondern ausschließlich im Hause von anständigen Christen. Nach fast zwei Stunden fanden wir dann endlich etwas Angemessenes. Die Tatsache, dass ich selbst nicht religiös bin und das erstbeste Hotel es ebenfalls getan hätte, verschwieg ich damals übrigens.

Auch in Indonesien profitierte ich davon, (als Frau) allein unterwegs zu sein. Ich kam erst gegen Abend in Medan an und wollte unbedingt noch nachts weiter nach Banda Aceh.

Die Sitzplätze waren jedoch alle bereits vergeben. Ich stellte mich darauf ein, die neunstündige Fahrt auf einem Hocker im Gang zu verbringen, der Fahrer bot mir jedoch großzügig den Platz neben seinem an.

(4) Weitere Risiken

(a) Sicherheitsstandards in Entwicklungsländern
Sicherheitsstandards, wie wir sie aus Deutschland kennen, existieren in Entwicklungsländern nicht. Wer eine Tour zum Spottpreis bucht, erhält meist das, für was er gezahlt hat. So kann man zum Beispiel in Guatemala einen aktiven Vulkan besteigen. Diese wohl einzigartige Möglichkeit ließ ich mir natürlich nicht entgehen. Ich entschied mich damals für die Tour am Nachmittag, da ich so nicht nur morgens ausschlafen konnte, sondern wir zudem auch Gelegenheit haben sollten, den Sonnenuntergang zu beobachten. Gegen 15 Uhr machten wir uns auf den Weg zum Vulkan. Bevor wir diesen erreichten, war jedoch erst einmal harte Arbeit angesagt. Es galt, ungefähr zwei Stunden lang steil bergauf zu wandern. Als wäre das Klettern nicht schon anstrengend genug, nein, wir mussten zudem auch noch Horden von Kindern abwehren, die mit Pferden hinter uns her marschierten und immer wieder anboten, uns gegen ein ordentliches Entgelt auf den klapperigen Gäulen nach oben zu bringen. „So anstrengend ist der Aufstieg doch gar nicht" und „Nein, die 35 Grad im Schatten machen unseren an das mitteleuropäische Klima gewöhnten Körpern überhaupt nichts aus", so oder ähnlich argumentierten wir gegen das Reiten. Zugegeben, viel gefehlt hatte damals nicht und ich hätte auf einem Pferd gesessen. Aber als Einzige – oder besser Erste – der Gruppe? Nein, was die anderen konnten, das schaffte ich schon lange. Ich versuchte also weiterhin, mir meine Erschöpfung nicht anmerken zu lassen und

marschierte tapfer weiter. Dabei hielt ich meinen Blick immer starr nach unten gerichtet und versuchte geschickt, den unzähligen Pferdehaufen auszuweichen, die den Weg zierten.
Irgendwann erreichten wir endlich unser Etappenziel. Alle Mühe hatte sich gelohnt. Uns eröffnete sich der Blick auf einen der aktivsten Vulkane der Welt. Der letzte heftige Ausbruch ereignete sich wohl vor über 45 Jahren, seitdem verursachen jedoch täglich Hunderte von kleinen Eruptionen mehrere Lavaströme, zwischen denen da oben tatsächlich Menschen herumkletterten. Und wir sollten schon bald auch dazu gehören. Definitiv nicht auf der Liste der sichersten Dinge, die ich bisher in meinem Leben getan habe, aber warum nicht? Zumindest war unser Guide bereits volljährig. Das war nicht selbstverständlich, glaubte man den Berichten von anderen Backpackern, die den Vulkan vor mir bestiegen hatten. Mitunter führten da wohl auch schon mal Zehnjährige die Touristen über den Vulkan. Unser Guide war dagegen schon um die vierzig und konnte hoffentlich auf ordentliche Berufserfahrung zurückblicken.
Nach einer kurzen Verschnaufpause begann für uns das eigentliche Abenteuer. Es galt, den Vulkan Pacaya zu bezwingen. Tapfer kletterten wir über die festen Gesteinsmassen, unter denen es zeitweise schon ziemlich brodelte. Dabei galt es, strengstens der Route unseres Guides zu folgen, da links und rechts von uns Einbruchgefahr bestand. Wie gut, dass meine Eltern zu Hause nicht die geringste Ahnung von dem hatten, was ich hier gerade tat.
Der Zeitpunkt des Sonnenunterganges rückte immer näher. Schon bald beobachteten wir, wie die Sonne hinter den Bergen verschwand und sich der Himmel dann langsam violett färbte. Dazu die feurig roten Lavaströme links und rechts von uns. Wahnsinn! Andererseits wurde es jetzt natürlich dunkel. Wir hatten noch immer nicht den höchsten

Punkt des Vulkanes erreicht und mussten dann ja auch noch wieder hinabsteigen. Grob geschätzt würden wir wohl noch mindestens eine weitere Stunde auf dem Vulkan verbringen. Plus den Weg vom Vulkan bis zum Bus – man musste kein Rechengenie sein, um zu wissen, dass es bereits stockfinster sein würde, wenn wir zurück zum Parkplatz gelangten. Aber gut, unser Guide machte diese Tour ja (hoffentlich) nicht zum ersten Mal und wusste, was er tat.

Wir kletterten also erst einmal weiter. Als wir schließlich unser Ziel erreichten, floss die Lava keine zwei Meter von uns entfernt den Vulkan hinab. Man hätte sie quasi mit der ausgestreckten Hand berühren können. Einige aus unserer Gruppe hatte sich Bratwürste mitgebracht und grillten diese nun an ihrem Wanderstock über der Lava. Unglaublich!

Unser Guide ließ uns alle Zeit der Welt, um Fotos zu schießen. Da es mittlerweile schon ziemlich dunkel geworden war, machte sich in der Gruppe so langsam die Unruhe breit. Dies entging natürlich auch unserem Guide nicht und er fragte, ob wir zurückgehen wollten. Ja, bitte!

Außer unserem Guide hatten noch zwei Gruppenmitglieder Taschenlampen mitgebracht. Sehr clever. Warum hatte ich eigentlich nicht daran gedacht? Oder besser: Warum hatte man mich im Reisebüro nicht darauf hingewiesen, als ich diesen Trip gebucht habe? Ach ja, weil wir uns in einem Entwicklungsland befanden und eine Taschenlampe für zwölf Personen hier genügte.

Unser Guide pendelte während es Abstiegs stets zwischen Anfang und Ende der von uns gebildeten Schlange. Anscheinend war es jetzt nicht mehr notwendig, dass wir strikt einer von ihm vorgegebenen Route folgten, sondern er überließ es nun einfach einem von uns, einen sicheren Weg zurück zu finden. Da manche von uns schneller als die Anderen wanderten, teilte sich unsere Gruppe schnell in zwei und auf dem letzten Drittel des Weges stand ich plötzlich mit fünf weiteren Leuten allein da. Von unserem Guide und den restlichen Teilnehmern war weit und breit nichts zu sehen. Was also tun? Warten? Bis zum Fuß des Vulkans allein weiter wandern? Waren wir nicht die Ersten der Gruppe? Hätten wir die Anderen dann nicht sehen müssen, wenn sie uns überholt hätten? Wir entschieden, erst einmal zu warten. Als jedoch auch eine viertel Stunde später noch nichts von den Anderen zu sehen war, beschlossen wir, nunmehr doch allein weiter zu wandern. Kaum hatten wir den Vulkan verlassen, sichteten wir den Rest der Gruppe. Und da saß auch unser Guide. Er kam nun zu uns und wollte wissen, wo wir denn gewesen seien. Angeblich habe er sich schon Sorgen gemacht. Nun ja, so groß konnte seine Besorgnis ja nicht gewesen sein, denn schließlich saß er hier in aller Seelenruhe herum. Der Gedanke, noch mal zurückzukommen und nach uns zu schauen, war ihm anscheinend nicht gekommen. Es hätte ja schließlich auch sein können, dass einem von uns etwas passiert war. Ich rief mir jedoch einmal mehr ins Gedächtnis zurück, dass wir uns in einem Dritte-Welt-Land befanden und schluckte meinen Ärger stumm herunter.

Auch der Rest des Abstiegs gestaltete sich sehr witzig. Auf den steilen Abhängen geriet der ein oder andere von uns schon mal gehörig ins Rutschen und landete auf dem Po. Und dann die Pferdehaufen. Schon beim Aufstieg im Hellen war es mir nur mit Mühe gelungen, nicht in die Scheiße zu treten. Jetzt, beim Abstieg in der Dunkelheit, versuchte ich mir gar nicht erst einzureden, dass ich wieder so viel Glück hatte. Immerhin erreichte ich den Parkplatz aber mit sauberem Hosenboden.

Auf der Rückfahrt waren wir uns alle einig: Eine Wanderung über einen aktiven Vulkan ist schon ein einzigartiges Erlebnis. Wer vor der Abreise keine gute Unfallversicherung abgeschlossen hat, sollte jedoch überlegen, ob er nicht lieber verzichtet.

(b) Höhenkrankheit

Wer schon mal hoch in den Bergen war, hat vielleicht schon einmal Erfahrung mit der akuten Höhenkrankheit gemacht. Diese kann bereits ab 2000 Höhenmetern auftreten. Erste Anzeichen sind Unwohlsein, Kopfschmerzen, Schwindelgefühl und Appetitlosigkeit. Da der geringe Sauerstoffgehalt in den oberen Höhen den Gasaustausch der Lungen erschwert, kommt es oft zu Atembeschwerden, in schweren Fällen auch zu Erbrechen, Graufärbung der Haut und blauen Lippen.

In Bolivien erwischte auch mich die Höhenkrankheit, und zwar während meiner Tour zu den Uyuni Salzseen. Wir starteten damals in Chile, wo wir uns immerhin schon auf 2000 Metern Höhe befanden. Am ersten Tag ging es jedoch gleich noch mal richtig in die Vollen. Wir fuhren im Laufe des Tages in Jeeps bis auf 4600 Meter hinauf und übernachteten auch auf dieser Höhe. Davon, dass man pro Tag nicht mehr als 1000 Meter an Höhe zulegen und die Nacht möglichst 500 Meter unter der am Tage erreichten Maximalhöhe verbringen sollte, hatte hier offenbar noch niemand etwas gehört. Ein Aufstieg von 2600 Metern binnen weniger Stunden war einfach unverantwortlich. Geschlafen hat in dieser Nacht außer unserem Guide wohl niemand. Nahezu alle Teilnehmer der Tour litten an starken Kopfschmerzen und rangen die ganze Nacht hindurch um Atem, statt ein Auge zu zumachen. Die meisten Tourveranstalter sind übrigens auch nicht auf Katastrophenfälle vorbereitet. So führt zum Bespiel kaum ein Guide ein Sauerstoffgerät mit sich, obwohl dieses eigentlich zur Grundausstattung gehören sollte. Fühlt sich ein Teilnehmer nicht wohl, so reicht man diesem Coca-Tee, welcher die Beschwerden zwar lindert, im Ernstfall aber kaum Leben zu retten vermag. Angeblich ist es auf diesen Touren auch schon zu Todesfällen gekommen, zu einer

Verbesserung der Sicherheitsstandards hat dies jedoch nicht beigetragen.
Mein Tipp für alle, die vorhaben, die besagte Tour zu machen: in die umgekehrte Richtung, also von Bolivien nach Chile, reisen. Wenn du einige Zeit in Bolivien verbracht hast, hat sich dein Körper bereits an eine gewisse Höhenlage gewöhnt. Zudem steigt man bei der Tour nach Chile etappenweise am ersten Tag auf 3200 und dann am zweiten Tag weiter auf 4600 Meter.
Durch sorgfältige Reiseplanung kannst du also schon im Vorfeld sicherstellen, dass du deinen Körper keinen allzu großen Höhenschwankungen aussetzt und damit der Höhenkrankheit vorbeugen. So wäre es etwa auch unklug, aus Deutschland ins bolivianische La Paz (mit 3640 Metern die höchste Hauptstadt der Welt) zu fliegen. Stattdessen solltest du überlegen, ob du deine Reise nicht lieber in Lima/Peru beginnst und dich dann langsam nach Bolivien vorarbeitest.

(c) Essen und Trinken
In den meisten Ländern solltest du es vermeiden, unbehandeltes Leitungswasser zu trinken. Trinkwasser gibt es überall billig zu kaufen, du solltest jedoch immer prüfen, ob der Verschluss der Flasche unversehrt ist. Einige Händler füllen die Flaschen nämlich einfach mit Leitungswasser auf und verkaufen diese als Trinkwasser an ahnungslose Verbraucher. Vorsicht ist auch beim Verzehr von Eiswürfeln und unter Leitungswasser abgespülten Lebensmitteln geboten. Durch Abkochen des Wassers lassen sich Bakterien und Viren abtöten, frisch gekochter Tee und Kaffee können somit bedenkenlos getrunken werden.
Besonders am Anfang der Reise muss sich der Organismus erst auf die ungewohnten Lebensmittel umstellen. Es kann

deshalb schnell zu Magen- und Darmbeschwerden kommen. Rohes Fleisch/Fisch, unbehandelte Milchprodukte, Salate, Eier und Mayonnaise solltest du möglichst meiden. Unbedenklich ist dagegen der Verzehr von durchgebratenem Fleisch, gekochtem Gemüse und frisch (am besten selbst) geschältem Obst. Isst du außerhalb, solltest du möglichst dort hingehen, wo auch die Einheimischen essen. Lebensmittel von den lokalen Märkten und Straßenständen in Südamerika oder Asien können zumeist bedenkenfrei konsumiert werden. Das Angebot hier ist frisch, preisgünstig und die Produkte liegen nicht erst wochenlang in den Regalen, bis Touristen sie letztendlich erwerben.

(d) Bedbugs

Bedbugs (auch Bettwanzen) sind Parasiten, die an der Matratze leben und sich von Blut ernähren. Bedbugs sind dunkelrot bis braun gefärbt, drei bis fünf Millimeter lang und haben einen kleinen Panzer auf dem Rücken. Die nachtaktiven Tiere halten sich tagsüber versteckt und kommen bei Dunkelheit unter dem Laken hervor, um das Blut aus ihren Opfern zu saugen. Die Bisse, meist drei oder vier in einer Linie, sehen aus wie Mückenstiche und befinden sich hauptsächlich an Fuß- und Handgelenken, Bauch und Oberschenkeln. Sie verschwinden in der Regel nach wenigen Tagen. Eine andere Art von Bedbugs beißt nur einmal, die Bisse sind jedoch aggressiver und jucken stark. Sie enthalten oft Wundwasser und können bis zu drei Wochen sichtbar bleiben.

Wer monatelang in Hostels übernachtet, wird wahrscheinlich früher oder später seine ganz eigenen Erfahrungen mit Bedbugs machen. Ständig wechselnde Schlafgäste transportieren die Wanzen leicht in Schlafsäcken oder in und an Gepäckstücken von einem Hostel zum nächsten. Bedbugs sind nicht unbedingt ein Problem von preiswerten

Unterkünften oder mangelnder Sauberkeit. Ihr Vorkommen hängt eher davon ab, ob die Zimmer regelmäßig kontrolliert und desinfiziert werden.
In Malaysia verbrachte ich mal eine ganz schreckliche Nacht in einem Hotel, in dem es vor Bedbugs nur so wimmelte. Ich lag am frühen Abend auf meinem Bett und las mein Buch, als ich bemerkte, dass ich von etwas gebissen wurde.
Ich stand auf und fand auf meinem Laken nicht nur eine Wanze, sondern gleich drei. Ich hob die Matratze des zweiten Bettes im Zimmer an und auch hier krabbelten so einige Tierchen auf dem Lattenrost herum. Ich tötete zwei besonders große Tiere, wickelte sie in ein Taschentuch und begab mich an die Rezeption. Man versprach mir, sich um das Problem zu kümmern und wenig später erschien die Putzfrau, um Bettgestell und Matratze zu desinfizieren. Ich überlegte zwar, ob ich nach einem anderen Zimmer verlangen sollte, sagte mir dann aber, dass nach dem Sprühen bestimmt alles in Ordnung sein würde. Dem war allerdings nicht so. Kaum hatte ich mein Zimmer wieder bezogen, krabbelten schon wieder Tiere über das Bett. Ich ging erneut zur Rezeption, musste jedoch feststellen, dass diese mittlerweile geschlossen hatte. Vom Personal war einzig und allein der Nachtwächter anwesend und dieser sprach so gut wie kein Englisch. Ich erlegte eine weitere Wanze, nahm sie mit zu ihm und machte ihm mit Händen und Füßen klar, dass ich die Nacht auf keinen Fall in meinem Zimmer verbringen würde. Das verstand er nach einigem Hin und Her dann auch und gab mir widerwillig die Schlüssel zu einem anderen Schlafgemach. Hier lag bereits eine tote Wanze auf einem der Betten. Als ich diese dem Nachtwächter unter die Augen hielt, meinte er nur unbeeindruckt, dass das ja wohl nur ein kleines Tier wäre. Normalerweise hätte ich spätestens jetzt meine Tasche gepackt und wäre in ein anderes Hotel umgezogen.

Allerdings befand ich mich in einem kleinen abgelegenen Dorf und dieses war das einzige Hotel im Ort. Es ging mittlerweile mit Riesenschritten auf Mitternacht zu und war somit auch zu spät, den Ort zu verlassen oder nach einer Übernachtungsmöglichkeit bei einem Einheimischen zu Hause zu fragen. Ich untersuchte Matratze und Gestell meines Bettes und da ich hier keine weiteren Bedbugs entdecken konnte, gab ich mich schließlich mit dem Zimmer zufrieden. Ich las noch eine Weile mein Buch und es tauchten noch immer keine Tiere auf. Vielleicht würde ich ja doch eine ruhige Nacht verbringen. Irgendwann schaltete ich das Licht aus und versuchte zu schlafen. So richtig Ruhe ließ mir das Ganze jedoch nicht und ich beschloss, das Bett doch noch mal genauer unter die Lupe zu nehmen. Eine gute Entscheidung, denn da krabbelte schon wieder etwas über das Laken. Es war echt zum Heulen. Ich nahm meine Bettdecke, schüttelte diese ordentlich aus und begab mich dann nach draußen auf den Flur. Dort stand nämlich eine Couch und ich entschied, die Nacht auf dieser zu verbringen. Es gelang mir tatsächlich, einige Stunden zu schlafen. Gegen 3.30 Uhr wachte ich jedoch auf, da mir etwas über das Gesicht lief. Scheinbar war man nirgends in diesem Hotel vor den Bedbugs sicher. Den Rest der Nacht verbrachte ich dann in meinem Zimmer – auf einem Stuhl mit meinem Buch. Am nächsten Morgen beschwerte ich mich bei der Hotelleitung. Man erstattete mir ohne Widerrede den von mir gezahlten Übernachtungspreis und kam auch für die Kosten der Reinigung meiner Kleidung auf. Zudem wurden alle Zimmer komplett ausgeräumt und man ließ sie professionell desinfizieren. Es war gut zu sehen, dass letztendlich etwas unternommen wurde, für mich kam dieser Schritt jedoch zu spät. Mein Körper war von oben bis unten mit hartnäckigen Bissen übersäht und es dauerte über zwei Wochen, bis diese abheilten.

Was also tun, damit es gar nicht erst so weit kommt, dass dich die Bedbugs in der Nacht bei lebendigem Leib verspeisen? Und wie vorgehen, wenn man doch mal Pech hatte und am Morgen mit Bissen aus den Federn steigt? Hier meine Anti-Bedbugs-Tipps:

1. Untersuche dein Nachtquartier gleich bei der Ankunft auf Bedbugs. Sieh dir zunächst das Zimmer an. Die Parasiten halten sich tagsüber oft an Teppichrändern und Spalten und Ritzen in Wand oder Fußboden versteckt. Untersuche dann das Bett. Entferne das Bettlaken und inspiziere Matratze und Bettbezüge (besonders am Saum). Zieren die Matratze viele kleine, dunkle Punkte, so ist das ein Zeichen dafür, dass hier schon einmal Bedbugs waren. Es handelt sich hierbei nämlich um Ausscheidungen der Tiere. Hebe die Matratze an und kontrolliere das Bettgestell. Hast du auch hier nichts gefunden, kannst du relativ sicher sein, dass das Bett „sauber" ist.
2. Lass deine Sachen nicht auf dem Bett liegen, sondern hänge sie stattdessen auf Kleiderbügel. Halte deine Reisetasche stets geschlossen, so dass die Bedbugs allenfalls ans Äußere deines Gepäckstücks gelangen können. Stelle deine Tasche auf einen Stuhl statt auf den Fußboden.
3. Solltest du von Bedbugs gebissen werden, sage in jedem Fall an der Rezeption Bescheid. Die Angestellten werden dir dankbar sein, denn schließlich stellt die Information durch die Backpacker die einzige Möglichkeit dar, von dem Problem Kenntnis zu erlangen.
4. Stecke all deine Kleidung in den Wäschetrockner. Bedbugs und ihre Eier sterben bei Temperaturen von übcr 50 Grad ab. Die Kosten für die „Reinigung" übernimmt in der Regel das Hostel. Sprühe deine nicht waschbaren Sachen wie etwa Schuhe und Rucksack mit einem Desinfektionsspray ein und setze sie dann ebenfalls hohen Temperaturen aus. Am besten steckst du sie nach der Behandlung mit dem Spray in einen schwarzen Müllsack und legst sie in die Sonne.

4. Kontakt nach Hause

Durch ein fremdes Land reisen und dessen Sitten und Bräuche kennen lernen, unbekannte Orte besuchen, neue Freundschaften schließen und eventuell eine andere Sprache erlernen. Langweilig wird es unterwegs nie. So beschäftigt du auf Reisen aber auch sein magst, du solltest in keinem Fall vergessen, Freunde und Familie zu Hause in regelmäßigen Abständen über dein Wohlergehen zu informieren. Klar vergisst man unterwegs schon mal die Zeit, Ablenkung gibt es schließlich genug. Nichtsdestotrotz solltest du immer auch an die Daheimgebliebenen denken, die sich mit Sicherheit um dich sorgen, wenn du dich über längere Zeit nicht bei ihnen meldest.

Ich persönlich emaile meinen Eltern und meiner Schwester stets, wenn ich das Internet benutze. Eine kurze Notiz, dass es mir gut geht, genügt ja schon, um sie zu beruhigen. Bei meiner Mutter stellt sich nach vier bis fünf Tagen ohne Lebenszeichen von mir so langsam die Unruhe ein. Ich versuche folglich, mich mindestens alle drei Tage zu melden. Sollte ich mal längere Zeit nicht erreichbar sein, weil ich etwa auf eine Insel ohne Strom reise, so kündige ich das vorher an. Plane ich, drei Tage auf dieser Insel zu bleiben, mache ich daraus einfach sechs und stelle so sicher, dass ich nicht wirklich an das von mir angekündigte Zeitlimit gebunden bin und auch nach meiner Abreise nicht gleich ins nächste Internetcafé hetzen muss. Oft kann man auf Reisen ja auch gar keine genauen Zeitvorhersagen treffen. Gerade bei Bootsfahrten weiß man oft nie genau, wie viele Tage man letztendlich auf See verbringen wird. Vor einer viertägigen Bootsfahrt sage ich meiner Familie deshalb, dass ich wahrscheinlich für die nächsten sieben bis acht Tage nicht erreichbar bin und mich wieder melde, sobald sich eine Möglichkeit ergibt. Hat das Boot dann tatsächlich Verspätung, kann ich mir zumindest sicher sein, dass man sich zu Hause nicht um mich sorgt.

Eine gute Idee ist es auch, wenn du schon vor deiner Abreise einen Zettel bei deinen Eltern hinterlegst, auf dem du deine ungefähre Reiseroute vermerkst und sie über spätere Veränderungen auf dem Laufenden hältst.
Der Kontakt nach Hause muss sich jedoch nicht auf Emails beschränken. Mittlerweile gibt es eine Reihe von Möglichkeiten, wie man auch im Ausland günstig mit den Daheimgebliebenen telefonieren kann. Da wäre zum einen das Telefonieren übers Internet. Du findest überall auf der Welt Internetcafés und die meisten ermöglichen das Telefonieren über Skype. Ich lege übrigens jedem dringend ans Herz, sich vor der Abreise mit dem Telefonieren übers Internet vertraut zu machen und dann die Eltern zu Hause anzulernen. Es ist ganz einfach – und wenn ich das sage, dann ist es das wirklich! Du musst einfach nur Skype, ICQ oder die Software eines anderen Anbieters aus dem Internet herunterladen. Zudem benötigst du eine einigermaßen schnelle Internet-Verbindung und ein Headset, sofern Mikro und Lautsprecher nicht schon in deinen PC integriert sind. Dann gilt es nur noch, einen Zeitpunkt mit dem Gesprächspartner auszumachen und wenn ihr gleichzeitig online seid, könnt ihr miteinander telefonieren. Ganz umsonst!
Auch über das Handy lässt sich preiswert telefonieren. Wenn ich mich längere Zeit im selben Land aufhalte, besorge ich mir vor Ort eine Prepaid-SIM-Card und lass mich dann aus Deutschland anrufen. Es gibt eine Reihe von Billigvorwahlen, mit denen man für wenige Cent aus dem deutschen Festnetz in ausländische Mobilfunknetze telefonieren kann (siehe unter anderem www.billiger-telefonieren.de).
Die SIM-Karten fürs Handy gibt es in der Regel kostenlos, du musst lediglich Guthaben auf die Karte laden. Die Anschaffung einer Prepaid-Card macht auch dann Sinn, wenn du in abgelegenen Gegenden unterwegs bist und längere Zeit keinen Zugang zum Internet hast. Gerade in

Entwicklungsländern, wo keine Auflagen bezüglich der Aufstellung von Sendemasten bestehen, funktionieren Handys nahezu überall. So staunte ich etwa damals auf dem Amazonas nicht schlecht, dass mein Handy fast überall Empfang hatte.

5. Besuch
Vielleicht bist du über mehrere Monate unterwegs und deine Familie oder Freunde kommen dich zwischendurch besuchen, um eine Weile mit dir zu reisen. Deine Vorfreude ist bestimmt riesig. Sei jedoch gewarnt: Besuch auf Reisen ist nicht immer ganz einfach.
Während meines Studiums in Südafrika beobachtete ich, dass Besuch fast immer nach demselben Muster ablief. Vor der Ankunft war die Vorfreude bei meinen Kommilitonen und mir natürlich groß. Schon Wochen vorher überlegten wir uns, was wir mit unseren Besuchern so alles gemeinsam unternehmen wollten und arbeiteten eine Art Ausflugsprogramm aus. Nicht zu vergessen: die Liste an Dingen, die man uns von zu Hause mitbringen sollte, weil es sie im Ausland nicht zu kaufen gab. Das Ausgefallendste, was sich damals jemand nach Südafrika liefern ließ, war ein Döner. Meine Wünsche waren mit speziellen Körperpflegeprodukten und einigen zu Hause gelassenen Kleidungsstücken weit weniger exotisch. Groß war die Wiedersehensfreude bei der Ankunft unserer Lieben und auch die ersten Tage waren toll. Wir konnten endlich mal wieder den neuesten Klatsch und Tratsch von zu Hause austauschen, führten unsere Leute herum und beantworteten geduldig ihre Fragen zu Land und Kultur. Wir gaben uns wirklich alle Mühe, unsere Besucher möglichst 24 Stunden am Tag zu beschäftigen. Schließlich wollten wir die kurze, uns zur Verfügung stehende Zeit so intensiv wie möglich nutzen und Familie und Freunden einen umfassenden Einblick in unsere neue Heimat gewähren.

Nun gut, sagte ich da eben gerade noch „kurze zur Verfügung stehende Zeit”? Schon nach wenigen Tagen kam uns die gemeinsame Zeit nämlich gar nicht mehr so kurz vor. Ganz im Gegenteil, zwei Wochen konnten ziemlich lang sein. So langsam nervte es schon ein wenig, die Besucher rund um die Uhr betreuen zu müssen. Schließlich hatten wir vor ihrer Ankunft ja auch ein Leben und wollten uns gern auch mal wieder um unsere eigenen Angelegenheiten kümmern. Der Besuch hatte sich nun jedoch an die Rund-um-die-Uhr-Betreuung gewöhnt, und erwartete, auch weiterhin beschäftigt zu werden. Familie und Freunde mal für ein paar Stunden allein irgendwo hin schicken? Fehlanzeige. Angeblich sei ihr Englisch nicht gut genug, um sich allein zurechtzufinden und Autofahren kam bei dem südafrikanischen Linksverkehr schon gar nicht in Frage. Meine Mutter hatte damals nicht einmal ein eigenes Portemonnaie, da sie ja ohne mich eh nicht einkaufen ging. Mit Mühe und Not konnte ich sie damals überzeugen, zumindest etwas Bargeld für den Fall einzustecken, unterwegs ausgeraubt zu werden. Des Babysittens überdrüssig, nahm ich damals sogar an Vorlesungen teil, zu denen ich sonst nie ging, nur um wenigstens ein paar Stunden für mich zu haben. Zudem reagierte ich mitunter schon mal ziemlich gereizt, obwohl es dafür eigentlich gar keinen Grund gab. Meinen Kommilitonen entging das natürlich nicht und der ein oder andere fragte mich damals schon mal grinsend: „Du bist so komisch. Hast du Besuch?” Ich war nämlich nicht die Einzige, der es so erging und viele meiner Freunde von der Uni hatten bereits ähnliche Erfahrungen mit Besuchern gemacht. Wir brachten unsere Besucher damals mit gemischten Gefühlen zum Flughafen zurück. Klar waren wir auch traurig über den Abschied, die Freude über unsere wieder gewonnene Freiheit überwog jedoch in den meisten Fällen.

Zugegeben, ich fühlte mich damals schon verdammt schlecht für die Art und Weise, auf die ich den Besuch von Freunden und Familie erlebte. Mit Erleichterung stellte ich jedoch fest, dass es fast all meinen Kommilitonen so erging. Ein Auslandsaufenthalt ist eben eine außergewöhnliche Situation und zwei Wochen lang rund um die Uhr mit jemandem zusammen zu sein, ist schon unter normalen Umständen nicht einfach. Wer Besuch hat, ist zudem dafür verantwortlich, dass dieser eine schöne Zeit im fremden Land verlebt und den Aufenthalt sicher übersteht – und das strengt auf Dauer ziemlich an. Du solltest es deshalb nicht überbewerten, wenn du bereits nach wenigen Tagen genervt bist und es sich beim Abschied mit deiner Trauer in Grenzen hält.

Natürlich habe ich im Laufe der Jahre dazugelernt. Steht mal wieder ein Besuch von meiner Familie oder Freunden an, so plane ich von vornherein so, dass ich genügend Freiraum für mich behalte. Zudem reiße ich auch nicht mehr alle Aufgaben an mich, sondern übertrage einige von ihnen auf meine Besucher. Meine Mutter kam mich damals in Südafrika ein zweites Mal besuchen, diesmal in Begleitung von meinem Cousin und seiner Frau. Der zweite Besuch lief für mich um einiges entspannter ab, da ich meinen Cousin von Anfang an in das Beschäftigungsprogramm miteinbezog. So teilten wir uns zum Beispiel Aufgaben wie das Autofahren und ich schickte die drei tagsüber auch öfter mal allein los. Als sie nach zehn Tagen allein die Weiterreise Richtung Krüger-Park antraten, war ich wirklich traurig darüber, dass die gemeinsame Zeit schon vorüber war. Am Abend nach ihrer Abreise telefonierte ich mit meinem Cousin, der nunmehr allein die Rolle des Reiseführers übernommen hatte, und er versicherte mir, dass der nächste Urlaub anders geplant würde. Offenbar war ihm das Babysitten zweier des

Englischen Unkundigen schon nach wenigen Stunden über. Auch beim Besuch meiner Familie in Australien verteilte ich gleich zu Anfang die Aufgaben, die es im Laufe unserer Reise zu bewältigen galt. Der Freund meiner Schwester übernahm das Autofahren, so dass ich auf dem Beifahrersitz in aller Ruhe das Tagesprogramm ausarbeiten konnte und meine Mutter und meine Schwester waren fürs Einkaufen und Kochen zuständig. So hatte jeder seine Beschäftigung und ich weniger Stress.

Damit das Reisen mit Besuchern nicht in einem Desaster endet, hier ein paar Tipps, wie du am besten mit der neuen Situation umgehst:

1. Sei dir über eines im Klaren: Dein Besuch ist im Urlaub. Dein Urlaub ist vorbei. Die nächsten Tage und Wochen werden verdammt anstrengend.
2. Versuche, nicht 24 Stunden am Tag mit dem Besuch zu verbringen, sondern sorge schon im Vorfeld dafür, dass genügend Freiraum für dich bleibt.
3. Mach deinen Besuchern von Anfang an klar, dass sie zu selbstständigen Handlungen fähig sind, selbst wenn sie die Landessprache weniger perfekt beherrschen als du. Wir verhungern ja schließlich auch nicht, wenn wir mal ein paar Tage in Polen verbringen.
4. Sag deinen Freunden, dass du zwar einen ungefähren Plan hast, was du mit ihnen unternehmen willst, gern jedoch auch Vorschläge von ihnen annimmst. Lass sie einen Blick in den Reiseführer werfen, so dass sie wissen, wo ihr scid und was es zu sehen gibt. Du stellst so sicher, dass du nicht ständig die Rolle eines Reiseführers übernehmen und jede Entscheidung allein treffen musst.
5. Übernimm nicht alle Aufgaben allein, sondern verteile diese auf deine Besucher. Autofahren, Kartenlesen, die Aufstellung des Tagesprogramms, der Einkauf der

Lebensmittel und die Zubereitung der Mahlzeiten – du kannst unmöglich alle diese Aufgaben allein ausführen. Erkläre deinen Besuchern, welche Aufgaben es im Laufe der Reise auszuführen gilt und lass dir dabei helfen.
6. Sei tolerant! Du hast in den letzten Wochen und Monaten gelernt, dich allein in der Ferne zurechtzufinden – deinen Besuchern fehlt diese Erfahrung. Halte dir immer wieder vor Augen, wie du damals warst, bevor du das große Abenteuer suchtest.

Vor meiner Abreise nach Südafrika versprachen mir mindestens zwanzig Leute, dass sie versuchen würden, das Geld für einen Urlaub bei mir zusammenzubekommen. Kaum hatte ich Deutschland verlassen, redete kaum noch jemand davon, mich zu besuchen. Meine Enttäuschung hierüber verflüchtigte sich jedoch spätestens mit dem ersten Besuch. Als mir einige von ihnen bei meiner Heimkehr sagten, dass es mit Südafrika zwar nicht geklappt habe, sie aber bestimmt nach Australien kommen würden, zuckte ich nur die Schultern und meinte: „Na ja, und falls es nicht klappt, bin ich auch nicht böse. Schließlich kostet so ein Flug ja viel Geld..."

6. Ökotourismus
Der Begriff „Ökotourismus" bezeichnet eine Form des Tourismus, die auf die Belange von Umwelt und der lokalen Bevölkerung besondere Rücksicht nimmt. Jeder von uns sollte darauf achten, dass unsere Anwesenheit im Reiseland das Leben der ansässigen Bevölkerung möglichst wenig beeinträchtigt und die Umwelt keine negativen Folgen davonträgt. Umweltfreundliches Verhalten am Urlaubsort bedeutet zum Beispiel, dass man sparsam mit Wasser und Strom umgeht. Auch deinen Abfall solltest du nicht wahllos in der Gegend herumschmeißen, selbst wenn dies in vielen

Ländern unter den Einheimischen so üblich ist. Du solltest keine Urlaubssouvenirs kaufen, die etwa aus Korallen oder Tierhäuten hergestellt wurden und bevor du eine Tour in ein Indio-Dorf buchst, solltest du sicherstellen, dass das gezahlte Geld den Bewohnern selbst zugute kommt. Bei dem Tour-Guide sollte es sich möglichst um ein Mitglied der Kommune handeln. Wer an Safaris und Ausflügen in den Dschungel teilnimmt, sollte sich im Voraus erkundigen, inwiefern im Rahmen der Tour Ökotourismus praktiziert wird. Oft hängt dessen Reichweite nicht unwesentlich von den Teilnehmern selbst ab. Guides sollten in jedem Fall davon abgehalten werden, Jagd auf wilde Tiere zu machen, diese mit Futter anzulocken oder in anderer Weise störend in die Natur einzugreifen.

Leider begegne ich unterwegs immer wieder Leuten, die scheinbar noch nie etwas vom Ökotourismus gehört haben. So beispielsweise auch bei meiner Dschungeltour in die bolivianische Pampa. Außer mir waren meine Freundin Petra, ein Paar aus Israel, zwei Holländerinnen und zwei Mädels aus Finnland an Bord. Schon auf der Hinfahrt stellte ich fest, dass Rinske – eine der Holländerinnen – einen kompletten Knall hat. Als wir zum Mittagessen in einem Restaurant einkehrten, vor welchem ein Hund auf und ab lief, flippte sie nämlich erst mal aus. Angeblich hatte sie Angst vor Hunden. Grundsätzlich bringe ich ja für Phobien jeglicher Art Verständnis auf, aber Angst vor Hunden in Südamerika? Man begegnet hier täglich Hunderten von herrenlosen Vierbeinern in den Straßen. Meist liegen diese jedoch lammfromm in irgendeiner Ecke und schenken uns Menschen nicht die geringste Aufmerksamkeit. Kein Grund also, wie am Spieß herumzuquieken und unserem zwei Köpfe kleineren und 50 Kilo leichteren Guide fast auf den Arm zu springen. Nach einigem Hin und Her konnte Rinske den Wirt überreden, das arme Vieh in den Hinterhof zu

sperren. Hier blieb es jedoch nicht lange und wir wurden Zeuge, wie unsere Mitstreiterin ihren Affentanz fortsetzte. Sie sprang mitten im Restaurant auf ihren Stuhl und rief lauthals um Entfernung des Hundes. Peinlich berührt löffelten wir Anderen unsere Suppe weiter. Wie gut, dass wir auf der Durchreise waren und die übrigen Leute, die das Gezeter kopfschüttelnd beobachteten, nie wieder sehen mussten. Auch die Weiterfahrt mit 80 Stundenkilometern die Schotterpiste entlang – zugegebenermaßen kein Luxus-Trip – machte unserer Kollegin zu schaffen. Die Jeep-Sitze wären viel zu hart für ihren zarten Hintern und ihr Platz – auf der Sitzbank neben mir – war mit Abstand der schlimmste von allen. Zudem machte der aufgewirbelte Staub ihren Lungen wohl ziemlich zu schaffen. Ich spürte schon jetzt, dass dieser Trip noch heiter werden würde.
Im Camp angekommen nörgelte man erst einmal an der mangelnden Hygiene der sanitären Anlagen herum. So schlimm fand ich sie gar nicht. Verglichen mit dem Amazonas-Schiff hätte man in diesen WCs glatt vom Fußboden essen können. Zum Glück mussten wir das jedoch nicht, denn unsere Köchin rief uns schon bald zum Dinner in den Speisesaal. Das Essen schmeckte nun ausnahmsweise mal jedem in der Gruppe – einigen von uns vielleicht sogar ein bisschen zu sehr. Unser Paar aus Israel legte nämlich Tischmanieren an den Tag, bei denen Petra und mir regelrecht schlecht wurde. Lautstarkes Schmatzen, Reden mit vollem Mund und Besteck benötigten die beiden auch nicht, konnten sie doch mit den Händen viel mehr Essen auf einmal in den Mund stopfen. Auch darüber, ob wir Anderen von allem etwas abbekommen, machten sich die zwei keine Gedanken. Es galten halt die Gesetze des Dschungels: Wer zuerst kommt, isst zuerst.
Nach dem Abendessen sollte es auf Nachtsafari gehen. Die Abreise verzögerte sich jedoch, da unsere israelischen

Freunde erst einmal ausgiebig duschen gingen. Mit einer halben Stunde Verspätung machten wir uns dann endlich auf den Weg. Unsere Suche nach Alligatoren mussten wir jedoch vorzeitig abbrechen, da Rinske das Ganze für zu gefährlich hielt und kurz vor einem Heulanfall stand.
Am nächsten Morgen hieß es Gummistiefel anziehen und ab in die Wiesen: Wir begaben uns auf die Jagd nach Anakondas. Das sah zunächst einmal so aus, dass wir zwei Stunden lang erfolglos durchs knietiefe Wasser stapften. Anakondas waren nämlich rar und nur mit viel Glück aufzuspüren. Mir wäre dabei glatt langweilig geworden, hätte Rinske uns nicht mit ihrem Gemeckere die Zeit vertrieben. Sie habe keine Lust mehr, die Sonne brenne zu stark, in dem Wasser seien bestimmt gefährliche Insekten usw. So langsam kotzte sie mich echt an. Glücklicherweise ging es nicht nur mir so. Unser Guide, der bisher eine Engelsgeduld an den Tag gelegt hatte, meldete sich nun auch endlich mal zu Wort. Er erklärte Rinske, dass ihm ihre ständige Unzufriedenheit gehörig auf die Nerven ging und bot ihr an, beim nächsten Ausflug einfach im Camp zu bleiben. Das war wahrscheinlich genau der Anschiss, den Rinske brauchte, denn sie war nun erst einmal still. Leider dauerte dieser Zustand nicht allzu lange an. Der Guide der Nachbargruppe hatte nämlich endlich eine der heißersehnten Anakondas erspäht. Rinske rastete sofort wieder aus. Bis zu diesem Moment hatte sie wahrscheinlich nicht wirklich daran geglaubt, dass sich in den Wiesen Anakondas versteckten. Jetzt, wo Gewissheit bestand, war sie der Meinung, dass wir es doch dabei belassen und umkehren sollten. Wie bitte? Ich war doch nicht drei Stunden in meinen hellen Klamotten durch den Schlamm gewandert, um jetzt kurz vor dem Ziel umzukehren. Wenn da wirklich eine Anakonda war, dann wollte ich sie auch sehen! Wir Anderen setzten uns natürlich über Rinske hinweg und bekamen letztlich die Anakonda zu Gesicht. Es war mir

jedoch reichlich schleierhaft, warum Rinske überhaupt an dieser Dschungeltour teilnahm.
Als es kurz darauf im Camp Mittag gab, waren Petra und ich schlauer und packten uns unsere Teller gleich ordentlich voll. Die Essmanieren der Israelis faszinierten uns jedoch erneut. Im Anschluss an das Essen gingen die beiden zum bereits zweiten Mal an diesem Tag duschen. Hatte ihr übertriebener Reinlichkeitsdrang vielleicht irgendwelche religiösen Hintergründe? Falls nicht, fand ich dieses Verhalten nämlich verdammt unvernünftig. Wir befanden uns nämlich in der Trockenzeit und die (Regen-)Wasservorräte waren ohnehin schon knapp bemessen. Auch der Umgang mit dem von einem Generator erzeugten Strom ließ uns arg am Verstand unserer Mitstreiter zweifeln. Das Licht in Dusche und Toilette blieb nachts nämlich grundsätzlich an.
Nachmittags ging es wieder mit dem Boot auf Safari. Viele wilde Tiere sahen wir dabei jedoch nicht, da unser holländisches Gruppenmitglied diese immer schon rechtzeitig durch ihr lautes Rumgequake verscheuchte. Warum gingen Leute eigentlich auf Safari, wenn sie eigentlich gar keine Tiere sehen wollten? Was sich im Boot eines Konkurrenzveranstalters abspielte, setzte dem Ganzen dann jedoch die Krone auf. Da gab es doch tatsächlich Leute, die die Affen in den Bäumen mit Bananen und Keksen fütterten. Ging es eigentlich noch? Hatten diese Leute hier schon mal irgendwo Bananen wachsen gesehen? Konnte es vielleicht sein, dass diese Affen überhaupt keine Bananen verdauen konnten? Von den Keksen mal ganz zu schweigen! Zudem musste denen doch einleuchten, dass sich die Tiere an die Fütterung durch die Menschen gewöhnten und letztlich gar nicht mehr in der Wildnis überleben konnten. So was Bescheuertes! Auf unseren Hinweis, dass wir uns in einem Nationalpark befanden, wo das Füttern von Tieren generell verboten war, bekamen wir jedoch nur zur Antwort, dass ihr

Guide ihnen das Futter selbst ausgehändigt hatte. Petra und ich waren sprachlos.

Zu allem Überfluss fingen jetzt auch noch unsere Mädels aus Finnland an rumzumeckern. Angeblich sprach unser Guide nicht gut genug Englisch. Nun gut, wenn man für einen dreitägigen Trip umgerechnet 50 Euro zahlte, konnte man wohl kaum eine perfekt englischsprachige Reisebegleitung erwarten. In Südamerika sprach man nun mal hauptsächlich Spanisch. Zudem fand ich das Englisch unseres Guides gar nicht so schlecht, vor allem wenn man berücksichtigte, dass er im Dschungel geboren und aufgewachsen war und seine Sprachkenntnisse lediglich im Umgang mit den Touristen erworben hatte. Da war das Englisch der Finninnen trotz jahrelangen Schulunterrichts schlechter. Klar, dass unser Guide besonders detaillierte Erklärungen auf Spanisch kundgab. Auf die Idee, einfach mal für ein paar Minuten den Mund zu halten, so dass wenigstens einer aus der Gruppe den Erläuterungen folgen und dann übersetzen konnte, kamen die beiden allerdings auch nicht.

Zeitweise wären Petra und ich dem Rest der Gruppe am liebsten an den Hals gesprungen. Wie konnte man nur so unzufrieden sein? Wir befanden uns mitten im Paradies und die Anderen hatten nichts Besseres zu tun, als ständig rumzunörgeln. Letztlich gingen sie damit ja auch uns auf die Nerven und verdarben uns die Urlaubsfreuden.

Witzig war dann noch die Diskussion, wie viel Trinkgeld Guide und Köchin am Ende der Tour bekommen sollten. Die Israelis erklärten uns, dass sie als Volk grundsätzlich nirgends in der Welt ein Trinkgeld gaben. Auch die Mädels aus Finnland weigerten sich, die Leistung der beiden zu würdigen, da sie ihr Tagesbudget mit der Tour bereits ausgeschöpft hatten. Das Geld für vier bis fünf Bier am Tag, Übernachtungen im teuersten Hotel der Stadt und einen Flug zurück nach La Paz, der immerhin acht mal so teuer wie der Bus war, konnten sie jedoch gerade noch aufbringen. Und die Holländerinnen? Die wollten dem Guide gar nichts geben, da er sie in zu viele gefährliche Situationen gebracht hatte. Die Köchin sollte das Equivalent von wenigen Cent für ihre dreitägige Arbeit erhalten. Letztlich waren Petra und ich dann die einzigen, die überhaupt ein Trinkgeld gaben. Einfach unglaublich!

IX. Zwischenmenschliches

Neue Leute kennen lernen und wenige Tage später wieder verabschieden – Alltag im Leben eines Backpackers. Wenn ich meine Reise fortsetze, denke ich oft, „Schade, jetzt habe ich hier gerade Freunde gefunden und da müssen wir uns auch schon wieder trennen". Im nächsten Moment wird mir dann jedoch bewusst, dass ich jene Leute gerade mal einen Tag lang kenne und somit wohl kaum als Freunde bezeichnen kann.

Die Freundschaften, die man auf Reisen schließt, lassen sich in zwei Kategorien einteilen. Da gibt es zum einen die Leute, die man ständig trifft. Man versteht sich auf Anhieb und verbringt eine nette gemeinsame Zeit miteinander. Hat man erst einmal das Pflichtprogramm „Woher kommst du? Wo warst du schon und wohin willst du noch?" abgearbeitet, entwickelt sich eventuell sogar ein tiefer gehendes Gespräch. Die Zeit, die man mit diesen Leuten verbringt, ist letztlich jedoch viel zu kurz, um sich wirklich kennen zu lernen. Es tut gut, gewisse Themen mit jemandem zu bereden, der einen versteht, da er selbst auch monatelang auf Reisen ist und ähnliche Erfahrungen gesammelt hat. Aber irgendwie weiß der Andere doch nichts von meinem richtigen Leben und meinem wahren Ich, was sich in der kurzen gemeinsamen Zeit wohl auch nicht ändern wird. Bevor man auseinandergeht, tauscht man Email-Adressen und schreibt sich wahrscheinlich auch ein paar Mal. Man weiß jedoch auch, dass man sich höchstwahrscheinlich nie wieder sehen wird.

Und dann die zweite Kategorie: Leute, die zu wahren Freunden werden. Wahre Freunde findet man natürlich seltener und wohl hauptsächlich dann, wenn man längere Zeit am selben Ort verbringt. Manchmal frage ich mich jedoch ernsthaft, ob es nicht vielleicht sogar vorherbestimmt ist, dass man bestimmten Personen begegnet. Meine Freundin Petra lernte ich während meines Studiums in Südafrika kennen. Interessanterweise wohnten wir in Deutschland nur 50 Kilometer voneinander entfernt, studierten an derselben Uni und saßen in denselben Vorlesungen. Trotzdem ergab sich nie die Gelegenheit, dass wir uns näher kennen lernten. Als wir uns dann in Südafrika trafen, verstanden wir uns auf Anhieb super und es dauerte nicht lange, bis sich zwischen uns eine tiefe Freundschaft entwickelte. Wir verbrachten fast jede freie Minute zusammen, reisten in den Semesterferien mehrere Wochen gemeinsam und all das ohne die kleinste Meinungsverschiedenheit. Als Petra im Dezember die Heimreise antreten sollte, beschloss sie spontan, ihren Flug zu verschieben und das Weihnachtsfest mit mir statt bei ihrer Familie zu Hause zu verbringen. Mit Tränen in den Augen verabschiedete ich sie im Januar, doch wir blieben in Kontakt und telefonierten und emailten fast täglich. Und als wir uns fünf Monate später in Deutschland wiedersahen, war es, als wären wir nie voneinander getrennt gewesen.

Auch in Australien fand ich schnell jemanden, mit dem ich voll und ganz auf einer Wellenlänge lag: Anne aus Kanada. Wir lernten uns während der Arbeit in einer Bar kennen. Anne war gerade erst in Sydney angekommen und suchte noch nach einer Bleibe. Als sie hörte, dass ich schon seit mehreren Wochen in einem Hostel wohnte und dieses nur zwei Straßen von unserer Arbeit entfernt lag, zögerte sie nicht lange. Bereits am nächsten Tag zog sie mit Sack und Pack in das Zimmer neben mir. Im Laufe des Jahres trennten sich unsere Wege des Öfteren, wir trafen uns dann aber in verschiedenen Teilen Australiens wieder, reisten gemeinsam und verbrachten die letzten Monate noch mal gemeinsam in Sydney. Anne kehrte nach dem Jahr in Australien nach Kanada zurück, doch schon ein Jahr später bereisten wir zusammen Indonesien. Die Tatsache, dass wir Tausende von Meilen voneinander entfernt leben, wird unserer Freundschaft wohl keinen Abbruch tun. Anne hat nämlich wie ich eine lange Liste an Reisezielen, die es in den nächsten Jahren abzuarbeiten gilt.

Und wie steht es mit meinen Freunden von damals? Je länger ich von zu Hause fort bin, umso schwieriger wird es, Freundschaften aufrechtzuerhalten. Viele von meinen ehemaligen Freunden sind bereits verheiratet, haben Kinder und einen geregelten Alltag. Sie können natürlich überhaupt nicht verstehen, dass ich so leben kann, wie ich es im Moment tue. Jeden Tag an einem anderen Ort, schlaflose Nächte im überfüllten Dorm, stunden- oder manchmal gar tagelange Busfahrten und sämtliches Hab und Gut auf einen Rucksack beschränkt. Ich für meinen Teil habe Schwierigkeiten, den Lebensstil von einigen von ihnen nachzuvollziehen: in einem Job tätig, der sie langweilt und anfänglich nur als Übergangslösung angenommen wurde, noch immer in einer Beziehung mit jemandem, von dem sie sich schon vor Jahren trennen wollten, was heute natürlich nicht mehr wahr ist und als Highlight des Jahres zwei Wochen All-inclusive-Urlaub, wobei die Hotelanlage kaum verlassen wird, obwohl es im Land so viel zu erleben gibt.

Ein Auslandsaufenthalt stellt bestehende Freundschaften auf eine harte Probe. Schnell stellt sich heraus, wer die wahren Freunde sind. Als ich aus Südafrika zurückkehrte, hatte meine Schwester liebevoll eine Begrüßungsparty für mich organisiert. Zu dieser erschien letztlich gerade mal die Hälfte meiner vermeintlichen Freunde. Eine relativ enge Freundin von mir hatte es zudem das ganze Jahr über nicht geschafft, auch nur eine einzige meiner Emails zu beantworten. Als ich wieder zurück in Deutschland war, stand ich vor der Entscheidung: Versuche ich diese Freundschaft in den zehn

Wochen, die mir vor der Abreise nach Australien blieben, zu retten oder betrachte ich die Geschichte ganz einfach als abgehakt? Ich entschied mich für die zweite Variante. Statt in den wenigen Wochen in eine Freundschaft zu investieren, die es wahrscheinlich nicht wert war, nutzte ich die Zeit damals lieber zu Unternehmungen mit den Leuten, denen wirklich etwas an mir lag. Eine andere Freundin vergaß bis zu einem Monat vor ihrem Entbindungstermin vollkommen, mir überhaupt von der Schwangerschaft zu erzählen. Erfahren hatte ich es damals nur durch einen Zufall. So etwas verletzt mich natürlich schon, denn nur weil ich weit weg bin, heißt das ja nicht, dass ich mich nicht für die Leute zu Hause interessiere.

Von meinem damaligen Freundeskreis sind heute nur noch wenige Personen übrig. Zu unterschiedlich sind unsere Interessen, Lebensauffassungen und Erwartungen an die Zukunft. Es dauerte eine ganze Weile, bis mir bewusst wurde, dass es nicht schlimm – ja wahrscheinlich sogar normal – ist, dass sich der Freundeskreis im Laufe der Jahre verschiebt. Verbringt man längere Zeit im Ausland, wird einem dies wohl nur stärker bewusst. Heute sind vielleicht nur noch ein paar von meinen alten Freunden übrig, ich weiß aber, dass ich diesen Leuten wirklich etwas bedeute. Meine noch übrig gebliebenen Freunde melden sich bei mir, weil sie sich wirklich für mich interessieren und nicht nur, weil sie mal wieder eine Postkarte zugesendet bekommen wollen. Interessanterweise handelt es sich bei diesen Freunden fast ausschließlich um Leute, die ebenfalls eine gewisse Zeit im Ausland verbracht haben, Freunde, die wissen, was es bedeutet, Zeit fern von zu Hause zu verbringen und ähnliche Erfahrungen wie ich gesammelt haben. Freunde, die mich verstehen und in dem bestärken, was ich tue, statt ständig zu fragen, wann es denn bei mir mit Karriere, Familie und

einem geregelten Leben losgeht. Freunde, von denen ich weiß, dass es keinen Unterschied macht, ob wir uns zwei Wochen nicht sehen oder zwei Jahre.
Wenn ein Auslandsaufenthalt Freundschaften auf eine harte Probe stellt, wie sieht es dann erst mit Beziehungen aus? Ich unterschätzte vor meinem Jahr in Südafrika, wie sehr die monatelange Trennung eine Beziehung belasten kann. Es dauerte gerade mal vier Monate, bis ich entschied, mich von meinem damaligen Freund zu trennen.
Acht Monate vor meiner Abreise lernte ich Martin kennen. Anfangs waren wir beide nicht besonders begeistert von der Idee, eine Beziehung miteinander einzugehen. Schließlich sollte ich bald ins Ausland gehen und ein Jahr ist eine lange Zeit. Es kam jedoch, wie es kommen musste: Wir verliebten uns Hals über Kopf ineinander. Für einen kurzen Augenblick zog ich es sogar in Erwägung, meine Pläne über Bord zu werfen, realisierte aber schnell, dass ich dies unmöglich tun konnte. Wenn unsere Beziehung doch nicht so funktionieren würde, wie wir es uns vorgestellt hatten, würde ich diese Entscheidung wahrscheinlich für den Rest meines Lebens bereuen. Doch selbst wenn wir bis in alle Ewigkeit glücklich miteinander zusammenlebten, würde ich Martin vielleicht früher oder später einmal im Streit vorwerfen, meinen Traum für ihn aufgegeben zu haben. Ich wusste, dass ich mein Vorhaben durchziehen musste. Irgendwie hatte so eine Trennung ja auch etwas Gutes. Würde unsere Beziehung das Jahr unbeschadet überstehen, konnten wir wohl sicher sein, dass es das Richtige war. Und falls nicht, war es ebenfalls besser, dies frühzeitig herauszufinden. Zu diesem Zeitpunkt war ich mir jedoch hundertprozentig sicher: Ein Jahr der Trennung würde an unseren Gefühlen füreinander nichts ändern. Zudem wollte mich Martin ja zwischendurch auch besuchen kommen. Somit war es also gar kein Jahr, sondern sechs Monate und dann noch mal fünfeinhalb weitere.

Der Tag der Abreise kam und es flossen zahlreiche Tränen. Als ich dann ins Flugzeug stieg, war ich einerseits traurig über den Abschied von Martin und meiner Familie. Viel größer war jedoch die Aufregung über die anstehenden Ereignisse. Ein Jahr in einem völlig fremden Land. Wie würden wohl die Anderen sein, die mit mir zusammen an dem Programm teilnahmen? Wie würde der Uni-Alltag aussehen? Würde ich der neuen Herausforderung überhaupt gewachsen sein?

Meine anfänglichen Sorgen erwiesen sich schnell als unbegründet. Der Aufenthalt in Südafrika übertraf meine Erwartungen bei Weitem. Die Vorlesungen waren interessant, ich schloss viele neue Freundschaften und es blieb genügend Zeit für Partys und Ausflüge.

Martin und ich hatten es uns zur Gewohnheit gemacht, zweimal wöchentlich zu telefonieren. In den ersten Wochen fieberte ich unseren Telefonaten auch noch ungeduldig entgegen. Ich ließ mir in allen Einzelheiten den neuesten Klatsch und Tratsch von zu Hause erzählen und beschrieb Martin den südafrikanischen Studentenalltag – allerdings in zensierter Fassung. So verschwieg ich meinem ohnehin schon eifersüchtigen Freund beispielsweise, dass ich gerade in der Anfangszeit überwiegend Freundschaften mit männlichen Kommilitonen schloss. Ich erzählte ihm auch nichts davon, dass wir Mädels uns nach nächtlichen Kneipenbesuchen stets von einem der Jungs nach Hause begleiten ließen, da es zu gefährlich gewesen wäre, allein durch die Gegend zu spazieren.

Die Wochen vergingen und ich stellte irgendwann fest, dass ich mich zunehmend weniger auf Martins Anrufe freute. Es fiel mir immer schwerer, unsere Gespräche mit Inhalt zu füllen und die Berichte meines Freundes begannen schließlich sogar, mich zu langweilen. Während bei mir ständig etwas Neues zu passieren schien, sah bei ihm jeder

Tag mehr oder weniger gleich aus. Ich merkte, wie sehr mich die Monate im Ausland veränderten. Jeder Tag in der Ferne schien mich ein wenig mehr reifen zu lassen. Mein drei Jahre älterer Freund entwickelte sich dagegen kein bisschen weiter und war weit davon entfernt, sein Leben in den Griff zu bekommen. Mir wurde klar, dass ich in unserer Beziehung immer die Stärkere sein würde. Ich würde Martin an die Hand nehmen und durchs Leben führen müssen, obwohl ich vielleicht selbst hin und wieder eine starke Schulter zum Anlehnen brauchte. Wollte ich das wirklich?

Je näher Martins Besuch rückte, desto weniger war mir danach, ihn zu sehen. Aus Gesprächen mit meinen Kommilitonen wusste ich, dass ich nicht die Einzige war, der es so erging. Fast täglich berichtete mir jemand, dass er nunmehr wieder Single sei, da die Beziehung mit dem Partner zu Hause einfach nicht mehr funktioniert hatte. Mindestens ebenso verbreitet schienen Affären. Die daheim gebliebene bessere Hälfte würde ja eh nichts davon mitbekommen und angeblich zählte wohl alles, was auf einem anderen Kontinent passierte, sowieso nicht als Fremdgehen. Und vielleicht nahm der Partner zu Hause es ja auch gar nicht so genau mit der Treue.

Das stimmte zwar, aber wollte ich wirklich so enden? War ich es meinem Freund nicht schuldig, offen und ehrlich zu sein? Ich verbrachte viele schlaflose Nächte und grübelte tagein tagaus, was die richtige Entscheidung war. Martin nach Südafrika kommen lassen und sehen, wie es zwischen uns lief? Nach seinem Besuch Schluss machen, wenn er wieder zu Hause war? Aber ich konnte ihm ja wohl kaum zwei Wochen lang vormachen, dass alles super war und ihm dann aus heiterem Himmel den Laufpass geben. Vielleicht hatten sich Martins Gefühle für mich ja auch geändert und er bevorzugte die Trennung. Aber darauf hoffen? Es war ja schließlich auch möglich, dass er sich während seines

Besuches wieder total in mich verlieben würde. War es da nicht besser, die Sache jetzt zu beenden, wo wir beide einen gewissen Abstand zueinander gewonnen hatten?
Ich entschied schließlich, Martin anzurufen und ihm zu sagen, dass ich nicht wollte, dass er mich besuchen kam. Gleichzeitig bedeutete das natürlich das Ende unserer Beziehung. Ich habe mir die Entscheidung damals gewiss nicht leicht gemacht, heute weiß ich jedoch, dass ich richtig gehandelt habe. Ich weiß, dass ich Martin sehr verletzt habe, er versicherte mir aber bei einem späteren Treffen, dass ich richtig gehandelt habe. Ein schlechtes Gewissen plagt mich noch heute, wenn ich daran zurückdenke, wie es damals gelaufen ist, auch wenn Martin mir längst vergeben hat. Eines habe ich jedoch aus der Geschichte gelernt: Eine Beziehung bedeutet harte Arbeit. Heute überlege ich mir zweimal, ob ich wirklich für eine Partnerschaft bereit bin. Im Moment befinde ich mich jedoch an einem Punkt in meinem Leben, an dem ich mir nichts sehnlicher wünsche, als zu reisen. Zeit, in eine Beziehung zu investieren, bleibt da wenig.

Die eine oder andere Romanze zwischendurch schließt das natürlich nicht aus. Besonders wenn man längere Zeit am selben Ort verbringt, ist es wahrscheinlich, dass man sich irgendwann mal verliebt. Nach der Geschichte mit Martin hatte ich von Männern erst mal genug. Zwar datete ich nach unserer Trennung den ein oder anderen Südafrikaner, etwas Ernstes ergab sich jedoch nicht.

Während meiner Zeit in Sydney traf ich dann aber Andrew. Der gebürtige Kanadier hatte wenige Monate vor unserem Kennenlernen beschlossen, seinen Lebensmittelpunkt nach Australien zu verlegen. Andrew war einige Jahre älter als ich, stand mit beiden Beinen fest im Leben und behandelte mich genau so, wie ich es mir immer von einem Mann gewünscht hatte. Ich schwebte im siebten Himmel. Da Andrew tagsüber arbeitete und ich fast jede Nacht in einer Bar kellnerte, blieb uns zwar nicht viel Zeit für traute Zweisamkeit, wir nutzten jedoch jede Möglichkeit für gemeinsame Unternehmungen. Wochenendausflüge in die nähere Umgebung, Spaziergänge bei Sonnenuntergang am Strand oder Barbecues mit seinen WG-Mitgliedern. Das Leben hätte schöner nicht sein können.

Bis über beide Ohren verknallt, merkte ich gar nicht, wie schnell die Wochen verstrichen. Der Besuch meiner Familie rückte immer näher. Im Anschluss daran wollte ich eigentlich den Rest Australiens bereisen und ein paar Monate in einer anderen Stadt verbringen. So richtig mit Aufregung erfüllte mich dieser Gedanke jedoch nicht mehr. Weg aus Sydney, wo ich Job, Freunde, vor allem aber Andrew hatte? Losziehen und wieder ganz von vorn beginnen? Viel lieber wäre ich nach der Abreise meiner Lieben einfach wieder in die gewohnte Umgebung und zu Andrew zurückgekehrt. Ja, in Gedanken sah ich uns schon in einem netten Häuschen am australischen Strand zusammen alt werden.

Allerdings hatte ich diese Rechnung ohne Andrew gemacht. Je näher der Zeitpunkt unseres vorübergehenden (?) Abschiedes rückte, desto mehr ging er auf Distanz. Aus blieben die täglichen SMS oder spontanen Besuche, bevor ich zur Arbeit musste. Wenn wir dann mal miteinander telefonierten, erzählte mir Andrew ausführlich, wie sehr er mich um meine anstehende Reise beneidete. Ich musste doch schon total aufgeregt sein und würde vor Vorfreude bestimmt bald platzten.

Nun, mittlerweile stimmte das sogar. Da mich ja in Sydney offenbar nicht mehr viel zu halten schien, klinkte ich mich spontan in die Reisepläne zweier Freundinnen ein. Wir beschlossen, gemeinsam einen Camper zu mieten und damit den Kontinent unsicher zu machen.

Unser Roadtrip durch Australien war einfach traumhaft. Ich genoss jede Sekunde und bereute es keinen Moment, dass ich mich letztlich doch für die Reise entschieden hatte.

Andrews Handeln kam mir damals schon verdammt merkwürdig vor. Wenn ich heute mit Abstand, aber auch mehr Lebenserfahrung zurückblicke, kann ich jedoch nachvollziehen, warum er sich so komisch verhielt. Im Gegensatz zu mir war sich Andrew von Anfang an darüber im Klaren, dass unsere gemeinsame Zeit begrenzt war. Statt sich irgendwelchen Illusionen hinzugeben oder mich gar von meinen Reiseplänen abzubringen, hatte er diese Tatsache von vornherein akzeptiert und ganz einfach die unbeschwerte Zeit mit mir genossen.
Auch meine Gefühle für Andrew kühlten nach unserer örtlichen Trennung ziemlich schnell ab. Offenbar war ich doch noch nicht bereit, mich wieder auf etwas Festes einzulassen und sesshaft zu werden. Es war somit wohl die richtige Entscheidung, unsere Treffen locker zu sehen und stattdessen meine Reisen fortzusetzen.
Als ich nach meiner Australien-Rundreise nach Sydney zurückkehrte, besuchte Andrew gerade seine im Sterben liegende Mutter. Bei seiner Rückkehr befand ich mich bereits in Südamerika, so dass es zu keinem Wiedersehen zwischen uns kam. Mittlerweile lebt er wieder in Kanada und wir emailen uns noch immer von Zeit zu Zeit.

Wunderte ich mich damals noch über Andrews merkwürdigen Umgang mit dem bevorstehenden Abschied, so stelle ich heute immer wieder fest, dass ich mich in Liebesangelegenheiten unterwegs ganz ähnlich verhalte. Ein paar Tage Verliebtsein sind toll. Naht dann aber die Weiterreise, heißt es Abschied nehmen. Mich entgegen meinem ursprünglichen Willen jemandem anschließen und meine eigenen Reisepläne über

Bord werfen? Fehlanzeige! Ich stelle mich von Anfang an darauf ein, dass die gemeinsamen Tage gezählt sind und genieße die verbleibende Zeit.

In Guatemala lernte ich den Argentinier Pedro kennen. Wir verbrachten ein paar gemeinsame Tage, dann trennten sich unsere Wege, doch schon zwei Wochen später trafen wir uns in einem anderen Teil des Landes wieder. Pedro, der sich lediglich auf der Durchreise befand, erklärte mir, wie sehr er mich in den vergangenen Tagen vermisst hatte und dass er gern mehr Zeit mit mir verbringen wollte. Er wünschte sich nichts sehnlicher, als dass ich einige Zeit mit ihm gemeinsam durch Mittelamerika reiste. Allerdings hatte ich mich nur wenige Tage zuvor zum Spanischlernen angemeldet, war in eine Gastfamilie gezogen und hatte bereits erfolgreich die ersten Unterrichtsstunden absolviert. Klar, Spanisch konnte ich auch mit Pedro sprechen, sein argentinischer Akzent war mir jedoch nahezu unverständlich. Der Unterricht in der Schule schien dagegen echt etwas zu bringen. Auch mit meiner Familie hatte ich es super getroffen. Nie hätte ich es übers Herz gebracht, diese einfach so vor den Kopf zu stoßen und vorzeitig abzureisen. Und schließlich war ich auch nach Lateinamerika gekommen, um die Sprache zu erlernen und nicht etwa, um irgendeinem Argentinier hinterher zu reisen. Ich erklärte Pedro, dass die Zeit mit ihm zwar schön war, ich in Guatemala jedoch Verpflichtungen nachzugehen hatte. Er verstand und reiste am nächsten Tag allein weiter. Obwohl ich nur zehn Tage später in dieselbe Richtung aufbrach, kam es zu keinem erneuten Treffen zwischen uns. Wir verfehlten uns einige Male knapp. Wahrscheinlich wollte das Schicksal es einfach nicht anders.

Einige Monate später machte ich Bekanntschaft mit Stephan aus Frankreich. Wir trafen uns auf einem Boot in Chile und waren vier Tage lang unzertrennlich. Wir gewannen sogar noch zusätzliche Zeit, da die Fähre ganze 28 (!) Stunden Verspätung hatte. Doch irgendwann kam der Zeitpunkt des Abschieds. Stephan versuchte alles, um mich zu überreden, ihn auf eine mehrtägige Wanderung in einen nahe gelegenen Nationalpark zu begleiten. Ich wäre damals zwar gern mit Stephan gegangen, musste ihm aber dennoch einen Korb geben. Für mich war es nämlich allerhöchste Zeit, die Weiterreise anzutreten. Schon wenige Stunden später wollte ich mich mit meinem Freund Sören im 300 Kilometer entfernten Puntarenas treffen. Hätte ich mich Stephan angeschlossen, wäre mir zudem auch nicht mehr genug Zeit für eine Reise nach Ushuaia geblieben und die südlichste Stadt der Welt wollte ich unbedingt sehen. Aber wenn alles klappte, dann würden Stephan und ich uns ja schon wenige Tage später in El Calafate wieder sehen. Jetzt freute ich mich also erst einmal auf mein Treffen mit Sören, dem witzigen Deutschen, den ich vor einigen Monaten kennen gelernt hatte. Sören und ich hatten uns in einem Hostel in Costa Rica getroffen und auf Anhieb super verstanden. Wir reisten drei Tage miteinander und dann musste Sören auch schon die Heimreise antreten. Im Gegensatz zu mir war Sören nur für eine Woche im Land. Er arbeitete seit geraumer Zeit in den USA und hatte den Flug nach Costa Rica zum Schnäppchenpreis erstanden. Nach Sörens Abreise emailten wir uns weiterhin und es dauerte nicht lange, da teilte er mir mit, dass er noch ein paar Urlaubstage übrig hatte. Er plante, für zehn Tage nach Südamerika zu kommen und wollte mich gern für einige Tage auf meiner Reise begleiten. Normalerweise ist es nicht unbedingt mein Ding, mir von jemandem meine Reisepläne durcheinanderbringen zu lassen. In diesem Fall war das jedoch irgendwie anders. Zwar hatten Sören und ich damals nur ein paar Tage miteinander verbracht, wir

stellten jedoch sofort fest, dass wir uns in vielerlei Hinsicht sehr ähnlich waren. Auch Sören war viel in der Welt herumgekommen und hatte mal hier und mal dort gelebt. Und genau wie ich konnte auch er es kaum erwarten, den ihm noch unbekannten Rest der Welt zu bereisen. Sören war von Grund auf optimistisch eingestellt. Er ergriff die Chancen, die sich ihm im Leben boten und ich konnte unseren Gesprächen viel Positives abgewinnen. Wenn es so etwas wie Seelenverwandtschaft gab, dann hatte ich mein Gegenstück wohl in ihm gefunden. Und jetzt waren es also nur noch wenige Kilometer bis zu unserem Wiedersehen. Angst, dass Sören mir auf die Nerven gehen würde, hatte ich keine. Schließlich war er ans Backpacken gewöhnt und fließend Spanisch sprach er auch. Er war damit also zu selbstständigen Handlungen fähig und ich würde ihn nicht wie den typischen Besucher durch die Gegend führen müssen. Und im Notfall bestand ja auch immer noch die Möglichkeit, sich vorzeitig zu trennen. Ich war jedoch überzeugt, dass wir genauso viel Spaß haben würden wie vier Monate zuvor.
In Puntarenas angekommen, erwartete mich Sören schon am Busbahnhof. Wir begrüßten uns herzlich und begannen sofort, pausenlos drauf los zu erzählen. Auch die nächsten zwei Tage waren toll. Die zwölfstündige Busfahrt nach Feuerland verging wie im Flug, wir gingen in den umliegenden Nationalparks wandern und ich genoss es, endlich mal wieder in Begleitung zu reisen und mich nicht ständig um alles selbst kümmern zu müssen. Am dritten Tag erhielt meine Freude jedoch einen gehörigen Dämpfer. Wir verbrachten den Tag damit, den südlichsten Zipfel unserer Erde zu erkunden. Plötzlich fragte mich Sören, was ich davon hielt, wenn er mich am Abend schick zum Essen ausführte. Ich erklärte ihm, dass ich davon nicht viel hielt. Wir könnten gern gemeinsam essen gehen, für

meine Rechnung würde ich jedoch selbst aufkommen. Beeindruckt von diesem Maß an Emanzipation, stimmte Sören zu.
So ergab es sich also, dass wir uns am Abend in einem netten kleinen Restaurant argentinische Steaks schmecken ließen. Der Kellner erschien und wir lehnten sein Angebot, uns die Dessertkarte zu bringen, dankend ab. Sören verkündete mir nun jedoch, dass er dennoch ein Dessert für mich habe, und zwar eines der ganz besonderen Art. Mit diesen Worten überreichte er mir einen Umschlag. Ich öffnete ihn und das, was ich darin vorfand, erfüllte mich nicht gerade mit übermäßiger Begeisterung. In meinen Händen hielt ich ein selbst geschriebenes Liebesgedicht. Ich begann, es mir durchzulesen. Als ich fertig war und wieder aufschaute, folgte eine Ansprache. Sören erklärte mir, wie überglücklich er aus Costa Rica zurückgekehrt sei. Unser Treffen hatte ihn wohl zu einem neuen Menschen gemacht. Er war nach seiner Heimkehr wie ausgewechselt und lief durchweg gut gelaunt und mit einem breiten Grinsen durch die Gegend. Diese Veränderung war seinen Freunden natürlich nicht entgangen. Schnell waren sie sich einig: Sören hatte sich verliebt. Zwei von Sörens Freundinnen waren wohl drauf und dran, mir einen Brief zu schreiben, um mir darin die frohe Botschaft zu übermitteln, doch Sören beschloss, die Sache selbst in die Hand zu nehmen. Er entschied, mich in Ushuaia zu besuchen, da es ja sozusagen symbolischen Charakter hatte, wenn er mir bis ans Ende der Welt folgte, um mir seine Liebe zu gestehen.
Am liebsten wäre ich aufgesprungen und hätte das Restaurant fluchtartig verlassen. Aber aus Anstand und um Sören nicht zu sehr zu verletzten, ließ ich es sein. Stattdessen ließ ich Sörens Liebesgeständnis stumm über mich ergehen. Als er endlich zum Ende gekommen war, schaute er mich mit großen Augen an und erwartete eine Reaktion. Verdammt!

Wie kam ich nur da wieder heraus? Und vor allem: Wie war ich hier überhaupt hineingeraten?
Ich setzte also zu ersten Erklärungsversuchen an. Ich sagte Sören, dass auch ich die drei Tage in Costa Rica sehr schön fand und mir die Gespräche mit ihm sehr gut getan haben. Ich erklärte ihm, dass ich nicht eine Sekunde lang daran gedacht hatte, dass zwischen uns sexuell etwas laufen könnte und ich weit davon entfernt war, mich in ihn zu verlieben. Ich sah in ihm einfach nur einen guten Freund. Nicht mehr und nicht weniger.
Das war deutlich! Glaubte ich zumindest. Sören anscheinend nicht. Er meinte nämlich daraufhin, dass unsere stundenlangen Unterhaltungen doch irgendetwas in mir ausgelöst haben mussten. Ja, das hatten sie. Freude darüber, dass es Menschen gibt, die genau wie ich denken. Freude darüber, endlich mal wieder ein Gespräch zu führen, welches über das übliche oberflächliche Geplänkel „Woher kommst du? Wie lange reist du noch/schon? Wo warst du schon und wohin geht es noch?" hinausging. Freude darüber, einen neuen Freund (!) gefunden zu haben.
Auch damit ließ sich Sören nicht abspeisen, sondern erklärte mir nun, dass er zwar ohne Erwartungen, nicht jedoch ohne Hoffnungen nach Argentinien gekommen war. Er verstand natürlich, dass ich Zeit brauchte. Deshalb wollte er die nächsten sieben Tage auch erst mal sehen, wie es sich zwischen uns so entwickelte. Wünschen würde er sich so eine Art Beziehung. Vielleicht nicht von heut auf morgen, jedoch in naher Zukunft. Selbstverständlich dürfte ich mein Reisen fortsetzen, er wollte allerdings bis in alle Einzelheiten darüber informiert werden, was ich mache.
Ich hoffte, dass jeden Moment ein Wecker klingeln würde und dieser Albtraum vorüber war. Was zur Hölle glaubte Sören eigentlich? Er konnte doch nicht ernsthaft hier aufkreuzen und erwarten, dass ich so einfach von einem Tag auf den

nächsten mein Leben umkrempeln und auf ihn ausrichten würde. Ich dachte, dass ich in unseren Gesprächen in Costa Rica hinreichend deutlich gemacht hatte, wie sehr ich es im Moment genoss, mein eigenes Ding durchzuziehen und auf niemanden Rücksicht nehmen zu müssen. Ich war seit Monaten allein unterwegs und niemandem Rechenschaft schuldig – und auf einmal sollte ich mich vor jemandem rechtfertigen müssen, den ich noch nicht mal eine Woche lang kannte? Das konnte doch unmöglich sein Ernst sein. Hatte ich Sören in Costa Rica wirklich so falsch eingeschätzt? Hatte er wirklich eine so schlechte Menschenkenntnis?
Leider gehöre ich nicht zu den Menschen, die Anderen ihre Meinung ganz knallhart auf den Kopf zu sagen. Stattdessen erklärte ich Sören, dass ich absolut nichts von Fernbeziehungen hielt. Ich erzählte ihm davon, wie meine Beziehung mit Martin während meiner Zeit in Südafrika in die Brüche gegangen war und welche Konsequenzen ich aus dieser Geschichte gezogen habe. Es half jedoch nichts. Sören war davon überzeugt, dass wir zwei füreinander bestimmt waren. Er versicherte mir, dass er in keiner Weise vorhatte, mein Leben komplizierter zu machen. Im Gegenteil. Er wollte die schönen Momente des Lebens mit mir teilen und das Leben Seite an Seite genießen.
Konnte Sören wirklich so begriffsstutzig sein? Und warum hatte ich eigentlich nicht den Mut, klipp und klar zu sagen: „Ich will nichts von dir! Weder heut noch irgendwann!" Mal ganz abgesehen davon, drehten sich meine Gedanken noch immer Tag und Nacht um Stephan...
Ich nahm erneut Anlauf und erklärte Sören, dass ich in meinem Leben unmöglich für eine andere Person Platz schaffen konnte, wo ich doch noch nicht einmal wusste, wo mein eigener Platz war. Zurück nach Deutschland, ein fester Job in Australien oder vielleicht einfach nur weiter reisen? Ich hatte im Moment absolut keine Ahnung, was ich in der

absehbaren Zukunft machen wollte. Sören sah jedoch auch das nicht als Problem. Ihn hielt in den USA nichts. Er würde keine Sekunde lang zögern und seinen Job kündigen. Und Australien? Das Land fand er schon immer toll. Er war flexibel und bereit, sich mir spontan anzuschließen, egal was ich vor hatte.
Ich fühlte mich, als würde mir jemand eine Schlinge um den Hals legen und diese langsam zuziehen. Sören erwartete scheinbar tatsächlich, dass ich meine Freiheit so einfach von einem Tag auf den anderen für ihn aufgeben würde. So langsam gingen mir auch die Argumente aus. Da Sören sich scheinbar gar nicht die Mühe machte, mich zu verstehen, gab ich letztlich auf. Wenn Worte nichts bewirkten, dann musste ich ihm halt durch mein Verhalten in den nächsten Tagen verständlich machen, dass jegliche Hoffnungen auf eine Liebesbeziehung vergebens waren.
Es bedarf wohl keiner ausdrücklichen Betonung, dass mir die Lust aufs gemeinsame Reisen gehörig vergangen war. Und die Tatsache, dass Sören am folgenden Tag keine Gelegenheit ausließ, auch körperlich meine Nähe zu suchen, verbesserte daran schon gar nichts. Spontanes Ergreifen meiner Hand im Bus, sanftes Massieren meiner Schultern oder Sich-an-mich-Kuscheln auf der Couch im Hostel. Der Typ ließ wirklich nichts unversucht. Ich fühlte mich wirklich mehr als unbehaglich. Am liebsten hätte ich des Nachts still und heimlich meine Sachen gepackt und mich auf Nimmerwiedersehen aus dem Staub gemacht, brachte es irgendwie aber doch nicht übers Herz. Nichtsdestotrotz war Sören ja doch nett und wir konnten uns noch immer super miteinander unterhalten. Glücklicherweise merkte er schon bald, dass ich von seinen Annäherungsversuchen nicht besonders begeistert war. Seiner Aufforderung, ihm hier und jetzt zu sagen, wenn mir seine Liebkosungen unangenehm waren, leistete ich erleichtert Folge. Das hatten wir also geklärt.

Vor mir tat sich jedoch schon das nächste Problem auf. Wir befanden uns auf dem Weg nach El Calafate – dem Ort, an dem ich Stephan treffen sollte. Beim Lesen meiner Emails stellte ich mit Erleichterung fest, dass dieser sich noch nicht bei mir gemeldet hatte. Andererseits war ich schon ein wenig enttäuscht, hatte ich unserem Wiedersehen doch schon sehnsüchtig entgegengefiebert. Da die letzten Tage aber eh schon kompliziert genug waren, verzichtete ich ebenfalls darauf, mich bei ihm zu melden. Wahrscheinlich war es ganz gut so, wie es war. Zwei Tage später fuhren Sören und ich für zwei Tage in ein Dorf in den Bergen. Als wir von dort wieder nach El Calafate zurückkehrten, las ich Stephans Emails – mittlerweile drei! Offenbar hatte er den letzten Bus verpasst und war erst am Vortag angekommen. Er hat wohl in sämtlichen Hostels nach mir gesucht, man konnte ihm jedoch nirgends weiterhelfen. Stephan teilte mir den Namen seines Hotels mit und ließ mich wissen, dass er hoffte, mich noch am selben Abend dort zu sehen, da er bereits am nächsten Morgen wieder abreisen würde.
Na super! Da saß ich also hier herum und versuchte, mir Sören vom Leib zu halten und ein paar Häuser weiter wartete Stephan. Aber Sören jetzt davon erzählen? Nein, das brachte ich irgendwie auch nicht übers Herz. Andererseits fragte ich mich natürlich schon, warum ich so scheiss-rücksichtsvoll war. Weil ich Sören nicht wehtun wollte? Sollte er mit seinen 37 Jahren nicht alt genug sein, um auch mal eine Enttäuschung zu verkraften? Hatte er nicht selbst gesagt, dass er ohne Erwartungen gekommen war?
Nichtsdestotrotz entschied ich schließlich schweren Herzens, Stephans Email einfach zu ignorieren. Zu allem Überfluss war Sören nun aber auch noch hungrig und wollte in die Stadt etwas essen gehen. Mir war der Appetit dagegen gehörig vergangen. Sören bestand jedoch darauf, dass ich ihn wenigstens begleitete und im Restaurant Gesellschaft

leistete. Super! Jetzt spazierte ich also auch noch durch die Gegend und musste Angst haben, jeden Augenblick Stephan über den Weg zu laufen. Ganz toll! Es wurde wirklich Zeit, dass Sören wieder in den Flieger stieg und aus meinem Leben verschwand.
Dies tat er zu meiner Erleichterung zwei Tage später tatsächlich. Also zumindest in den Flieger steigen. Seitdem hält er mich auch weiterhin in regelmäßigen Abständen darüber auf dem Laufenden, was in seinem Leben passiert. Gelegentlich antworte ich ihm sogar. Sören lässt es sich zudem nicht nehmen, mich hin und wieder mit kleinen Geschenken zu beglücken. So erhielt ich zuletzt eine Kette mit einem Talisman. Anbei befand sich ein Brief, in dem er mir mitteilte, dass er sich freuen würde, wenn ich diese Kette auf meinen Reisen trage und er sie irgendwann mal wieder zu Gesicht bekommen würde. Seitdem bemühe ich mich, Sören nicht all zu genau über meine Reiseziele zu unterrichten.

Eines lernte ich aus dieser Geschichte mit Sicherheit: Drei Tage genügen nicht, um einen Menschen wirklich kennen zu lernen. Man trifft unterwegs schon ziemlich durchgeknallte Typen! Von dem Gedanken, in Sören einen Seelenverwandten gefunden zu haben, verabschiedete ich mich jedenfalls schnell.
Ich fragte mich im Nachhinein natürlich, ob ich nicht eine gewisse Mitschuld an der verkorksten Situation trug. Hatte ich damals in Costa Rica vielleicht falsche Signale ausgesendet, die darauf hingedeutet hatten, dass ich in Sören mehr als nur einen guten Freund sah? Falls das der Fall war, so war ich mir dessen jedenfalls in keinster Weise bewusst.
Stephan emailte ich erst einige Tage später. Ich bediente mich der Notlüge, dass ich über mehrere Tage meinen Email-Account nicht öffnen konnte und bedauerte sehr, dass

es nicht mit dem Treffen geklappt hatte. Glücklicherweise schafften wir es im Laufe unserer Südamerika-Reise letztlich doch noch, uns wiederzusehen. Stephan schwärmte mir von seiner Wanderung vor und meinte, dass ich ihn mal hätte begleiten sollen. Ich erwiderte nur, dass ich mir dies im Nachhinein auch gewünscht hatte.

Andererseits wäre uns der Abschied nach noch mehr gemeinsamen Tagen wahrscheinlich noch schwerer gefallen, als es eh schon der Fall war. Ein bisschen ineinander verliebt hatten wir uns nämlich beide. Nichtsdestotrotz sahen wir die Sache realistisch. Stephan würde in wenigen Wochen in sein geregeltes Leben nach Paris zurückkehren, während bei meinen Reiseplänen noch lange kein Ende abzusehen war. Wir hatten die Zeit zusammen genossen, jedoch wäre weder Stephan noch mir im Traum eingefallen, irgendwelche Forderungen an den Anderen zu stellen. Es lief, wie es unterwegs meistens der Fall ist. Man lernt sich kennen und verbringt eine schöne gemeinsame Zeit. Irgendwann heißt es jedoch Abschied nehmen. Stephan und ich waren uns dessen von Anfang an bewusst. Sören scheint dies erst noch lernen zu müssen.

X. Rückkehr

Du bist monatelang herumgereist und hast dir die große weite Welt angeschaut, hast Orte besucht, von denen du bisher nur träumtest, viele neue Freundschaften geschlossen und dabei gar nicht bemerkt, wie schnell die Zeit vergangen ist. Der Zeitpunkt der Heimkehr naht und so toll die letzten Wochen und Monate auch waren, irgendwie freust du dich doch darauf, Familie und Freunde wieder zu sehen; auf den Luxus, ein eigenes Zimmer zu haben, in dem du deine Sachen ausbreiten kann, wie es dir beliebt; darauf, aus einem Kleiderschrank statt dem Rucksack zu leben und ein ausgedehntes Bad zu nehmen. Hin und wieder bist du im Laufe deiner Reise bestimmt mal auf eine Badewanne getroffen, diese befand sich aber wahrscheinlich in einem Zustand, in dem du allenfalls bereit warst, sie mit Flip-Flops zu betreten. Und du weißt auch schon genau, was du dir zu Hause von deiner Mutter als Begrüßungsessen kochen lassen wirst.

Aber einmal in der Heimat angekommen, schlägt deine Vorfreude wahrscheinlich schnell in Enttäuschung um. Wieder zu Hause zu sein, ist verdammt komisch! Du bist in den vergangenen Monaten unter extremen Bedingungen am Rande des Existenz-Minimums gereist, hast Leute aus aller Welt kennen gelernt und bergeweise Erfahrungen gesammelt. Doch während du diesen enormen Entwicklungsprozess durchgemacht hast, stand die Zeit zu Hause scheinbar still. War es wirklich möglich, dass sich daheim in den vergangenen Monaten rein gar nichts verändert hat? Konnte es wirklich sein, dass man zu Hause dafür lebt, allabendlich sein festes Fernsehprogramm abzuarbeiten und jedes Wochenende in derselben Kneipe zu versacken? Wie konnte es sein, dass jeder Tag im Leben der Daheimgebliebenen gleich schien, obwohl es doch da draußen so viel zu erleben

gibt? Das Schlimmste: Viele dieser Leute sind mit ihrer Lebenssituation nicht einmal glücklich. Bereit, etwas an dieser zu ändern, sind sie aber auch nicht. Der Grund: Angst vor dem Neuen.
Verständnis für diese Angst aufzubringen, fällt da natürlich nicht leicht, haben dich die letzten Monate doch gelehrt, wie aufregend alles Neue sein kann. Jegliche Versuche, deine Freunde dazu zu bewegen, auch einmal etwas zu wagen, in die weite Welt hinaus zu ziehen und etwas aus ihrem Leben zu machen, werden aber bereits im Ansatz erstickt. Du wärst ja eh ganz anders drauf als die breite Masse und man könne dein Leben gar nicht mit dem ihren vergleichen. Solche oder ähnliche Argumente musst du dir dann anhören.

Wer als aufgeschlossener, weltoffener Backpacker zurückkehrt, dem erscheinen die Menschen in Deutschland schnell spießig und intolerant, stets gestresst und schlecht gelaunt – eben ganz anders, als die Menschen aus anderen, oftmals sehr viel ärmeren Ländern und die übrigen Weltenbummler, an die man sich in den letzten Wochen so gewöhnt hat.
Bei meiner Rückkehr aus Südafrika durchlief ich die Phasen des Kulturschocks in noch stärkerem Maße als bei meiner Ankunft im fremden Land. Euphorie: Es war toll, wieder zurück zu sein. Alle meine mir noch verbliebenen, echten Freunde kamen, um mich zu sehen, lauschten gespannt den Berichten von meinen Abenteuern und sahen sich interessiert meine Fotos an. Ich genoss es, mich von meiner Mutter mit all den kulinarischen Leckereien verwöhnen zu lassen, auf die ich während meiner Abwesenheit hatte verzichten müssen. Schön war es auch, endlich mal wieder für sämtliche Ausflüge ein Auto zur Verfügung zu haben. Diese Freude verflog jedoch spätestens beim Bezahlen an der Tankstelle. Wie konnte es eigentlich sein, dass in Deutschland ein Liter

Benzin 1,50 Euro kostete, wenn ich woanders für diesen Betrag den Tank komplett füllen konnte? Und so nett es auch war, etwas Privatsphäre zu haben, irgendwie hatte ich mich doch daran gewöhnt, stets Leute aus aller Welt um mich herum zu haben. Es stand immer jemand für gemeinsame Unternehmungen zur Verfügung, abends saß man in der Gruppe zusammen, kochte gemeinsam und unterhielt sich bis tief in die Nacht. Irgendwie fühlte ich mich einsam. Meine Freunde daheim hatten kaum Zeit, denn schließlich hatten sie Job, Familie, kurz, ein geregeltes Leben. Ein Leben, das mir im Moment unglaublich langweilig erschien. Ja, es dauerte nicht lange und ich befand mich mitten in Phase 2 – der Phase der Kollisionen und Missverständnisse. Glücklicherweise hielt ich mich damals nur für zehn Wochen in Deutschland auf. Ich fieberte zu diesem Zeitpunkt bereits meiner Abreise nach Australien entgegen und rettete mich schon bald mit einem neuen Abenteuer aus der Krise.
Bei meinem Deutschlandaufenthalt zwei Jahre später plante ich, es gar nicht erst zum Kulturschock kommen zu lassen. Ich beschränkte die Dauer meines Besuches von vornherein auf vier Wochen und hoffte, bereits wieder im Flugzeug zu sitzen, bevor sich die Euphorie-Phase ihrem Ende zuneigte. Leider ging diese Rechnung nicht auf. Bereits zwei Tage nach meiner Ankunft hätte ich am liebsten wieder meine Tasche gepackt. Ich musste nämlich unzähligen Leuten Rede und Antwort stehen, wie ich mir denn meine weitere Zukunft vorstellte und man erklärte mir täglich mehrmals, dass es mit mir doch nicht so weitergehen konnte. Was man da nicht alles von mir wissen wollte: Ob ich mein Studium denn nun einfach so hinschmeißen würde, wie es mit einer festen Beziehung und Nachwuchs aussähe und was meine Eltern überhaupt zu der ganzen Geschichte sagen würden, waren nur einige der Fragen, denen ich mich stellen musste. Okay, was mein Studium anbelangte, hatte ich dieses bereits

vor drei Jahren mit Prädikat abgeschlossen. Die Idee, dieses zu schmeißen, kam also etwas spät. Partnerschaft und Nachwuchs? Ich war gerade mal 26! Sollte ich jetzt wirklich auf Teufel komm raus versuchen, einen Freund zu finden und ein Kind bekommen, nur um den Erwartungen meines Umfeldes gerecht zu werden? Und meine Eltern? Nun glücklicherweise gehörten die nicht zu der Sorte von verbohrten Spießern, vor denen ich mich rechtfertigen musste. Meine Eltern waren verdammt stolz auf mich und das, was ich tat. Und das war gut so. Man begnügte sich nämlich nicht damit, mir allein mit derlei Fragen auf die Nerven zu gehen, die Leute nahmen zunehmend auch meine Eltern ins Verhör: Wie meine Mutter mich so leben lassen konnte und ob sie dem Ganzen nicht so langsam mal einen Riegel vorschieben wollte? Jemand anderes meinte, dass ich seit meiner Rückkehr so etwas Verlorenes in den Augen habe und es schien, als wäre ich im Moment nicht so ganz mit mir selbst im Reinen. Man konnte wohl meinen, dass ich gerade nicht wirklich glücklich war. Nun, ehrlich gesagt, war ich das tatsächlich nicht! Das lag allerdings nicht daran, dass etwas in meinem Leben schief gelaufen war, sondern war einzig und allein darauf zurückzuführen, dass mir seit Tagen Leute einredeten, dass das, was ich mache, kein Leben ist. Ich hatte mich eigentlich darauf gefreut, einfach ein paar schöne Wochen mit Freunden und Familie zu verbringen. Statt das sorgenfreie Leben zu genießen, musste ich mich jedoch ständig vor irgendwelchen Leuten für meine Lebensweise rechtfertigen. Ebenfalls eine sehr gern gestellt Frage ist, wie ich das Ganze eigentlich finanziere. Gut, man geht arbeiten, verdient Geld und kann dieses dann ausgeben. Das funktionierte im Rest der Welt genauso wie in Deutschland eben auch. Mit dem Unterschied, dass das Leben in anderen Teilen der Welt um einiges günstiger ist als daheim. Und schließlich noch mein

Lieblingsthema: die Lücke im Lebenslauf! Wie wollte ich mit der eigentlich überhaupt noch mal irgendwann einen Job finden? Zugegeben, diese Frage stellte ich mir hin und wieder auch. Was das anbelangt, kann ich wohl nur hoffen, irgendwann mal an einen verständnisvollen, weltoffenen Arbeitgeber zu geraten, der gründlich Kapitel 3 meines Buches studiert hat...

So ganz unberührt ließ mich all die Kritik natürlich nicht. Vielleicht hatte ich es in der letzten Zeit ja wirklich etwas mit dem schönen Leben übertrieben. Vielleicht war es ja wirklich an der Zeit, einen festen Job anzunehmen und in Deutschland sesshaft zu werden. Andererseits: Wollte ich überhaupt in einem Land leben, in dem die Leute so engstirnig dachten? Wenn ich mich schon irgendwo niederließ, sollte es dann nicht lieber in einem Land sein, in dem die Menschen nicht so spießig waren? Ich erkundigte mich jedenfalls schon mal im Internet über Möglichkeiten, auszuwandern. Am liebsten hätte ich sofort meinen Rucksack genommen und mich in den nächsten Flieger gesetzt. Obwohl – irgendwie war mir selbst die Lust auf den letzten Teil meiner Weltreise vergangen. „Ich konnte doch schließlich nicht ewig so weitermachen! Ich musste doch an die Zukunft denken!"
Glücklicherweise habe ich aber auch in Deutschland ein paar weltoffene Freunde. Als ich mich ein paar Tage später mit Tobias traf, versicherte der mir, dass ich mir um meine Zukunft mal keine Sorgen machen sollte. Tobias war als Journalist tätig und wie der Zufall es wollte, hatte er gerade eine Serie fertig gestellt, in der er die Personalchefs der größten deutschen Unternehmen zu ihren Kriterien bei der Einstellung neuer Mitarbeiter befragt hatte. Ich habe ein abgeschlossenes Jura-Studium, spreche mehrere Fremdsprachen und Auslandserfahrung habe ich auch – angeblich verfüge ich über all die Fähigkeiten und

Kenntnisse, auf die Unternehmer heutzutage Wert legen. Ein paar weitere Monate des Reisens würden da wohl kaum einen Unterschied machen. Schließlich nutze ich die Zeit ja sinnvoll und aale mich nicht zehn Monate lang auf Malle am Strand!
Sechs Stunden mit Tobias und ich fühlte mich wie ein neuer Mensch. Selbstverständlich würde ich meine Reise fortsetzen und meinen Traum leben. Wie hatte ich nur je daran zweifeln können? Hatten mich die letzten Monate nicht gelehrt, dass ich die richtige Entscheidung getroffen habe? Genügte nicht ein Blick auf meine frisch ausgedruckten Fotos, um zu wissen, dass ich genau das Richtige tat?! Auch meine Schwester versicherte mir, dass ich mich nicht von den Ansichten spießiger Kleinstadtbewohner von meinen Zielen abbringen lassen sollte. Was wussten die Leute daheim schon von dem, was in der Welt wirklich abging!
Genau! Und was bildeten sich diese Personen eigentlich ein, einfach so über mein Leben zu urteilen. Irgendwie war es schon verdammt unverschämt, jemanden zu fragen, was er denn nun aus seinem Leben machen will. Ich fragte ja schließlich auch niemanden von ihnen, was er denn bisher aus seinem Leben gemacht hat. Zumindest habe ich noch die Möglichkeit, etwas aus meinem Leben zu machen. Mir stehen noch sämtliche Türen offen.
Drei Wochen später trat ich also die Weiterreise Richtung Osteuropa an. Ich ärgerte mich noch immer ein wenig über mich selbst, denn ich hatte mich durch das dumme Gerede der Anderen ja beinahe von diesem Vorhaben abbringen lassen. Wie gut, dass ich Freunde habe, die mir hin und wieder die richtige Richtung weisen und mich in dem bestärken, was ich tue!

Früher oder später muss wohl jeder zurück in die Realität. Um die Wiedereingewöhnung zu vereinfachen, solltest du dir zunächst bewusst machen, dass die Rückkehr aus einer fremden Kultur in die eigene nicht problemlos von statten geht. Dieser „umgekehrte Kulturschock" verläuft in der Regel sogar noch heftiger als der beim Eintreten in die fremde Kultur, da man oft nicht darauf vorbereitet ist. Wer jedoch um die Existenz dieses Phänomens weiß, hat bereits den ersten Schritt in Richtung Verarbeitung getan.

Egal wie deprimierend deine Rückkehr auch sein mag, du solltest versuchen, dies nicht nach außen dringen zu lassen. Freunde und Familie haben deiner Ankunft lange sehnsüchtig entgegengefiebert. Wenn du jetzt unglücklich darüber scheinst, sie zu sehen, wird sie das vermutlich sehr verletzen.

Statt in ein tiefes Loch zu fallen, solltest du dich an die schönen Erlebnisse deiner Reise erinnern: Bilder ausdrucken und Alben anfertigen, die unterwegs geschriebenen Tagebücher lesen und versprochene Fotos und Postkarten an die Leute schicken, die du unterwegs getroffen hast und die deinen Trip zu etwas ganz Besonderem gemacht haben.

Setze dich mit anderen Backpackern in Verbindung, die du im Laufe deiner Reise kennen gelernt hast. Du wirst sehen, dass auch ihnen die Rückkehr nicht ganz einfach fällt. Vielleicht ergibt sich ja sogar die Möglichkeit zu einem Treffen.

Wer unterwegs mit dem Erlernen einer Fremdsprache begonnen hat, kann seine Fähigkeiten eventuell weiter ausbauen und an einem Sprachkurs zu Hause teilnehmen.

Du vermisst die durchtanzten Nächte zu südamerikanischen Rhythmen? Mit Sicherheit gibt es in der Nähe deines Wohnortes die Möglichkeit, einen Tanzkurs zu belegen.

Und: Nur weil du wieder in Deutschland bist, heißt das nicht, dass du von nun an deine Freizeit zu Haus vor dem Fernseher verbringen musst. Behandle deine Heimat wie ein Reiseziel. Besorge dir Informationen über Sehenswürdigkeiten in der

Umgebung. Trommle deine Freunde zusammen und fahrt beispielsweise übers Wochenende zum Zelten an einen nahe gelegenen See.
Ein Freund von mir zog nach seiner Rückkehr vorübergehend in ein Hostel. So hatte er auch weiterhin Leute aus aller Welt um sich versammelt. Die Anmeldung zum Couchsurfing ist eine weitere Möglichkeit, auch künftig Kontakt zu anderen Weltenbummlern zu pflegen.
Nicht zuletzt: die Planung der nächsten Reise. Du hast unterwegs bestimmt haufenweise Leute getroffen, die dir von ihren Erlebnissen in Ländern berichtet haben, die du irgendwann auch unbedingt besuchen willst. Besorge dir nähere Informationen und stürze dich in die Planung. Denn: Wer einmal auf den Geschmack gekommen ist, die Welt zu erkunden, den wird es immer wieder in die Ferne ziehen. Sind Zeit und Ziel auch noch ungewiss, so steht doch eines fest: Der nächste Trip kommt bestimmt. Nach einem Abenteuer ist immer auch vor einem neuen Abenteuer!

Nachwort

Die Geschichte von einem Mädchen aus einer Kleinstadt, das auszog, um die große weite Welt zu entdecken. Ich frage mich oft, was wäre, wenn ich damals nicht ins Flugzeug nach Südafrika gestiegen wäre. Wo würde ich heute im Leben stehen? Wäre ich eine von den Karrierefrauen, die 14 Stunden täglich arbeiten, dafür aber auch Unsummen von Geld nach Hause bringen? Würde mich als Hausfrau um Kind und Küche kümmern? Vielleicht wäre ich bereits verheiratet oder gar schon wieder geschieden. Vielleicht hätte ich ein Häuschen im Grünen oder eine hübsche Eigentumswohnung im Zentrum einer Großstadt. Die Palette der Möglichkeiten ist wohl unerschöpflich. Die Frage ist aber: Wäre ich damit glücklich? Würde ich nicht irgendwann auf mein Leben zurückblicken und mich fragen, ob ich in meinen jungen Jahren nicht etwas verpasst habe? Würde ich es nicht irgendwann bereuen, mein gesamtes Leben aufs Karrieremachen ausgerichtet zu haben? Beruflich voran kommen, ohne nach links und rechts zu schauen? Mit 25 bereits das gemacht zu haben, was ich noch für den Rest meines Lebens tun werde. Leben, um zu arbeiten statt arbeiten, um zu leben – das kann nicht alles im Leben sein. Einige Leute meinen vielleicht, dass ich in meinem Leben bisher nicht viel erreicht habe. Ich habe keinen festen Job, besitze keine schick eingerichtete Wohnung, habe kein protziges Auto vor der Haustür oder teure Designer-Klamotten im Kleiderschrank. Genau genommen besitze ich ja nicht einmal einen Kleiderschrank. Mein gesamtes Hab und Gut beschränkt sich auf einen Rucksack, mit dem ich von Ort zu Ort ziehe. Aber was sind schon materielle Besitztümer? Stattdessen kann ich auf Jahre des Reisens zurückblicken. Ich habe Freunde über den ganzen Globus verteilt. Habe Hunderte von Abenteuern erlebt, so dass zehn

Bücher nicht ausreichen würden, um all diese zu erzählen. Ich habe gute wie auch schlechte Erfahrungen gesammelt und aus jeder einzelnen gelernt. Meine Erlebnisse der letzten Jahre kann mir keiner mehr nehmen, sie werden für immer ein Teil von mir sein. Sie haben mich in meiner Persönlichkeit gestärkt und zu dem Menschen gemacht, der ich heute bin.

In Südafrika, Australien, Südamerika, Osteuropa und auf Borneo war ich mittlerweile auch selbst (Borneo ist übrigens eine Insel in Südostasien, auf der sich ein Teil Malaysias, ein Teil Indonesiens und das Königreich Brunei befinden). Ich habe mit 26 Jahren bereits mehr Länder bereist, als es die meisten Leute wahrscheinlich im ganzen Leben tun werden. Wenn ich heute mit anderen Backpackern zusammensitze und wir uns über unsere Reisen unterhalten, lauschen viele von ihnen fasziniert meinen Berichten. Oft muss ich mich selbst in meinem Redeschwall bremsen, um den Anderen nicht ebenso auf die Nerven zu fallen wie Miriam mir damals. Es tut gut zu wissen, dass ich meine jungen Jahre genutzt habe, um mir die Welt anzusehen und etwas zu erleben. Gleichzeitig macht mich das aber auch immer ein bisschen traurig, denn ich weiß, dass viele junge Leute nie an die Orte kommen werden, die ich in den letzten Jahren bereist habe. Viele junge Leute, die wie ich in einer Kleinstadt aufgewachsen sind, werden diese vielleicht nie verlassen. Sie werden nie erfahren, wie aufregend das Entdecken fremder Länder sein kann, denn ihr Umfeld wird sie dazu wohl kaum ermuntern. Gelingt es mir mit meinem Buch, auch nur zu einem von ihnen durchzudringen und ihn zu ermutigen, einmal im Leben mutig zu sein, dann habe ich mein Ziel erreicht.

Glossar

Backpacker *(siehe Backpacking):* Auch als Synonym für Hostel verwendet.

Backpacking *(dt: Rucksack-Reisen):* Aktive und kostenbewusste Art des Reisens, die dem Massentourismus gegenübersteht. Im Gegensatz zum Pauschaltourismus werden Transport, Unterkunft, Verpflegung und Unterhaltungsprogramm eigenständig organisiert, auf Luxus wird zugunsten der Kostenersparnis verzichtet. Ziel des Reisens ist es, Gleichgesinnte aus aller Welt zu treffen und das lokale Alltagsleben möglichst intensiv zu erleben.

Baltikum: Bezeichnung für das Gebiet in Nordosteuropa, das sich auf die Länder Estland, Lettland und Litauen erstreckt.

Bedbugs: Kleine Blutsauger, die in der Matratze leben.

Bula! Gruß auf den Fidschi-Inseln.

Chat *(vom engl. to chat; dt: sich unterhalten):* Elektronische Form der Kommunikation, bei der Nachrichten synchron übertragen werden. Die Teilnehmer tippen ihre Beiträge in ein Eingabefeld und schicken sie durch Drücken der Enter-Taste ab. Für den Adressat ist die Nachricht sofort sichtbar.

Coche-Cama: Bus-Typ in Südamerika, bei dem sich die Sitze über Nacht in Betten umwandeln lassen.

Collectivo: Sammeltaxi in Lateinamerika.

Couchsurfing: Internet-Portal, welches es seinen Mitgliedern ermöglicht, auf Reisen kostenlos eine Unterkunft zu finden bzw. anderen Reisenden ein Quartier oder andere Dienste wie etwa persönliche Treffen anzubieten.

Daypack: Kleiner Rucksack.

DEET: Diethyltoluamid, chemisches Insektenabwehrmittel.

Dorm *(vom lat. Dormitorium; dt.: Schlafsaal):* Bezeichnung für den Schlafsaal in einem Hostel. Individualreisende teilen sich ein Zimmer, gezahlt wird pro Bett.

Down Under: Bezeichnung für Australien.

Facebook: Internet-Portal, welches es seinen Mitgliedern ermöglicht, sich auf einer Profilseite vorzustellen und Fotos hochzuladen. Befreundete Nutzer können auf einer Pinnwand des Profils öffentlich sichtbare Nachrichten hinterlassen, die Benutzer können sich jedoch untereinander auch persönliche Nachrichten schicken oder chatten. Das Konzept hat zahlreiche Nachahmer gefunden (u.a. das deutsche StudiVZ).

Furgon: Sammeltaxi in Albanien.

Homestay: Kostenpflichtiger Aufenthalt bei einer Gastfamilie, um Kultur und Sprache kennen zu lernen.

Hop on Hop off *(oft auch:* ***Backpacker Bus****):* Bus-Service, der es den Teilnehmern ermöglicht, auf einer bestimmten Strecke an vorgegebenen Stopps auszusteigen, beliebig lange zu verweilen und den Trip später fortzusetzen.
Dabei werden im Gegensatz zum normalen Bus-Service

auch Sehenswürdigkeiten oder Nationalparks außerhalb der Städte angesteuert.

Hostel *(auch:* ***Backpacker):*** Auf Individualreisende zugeschnittene Form der Beherbergung, bei der man kein Zimmer, sondern nur ein Bett bucht. Gäste werden qualitativ einfach in Mehrbettzimmern untergebracht, was es den Betreibern ermöglicht, auch im Zentrum oder in touristisch stark frequentierten Gebieten günstige Preise anzubieten. Die sanitären Einrichtungen werden meist gemeinschaftlich genutzt, oft stehen dem Gast darüber hinaus Küche, Fernsehraum, Computer mit Internet-Zugang, Waschmaschinen etc. zur Nutzung zur Verfügung.

Guide: Reiseleiter.

Indio: Eingeborener Südamerikas.

Instant-Nudeln: Die Backpacker-Mahlzeit schlechthin! Billig, schnell und einfach zubereitet und auch bei extremer Hitze lange haltbar. Einfach mit heißem Wasser übergießen oder in kaltem Wasser einweichen. Fertig!

Jetlag *(vom engl. „jet“ und „lag“; dt.: „Düsenflugzeug“, „Zeitdifferenz“):* Störung des Schlaf-Wach-Rhythmus nach Langstreckenflügen über mehrere Zeitzonen. Durch die Zeitverschiebung decken sich innere Uhr und Ortszeit nicht mehr, was Schlafstörungen, Müdigkeit, Verdauungsbeschwerden, Stimmungsschwankungen, Appetitlosigkeit und verminderte Leistungsfähigkeit nach sich ziehen kann. Die Anzeichen des Jetlags treten besonders bei einer Zeitverschiebung von 5 Stunden und mehr auf, wobei diese bei Flugreisen nach Osten für gewöhnlich als stärker empfunden werden.

Kulturschock: Schwierigkeiten beim Zusammentreffen einer fremden Kultur mit der eigenen. Der Kulturschock verläuft in vier Phasen. Der Betroffene stürzt nach einem anfänglichen Gefühl der Euphorie schockartig in das Gefühl, fehl am Platze und den Herausforderungen, die die neue Kultur mit sich bringt, nicht gewachsen zu sein. Im Laufe der Zeit gelingt es ihm jedoch, sich einzuleben und den Schock zu überwinden. Er passt sich der fremden Kultur an und übernimmt Verhaltensmuster.

Locker: Schließfach zur sicheren Aufbewahrung von Wertsachen

„Lonely Planet“: Der unter Backpackern wohl beliebteste Reiseführer.

Machismus: Männlichkeitswahn, Imponiergehabe (besonders in Lateinamerika).

Machu Picchu: Berühmte Inca-Ruinen im Dschungel Perus.

Ökotourismus: Form des Tourismus, die auf die Belange von Umwelt und lokaler Bevölkerung besondere Rücksicht nimmt.

Outback: Australisches Hinterland.

Pamukkale: Durch Thermalquellen entstandene Kalkterrassen in der Türkei.

Pauschalreise: Reise, bei der der Veranstalter Reiseleistungen wie Transport, Unterkunft, Verpflegung, Ausflugsprogramm etc. zu einem einheitlichen Gesamtpreis anbietet.

Repellent: Ungeziefer abschreckender Wirkstoff.

Sammeltaxi: Mischung aus Taxi und Bus. Sammeltaxis haben einen vom Anbieter festgelegten Anfangs- und Endpunkt. Passagiere können in der Regel auch zwischen diesen Punkten zu- bzw. aussteigen. Sammeltaxis sind meist nicht an bestimmte Abfahrtszeiten gebunden, sondern fahren ab, wenn genügend Passagiere an Bord sind. Besonders verbreitet ist diese Form der Personenbeförderung in Afrika und Lateinamerika.

Sarong: Großes Tuch aus Baumwolle.

Skype: Software, die das unentgeltliche Telefonieren/Chatten über das Internet ermöglicht.

Soft Skills *(auch:* ***Schlüsselqualifikation****):* Eigenschaften und Fähigkeiten, die den so genannten Hard Skills (= klassische Berufsausbildung, Fachwissen etc.) gegenüberstehen. Zu den Soft Skills zählen unter anderem Eigenschaften wie Disziplin, Höflichkeit, Selbstständigkeit, Teamfähigkeit, Führungsqualitäten, Selbstbewusstsein, Verantwortungsbewusstsein und Durchsetzungsfähigkeit. Soft Skills zeichnen sich dadurch aus, dass sie nicht formal erlernt werden können sondern erst durch persönliche Erfahrung entstehen.

Stand-by-Mittel: Medikament zur notfallmäßigen Selbstbehandlung.

StudiVZ: Online-Netzwerk, welches auf einem ähnlichen Konzept basiert wie das amerikanische Facebook.

Traveller: Individualreisender (siehe auch ***Backpacker***).

Trek: Wanderung.

Trolley: Koffer mit Rädern.

Volunteering: Freiwilligenarbeit.

Working Holiday *(auch:* ***Work and Travel****):* Bilaterales Abkommen zwischen Staaten, um jungen Leuten einen längerfristigen Aufenthalt im Land zu ermöglichen. Das dem Teilnehmer bewilligte Visum umfasst eine Arbeitsgenehmigung, so dass er sich das Reisen über Nebenjobs finanzieren kann.

Nützliche Webseiten
Hier noch einige Webseiten, die dir bei der Planung deiner Reise helfen werden:

Allgemeine Informationen zu den Reisezielen:
www.auswärtiges-amt.de
www.lonelyplanet.com

Hostels und alternative Übernachtungsmöglichkeiten:
www.hostelworld.com
www.hostelbookers.com
www.couchsurfing.com
www.sleepinginairports.com

Transport:
www.seat61.com
www.skyscanner.net
www.expedia.com

Sonstige:
www.studivz.net/www.meinvz.net
www.facebook.com

Fotos und weitere Infos zu meinen Abenteuern findest du unter:
www.einmalimlebenmutigsein.blogspot.com

Wer mich an seinen Abenteuern teilhaben lassen möchte, kann sich per Email an mich wenden:
einmalimlebenmutigsein@yahoo.de

Reiserouten

Juli 2005 bis Juni 2006: **Südafrika**
Reisen innerhalb Südafrikas sowie nach Swasiland, Namibia und Mosambik.

Juli/August 2006: **"Besuch" in Deutschland**

September 2006 bis August 2007: **Australien**
(Zwischenstopp in Taipeh/Taiwan)

September 2007: **Campingtrip durch Neuseeland**

Oktober 2007: **Fidschi und USA**

November/Dezember 2007: **Mittelamerika**
Von Mexiko-Stadt nach Panama-Stadt.

Januar bis Juni 2008: **Südamerika**
Mit dem Segelboot von Panama nach Kolumbien.
6-monatige Rundreise durch Südamerika.

Juli 2008: **Deutschland**

August/September 2008: **Osteuropa**
Von Helsinki nach Athen.

Oktober 2008 bis Mai 2009: **Südost-Asien**

Juni bis September 2009: **Japan, Korea, Mongolei und China**

Vereinigte Staaten von Amerika
ATLANTISCHER OZEAN
Mexiko
Bahamas
Kuba
Jamaika
Dominikanische Republik
Belize
Puerto Rico
Antigua u. Barbuda
Guatemala
Honduras
Barbados
El. Salvador
Nicaragua
Costa Rica
Trinidad u. Tobago
Panama
Venezuela
Guyana
Surinam
Kolumbien
Französis
-Guya
Ecuador
Galapagos-Inseln
Brasilien
Peru
Bolivien
Paraguay
Chile
Uruguay
Argentinien
PAZIFISCHER OZEAN
Falkland-Inseln

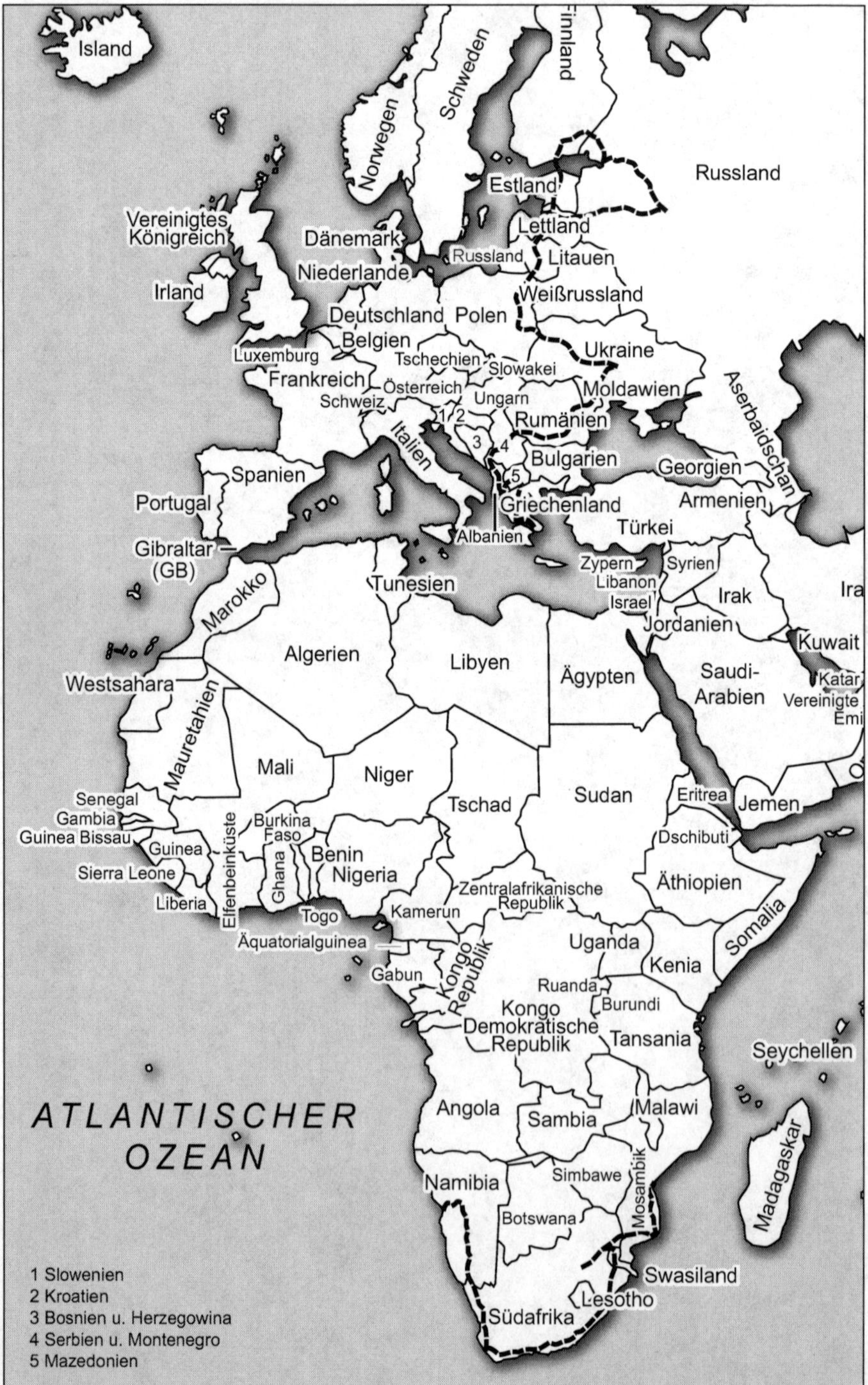
Island
Norwegen
Schweden
Finnland
Russland
Estland
Lettland
Vereinigtes Königreich
Dänemark
Russland
Litauen
Irland
Niederlande
Weißrussland
Deutschland
Polen
Belgien
Luxemburg
Tschechien
Ukraine
Slowakei
Frankreich
Österreich
Moldawien
Schweiz
Ungarn
Aserbaidschan
Rumänien
1
2
Italien
3
4
Bulgarien
Spanien
5
Georgien
Portugal
Griechenland
Armenien
Türkei
Albanien
Gibraltar (GB)
Zypern
Syrien
Libanon
Marokko
Tunesien
Israel
Irak
Ira
Jordanien
Kuwait
Algerien
Libyen
Ägypten
Saudi-Arabien
Katar
Vereinigte Emi
Westsahara
Mauretanien
Mali
Niger
Tschad
Sudan
Eritrea
Jemen
Senegal
Gambia
Burkina Faso
Guinea Bissau
Guinea
Dschibuti
Benin
Sierra Leone
Nigeria
Äthiopien
Ghana
Elfenbeinküste
Zentralafrikanische Republik
Liberia
Kamerun
Togo
Somalia
Uganda
Äquatorialguinea
Kongo Republik
Kenia
Gabun
Ruanda
Burundi
Kongo Demokratische Republik
Tansania
Seychellen
ATLANTISCHER OZEAN
Angola
Malawi
Sambia
Madagaskar
Simbawe
Mosambik
Namibia
Botswana
Swasiland
Lesotho
Südafrika
1 Slowenien
2 Kroatien
3 Bosnien u. Herzegowina
4 Serbien u. Montenegro
5 Mazedonien

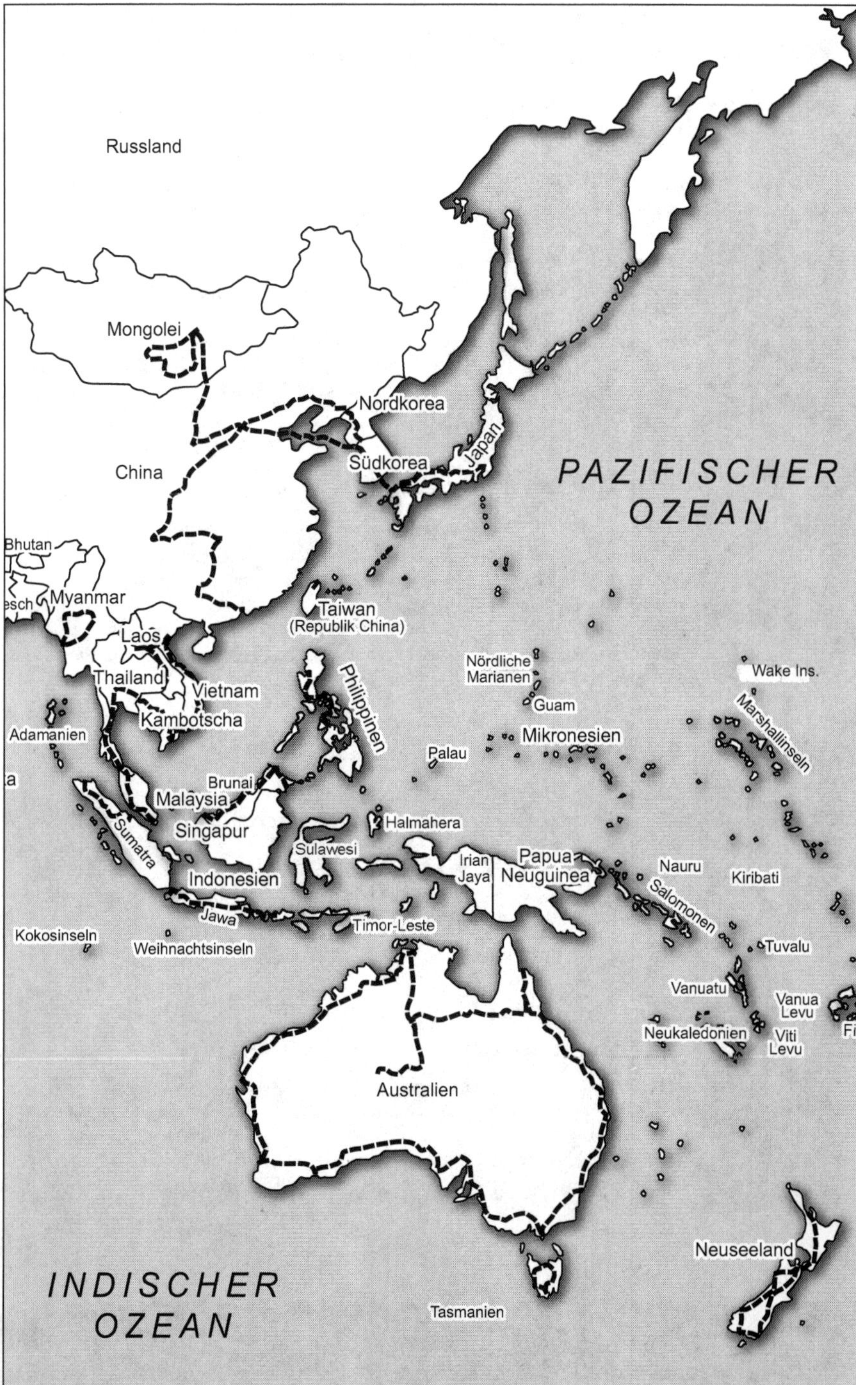

Russland
Mongolei
Nordkorea
Südkorea
Japan
China
PAZIFISCHER OZEAN
Bhutan
esch
Myanmar
Taiwan
(Republik China)
Laos
Thailand
Vietnam
Kambotscha
Philippinen
Nördliche Marianen
Guam
Wake Ins.
Marshallinseln
Adamanien
Mikronesien
Palau
Brunai
Malaysia
Halmahera
Sumatra
Singapur
Sulawesi
Irian Jaya
Papua Neuguinea
Nauru
Kiribati
Indonesien
Salomonen
Jawa
Timor-Leste
Kokosinseln
Weihnachtsinseln
Tuvalu
Vanuatu
Vanua Levu
Neukaledonien
Viti Levu
Australien
Neuseeland
INDISCHER OZEAN
Tasmanien

WAHRE GESCHICHTEN – aus Leidenschaft geschrieben.

Michael Dunkel - ISBN 978-3-939478-02-7

Der Teufel kochte tunesisch

Die wahre Geschichte des Aussteigers Mike, der in Tunesien leben und arbeiten wollte, stattdessen aber immer tiefer in nicht durchschaubare Aktivitäten eines Glaubensfanatikers und Betrügers hineingezogen wurde, die ihm am Ende nicht nur sein Vermögen, sondern fast auch sein Leben kosteten, wären ihm nicht im letzten Augenblick ein beherzter Tunesier und eine mutige Reiseleiterin zur Hilfe gekommen ...

Evelyne Kern - ISBN 978-3-939478-04-1

Sand in der Seele (unser 1000fach verkaufter Verlags-Bestseller)

Die tragische Geschichte einer deutschen Journalistin, die glaubte, in Tunesien das große Glück gefunden zu haben, aber am Ende nicht nur ihr gesamtes Vermögen verliert, sondern auch vergeblich um ihre Rechte in einem frauenfeindlichen Land kämpft. Aus purer Angst, zutiefst verletzt und gedemütigt muss sie schließlich ihr Traumhaus verlassen, und ein harter Kampf gegen einen riesigen arabischen Familienclan beginnt ...

Hannelore Di Guglielmo - ISBN 978-3-939478-11-9

Bucht der trügerischen Leidenschaft

Gebeutelt vom viel zu frühen Tod ihres geliebten Ehemannes zieht sich Anna immer mehr in ihre Trauer zurück, bis sie sich eines Tages zu einer Schiffsreise in die Türkei entschließt, die ihr zum Verhängnis werden soll. Auf dem Boot trifft sie auf den Mann, der sie aus ihrer Einsamkeit reißt und dem sie mit Leib und Seele verfällt. Erst viel zu spät erkennt sie, dass sie einer Illusion aufgesessen ist ...

Anita Wasmundt - ISBN 978-3-939478-08-9

Der Heuchler aus dem Morgenland

Die wahre Geschichte einer Ehe mit einem Marokkaner, der nur seine unbegrenzte Aufenthaltsgenehmigung und finanzielle Vorteile im Sinn hatte. Schonungslos und offen berichtet die Autorin über ihr Leben mit einem Mann, der sie für seine Zwecke jahrelang missbraucht. Dass dabei ihr gewohntes Umfeld, ihre Sicherheit und ihre eigene Familie in den Hintergrund treten, bemerkt sie erst, als es zu spät ist ...

BIOGRAFIEN – wie sie nur das Leben schreibt.

Uwe Klöckner-Draga - ISBN 978-3-939478-01-0

Renate Müller - Ihr Leben ein Drahtseilakt
Ein deutscher Filmstar, der keinen Juden lieben durfte

Die Biographie des UFA-Stars Renate Müller zeichnet den schicksalhaften Lebensweg der couragierten Künstlerin in einer unterhaltsamen und zugleich spannend geschriebenen Story bis zu ihrem ersten internationalen Erfolg in „Die Privatsekretärin" (1931) nach. Uwe Klöckner-Draga beschert dem Leser einen tiefen Einblick in das leider viel zu kurze Leben des großen deutschen Filmstars, deren misteriöser Tod bis heute ein Rätsel bleibt ...

RATGEBER – auf die man nicht verzichten kann.

Dr. Yvonne Arnhold - ISBN 978-3-939478-05-8

Das Prinz - Charles - Syndrom
Ein Leben in der Warteschleife des endlosen Erbens

Die Autorin Dr. Yvonne Arnhold glaubt fest daran, dass eigentlich jeder ein „Erbe" ist, der von seinen Altvordern zumindest immer wieder mit irgendwelchen Weltanschauungen, Glaubenssätzen und oft geheimen Lebensaufgaben bedacht wird. Und je älter die Menschen werden, umso häufiger findet sich das „Prinz-Charles-Syndrom", das Problem des Erbens, das immer weiter in die Zukunft rutscht ...

LYRIK – zum Genießen und Nachdenken.

Michael Dunkel
ISBN 978-3-939478-00-3

Die zwei Gesichter des Mondes

Eine breite Reflektion auf unseren sozialen Alltag mit dem Schwerpunkt Liebe und Gefühl. Die humorvolle, aber auch kritisch nachdenkliche Art machen Dunkels Gedichte zu einem Vergnügen ...

Melanie Burghardt
ISBN 978-3-939478-12-6

Herz Stein Pflaster

Melanies Dasein ist eine Reise mit ihr und zu ihr selbst, die sie in ihren wundervollen Gedichten und Bildern gekonnt darstellt und die sie dem Leser lebendig ins Gedächtnis ruft ...

Verlag Kern · Wolfsbacher Str. 19 · 95448 Bayreuth
Tel.: 09209 918278 · Fax: 09209 918335 · kern@verlag-kern.de

VERLAG KERN